CRÔNICAS BRASILEIRAS

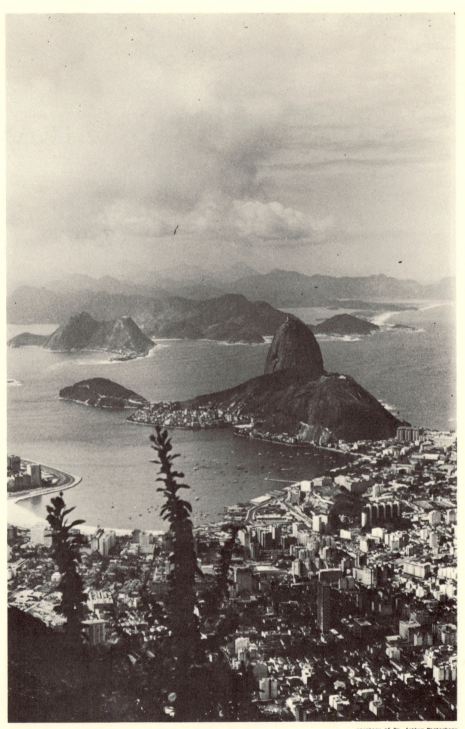

View of Rio de Janeiro: Bay of Guanabara
Sugar Loaf Mountain, Botafogo Beach

CRÔNICAS BRASILEIRAS

A Portuguese Reader

Edited by

ALFRED HOWER
University of Florida

and

RICHARD A. PRETO-RODAS
University of Illinois

Center for Latin American Studies
University of Florida
Gainesville

1971

C O M M I T T E E   O N   P U B L I C A T I O N

W. W. McPherson, Chairman
Graduate Research Professor of Agricultural Economics

R. W. Bradbury
Professor of Economics

Raymond E. Crist
Research Professor of Geography

Lyle N. McAlister
Professor of History

T. Lynn Smith
Graduate Research Professor of Sociology

Felicity M. Trueblood
Assistant Professor of Comprehensive English

Sponsored by the
CENTER FOR LATIN AMERICAN STUDIES

LIBRARY OF CONGRESS
        Catalog Card No. 77-634081

ISBN 0-8130-0325-3

Manufactured for the Publisher by
        The New World Book Manufacturing Company, Inc.
        Hallandale, Florida

ACKNOWLEDGMENTS

In preparing this reader we have been privileged to have the advice and aid of Dr. Paulo Rónai, distinguished Brazilian essayist and scholar who for many years has been a professor of languages at the Colégio Pedro II in Rio de Janeiro and who was a visiting professor of Brazilian and French literatures at the University of Florida in 1967. Dr. Rónai's personal acquaintance with the contemporary authors represented in this volume facilitated our obtaining their permission to utilize their works, and we should like here to express our deep gratitude to Dr. Rónai and to the authors themselves: Carlos Drummond de Andrade, Rubem Braga, Paulo Mendes Campos, Mariazinha Congílio, Eneida, Luís Martins, Vinícius de Moraes, Dinah Silveira de Queiroz, Rachel de Queiroz, Fernando Sabino, and Helena Silveira; for permission to use the crônicas of the late Manuel Bandeira and the late Sérgio Pôrto we are indebted to Maria Lourdes Heitor de Souza and to Dirce de Araújo Pôrto.

We are further grateful to Dr. Rónai for permission to include an informative essay in which he concisely analyzes the nature of the crônica, stressing the particular contributions made by its leading practitioners, including the cronistas represented in this volume. For advanced classes Dr. Rónai's essay could well serve as an introduction to this book, for it raises the provocative question: Is the crônica a new literary genre?

For aid and suggestions regarding various aspects of Brazilian usage we are indebted to Dr. Rónai, Senhora Rónai (Dr. Nora Tausz Rónai), and their charming young carioca daughters, Cora and Laura; also most helpful in this respect were Dr. John V.D. Saunders and Mrs. Julia Vissotto Saunders of the University of Florida.

We gratefully acknowledge the encouragement and financial support we have received from the Center for Latin American Studies and the Department of Romance Languages at the University of Florida; particular thanks go to Dr. William E. Carter, Director of the Center for Latin American Studies; Captain Raymond J. Toner, Assistant Director of the Center; Dr. J. Wayne Conner, Chairman of the Department of Romance Languages; and Dr. Irving R. Wershow, of the same department.

We desire also to express our gratitude to Mrs. Claire Bradin for valuable aid in the compilation of the Vocabulary and in reading proof, and to Miss Roberta Solt for careful preparation of the final typescript.

A.H.
R.A.P.-R.

INTRODUCTION

This book was designed primarily to assist students of Portuguese in developing a reading, speaking, and writing knowledge of the language as it is used in present-day Brazil. The texts utilized have not been simplified--they appear just as they were written for mature Brazilian readers--but they have been fully annotated so that they can be used by students who have completed the study of any elementary grammar book.

The word crônica has no exact equivalent in English. Somewhat similar to our newspaper column, it is a short composition, often humorous in tone, that may at times resemble a short story or an essay or that may be a commentary on almost any subject that interests the author. The choice of crônicas rather than short stories or formal essays for this reader was prompted by the fact that they provide extraordinarily good examples of the urban, middle-class Portuguese spoken in Brazil's major cities. Moreover, no other literary genre permits such a wide spectrum of lively vignettes and perceptive comments relating to modern life and manners in Latin America's largest nation. Of limited length and varied theme, crônicas with their inherent qualities of spontaneity and immediacy should prove as entertaining for the English-speaking student of Portuguese as they have for the millions of Brazilians who have avidly read them in magazines, newspapers, and, in recent years, in an ever-increasing number of published anthologies. Further enhancing the appeal attendant on their lively contents and sprightly language is their lyric character with its variety of moods ranging from humorous exasperation to wistful elegy.

We have attempted to take advantage of the crônica's intrinsic diversity by presenting as wide an array of topics, tones, and styles as possible. The result, we hope, will be not only a collection of entertaining readings, but also an informative introduction to urban society in modern Brazil, including such aspects as scenes from domestic life, the national preoccupation with "futebol" (soccer), the bittersweet awareness which accompanies cultural changes, the everyday problems of living in the country's burgeoning cities, and the complications caused by an ofttimes convoluted bureaucracy.

While timely, the crônica is not ephemeral when appraised from an artistic point of view, as Paulo Rónai's perceptive essay makes clear. The thirteen modern authors we have included (five of them women) are all highly regarded in Brazil's literary circles and many of them are among the most distinguished writers of the century. Several have been primarily or equally as important in other fields--Carlos Drummond de Andrade, Manuel Bandeira, Vinícius

de Moraes, and Paulo Mendes Campos as poets, for example, and Rachel de Queiroz, Fernando Sabino, and Dinah Silveira de Queiroz as
novelists--but they succeed admirably as well in their crônicas in
distilling universal significance from a particular situation,
thereby conferring lasting value on their deceptively casual essays. That there is an enormous difference between the crônica and
a newspaper article is no less evident in our examples by a current
figure such as Rubem Braga than it is in the selections written
over seventy years ago by the dean of Brazilian letters--and the
only non-contemporary figure included--Machado de Assis. Indeed,
the collection could very profitably be used in courses devoted to
the study of contemporary Brazilian literature. For all these rea-
sons--its colloquial character, thematic and lyrical variety, and
literary significance--the crônica has long seemed to us to provide
an ideal format for encouraging the development of language compe-
tence, cultural insight, and literary appreciation.

We have carefully annotated each crônica in this reader in an
endeavor to explain unusual terms, constructions, and references to
Brazilian life and customs which may be mystifying to the foreigner
although readily comprehensible to any Portuguese-speaking reader
and especially to the urban middle-class Brazilian. All annotations are in English, since it was considered impractical further
to tax the first-year student's limited Portuguese vocabulary. To
supplement the annotations we have added an appendix containing
two Brazilian poems mentioned in the body of the text.

Except for the selections from Machado de Assis, each crônica
is followed by a variety of exercises suggested by the text. Thus,
in the section called "Certo ou errado?," the student's comprehen-
sion of the reading is tested in a way calculated to elicit re-
sponses couched in the language of the crônica itself. This exercise is best done with the students' books closed, the student who
is called upon being asked to repeat the statement as read by the
instructor if it is true and to rephrase it correctly if it is
false. The instructor can further test the students' retention of
vocabulary and content by means of a group of questions based on
the text, to be answered in Portuguese; these require more originality than is possible in the "Certo ou errado?" section.

A third exercise involves practicing a particular construction of high frequency which is exemplified in the crônica. Here
we have attempted to recapitulate and consolidate some major aspects
of the language, such as contractions, concordance, the use of pronouns, tenses, the subjunctive, etc. A fourth exercise encourages
the reader to employ in original sentences certain useful phrases
and idioms extracted from the reading, while a fifth exercise consists of sentences for translation from English, stressing various
lexical and grammatical items that appear in or are closely related
to the text. Suggestions for oral discussion or for composition
are offered in connection with some of the crônicas.

After testing the exercises in the actual classroom situations
we have found that the shorter crônicas take about one class hour
to complete; the longer ones may require two hours. Only the in-

dividual instructor can decide whether the needs of his students
warrant doing all the exercises or only some of them. He may of
course choose to amplify the discussion of the contents, perhaps
elaborating upon the annotations or on the questions, or he may
prefer to expand the grammatical items by adding a few examples of
his own.

Our intention has been to design a flexible tool for developing the student's mastery of Portuguese by providing as many lexical items, phrases, and constructions as can be naturally included
in the context of each reading. The result should be increased
proficiency in a Portuguese-speaking milieu and a growing awareness
of the cultural elements comprising such a milieu. Lastly, and
here we return to our point of departure, it is hoped that the student will in addition develop an appreciation for current writing
from Brazil which may serve to whet his appetite for more of that
country's extremely rich literature.

C O N T E N T S

O PESSOAL

-Rubem Braga-

Chega o velho carteiro e me deixa uma carta. Quando se
vai afastando[1] eu o chamo: a carta não é para mim. Aqui não
mora ninguém com êste nome, explico-lhe. Êle guarda o envelope e coça a cabeça um instante, pensativo:

5   - O senhor pode me dizer uma coisa? Por que é que agora
há tanta carta[2] com enderêço errado? Antigamente isso acontecia uma vez ou outra. Agora, não sei o que houve[3]...

E abana a cabeça, em um gesto de censura para a humanidade que não se encontra mais,[4] que envia mensagens inúteis
10 para endereços errados.

Sugiro-lhe que a cidade cresce muito depressa, que há
edifícios onde havia casinhas, as pessoas se mudam mais que
antigamente. Êle passa o lenço pela testa suada:

- É, isso é verdade...Mas reparando bem[5] o senhor vê que
15 o pessoal anda muito desorientado.[6] O pessoal anda muito desorientado...

E se foi com seu maço de cartas, abanando a cabeça. Fiquei na janela, olhando a rua à toa numa tristeza indefinível.
Um amigo me telefona, pergunta como vão as coisas. E não con-
20 sigo resistir:[7]

- Vão bem, mas o pessoal anda muito desorientado.
(O que, aliás, é verdade).[8]

(from Ai de Ti, Copacabana!)

---

1 Quando se vai afastando - As he is drawing away
2 tanta carta - Translate as plural. ("Tanto" and "muito" and the
  nouns they modify are often used in the singular even when the
  meaning is plural.)
3 não sei o que houve - I don't know what has happened
4 a humanidade que não se encontra mais - human beings who can't
  find each other any more
5 reparando bem - if you observe carefully
6 o pessoal anda muito desorientado - folks are very confused
7 não consigo resistir - I can't resist (saying)
8 O que, aliás, é verdade - Which, incidentally, is true

Exercícios

<u>A.</u> Responda em português às seguintes perguntas:

1. O que deixou o velho carteiro, e por que o autor o chamou?
2. Segundo o carteiro, que problema existe hoje com respeito às cartas que não existia antigamente?
3. Por que o carteiro censura a humanidade?
4. Que diz o autor sôbre o crescimento (<u>growth</u>) da cidade?
5. Qual é a opinião do carteiro sôbre o pessoal?
6. Que fêz o autor depois que o carteiro se foi?
7. Que perguntou o amigo que telefonou para o autor, e que respondeu êste?
8. Qual é o plural de "uma mensagem inútil"?
9. Para que uma carta chegue ao destinatário (<u>addressee</u>), é preciso que o envelope indique o enderêço errado ou o enderêço certo?
10. Você conhece alguma família que se tenha mudado (<u>or</u>: que tenha mudado de casa) recentemente?

<u>B.</u> Complete os períodos (<u>sentences</u>) que seguem, como no exemplo:

Exemplo: Uma casa pequena é uma <u>casinha</u>.

1. Uma carta curta é uma _____.
2. Uma janela pequena pode ser uma _____.
3. A cabeça de uma criança é uma _____.
4. Os amigos da infância são _____.
5. Um gesto que quase não se vê é um _____.

<u>C.</u> Substitua as palavras sublinhadas (<u>underlined</u>) pelas palavras entre parênteses, como no exemplo: (Note that "substituir... por" means "to replace...by").

Exemplo: O <u>carteiro</u> chega e deixa uma carta (eu; êles; nós):
          Eu chego e deixo uma carta.
          Êles chegam e deixam uma carta.
          Nós chegamos e deixamos uma carta.

1. <u>O carteiro</u> coçou a cabeça. (você; eu; êles; nós):
2. <u>O autor</u> ficou na janela. (eu; vocês; nós; o môço):
3. <u>Êle</u> se foi com o maço de cartas. (ela; vocês; eu; nós):
4. <u>O senhor</u> não pode dizer coisa alguma. (eu; nós; êles; as senhoras):
5. <u>Todos</u> vão bem. (o amigo; os pais; eu; eu e ela):

<u>D.</u> Traduza em português:

1. The letter is for me; it's not for you. 2. Can you tell me something? 3. The city is growing rapidly. 4. I scratched my head. 5. People move more now than formerly. 6. He passed his handkerchief over his forehead. 7. Nobody with that name lives

here. 8. Folks are confused. 9. She shook her head. 10. Things are going well.

E. Sugestões para redação ou para exposição oral:

1. Conte o episódio do ponto de vista do carteiro. (Por exemplo: Eu cheguei à casa do Sr. Braga e deixei uma carta com êle. Mas êle me chamou e disse que...)
2. Descreva o telefonema (phone call) do ponto de vista do amigo do autor. (Por exemplo: Eu telefonei para o meu amigo, o autor Rubem Braga, e perguntei...)

II

O PADEIRO

-Rubem Braga-

Levanto cedo,[1] faço minhas abluções, ponho a chaleira no fogo para fazer café e abro a porta do apartamento--mas não encontro o pão costumeiro. No mesmo instante me lembro de ter lido alguma coisa nos jornais da véspera sôbre a "greve do pão dormido."[2] De resto não é bem uma greve,[3] é um lock-out, greve dos patrões, que suspenderam o trabalho noturno; acham que obrigando o povo a tomar seu café da manhã com pão dormido conseguirão não sei bem o que[4] do govêrno.

Está bem. Tomo o meu café com pão dormido, que não é tão ruim assim. E enquanto tomo café vou me lembrando de um homem modesto que conheci antigamente. Quando vinha deixar o pão à porta do apartamento êle apertava a campainha, mas, para não incomodar os moradores, avisava gritando:

- Não é ninguém, é o padeiro!

Interroguei-o uma vez: como tivera a idéia de gritar aquilo?

- "Então você não é ninguém?"

Êle abriu um sorriso largo. Explicou que aprendera aquilo de ouvido.[5] Muitas vêzes lhe acontecera[6] bater a campainha de uma casa e ser atendido por uma empregada ou outra pessoa qualquer, e ouvir uma voz que vinha lá de dentro perguntando quem era; e ouvir a pessoa que o atendera dizer para dentro: "não é ninguém, não senhora, é o padeiro". Assim ficara sabendo[7] que não era ninguém...

Êle me contou isso sem mágoa nenhuma, e se despediu ainda sorrindo. Eu não quis detê-lo para explicar que estava falando com um colega, ainda que menos importante. Naquele tempo eu também, como os padeiros, fazia o trabalho noturno. Era pela madrugada que eu deixava a redação de jornal, quase sempre depois de uma passagem pela oficina[8]--e muitas vêzes saía já levando na mão um dos primeiros exemplares rodados, o jornal ainda quentinho da máquina,[9] como pão saído do forno.

Ah, eu era rapaz, eu era rapaz naquele tempo! E às vêzes me julgava importante porque no jornal que levava para casa, além de reportagens ou notas que eu escrevera sem assinar, ia[10] uma crônica ou artigo com o meu nome. O jornal e o pão estariam bem cedinho na porta de cada lar; e dentro do meu coração eu recebi a lição de humildade daquele homem entre todos útil[11] e entre todos alegre; "não é ninguém, é o padeiro!"

E assobiava pelas escadas.[12]

(from Ai de Ti, Copacabana!)

4

1	Levanto cedo - I get up early (The author might also have written "Eu me levanto" or "Levanto-me" but the reflexive pronoun is often omitted in colloquial style.)
2	pão dormido - stale bread
3	não é bem uma greve - it's not really a strike
4	conseguirão não sei bem o que - they will obtain I really don't know what
5	de ouvido - by ear (from hearing it)
6	lhe acontecera - he had happened
7	ficara sabendo - he had come to learn
8	uma passagem pela oficina - passing through the pressroom
9	quentinho da máquina - "hot off the press"
10	ia - there would be
11	entre todos útil - more useful than anybody
12	assobiava pelas escadas - I would go whistling down the stairs

Exercícios

A. Responda em português:

1. Que faz o autor depois de levantar-se?
2. Por que põe a chaleira no fogo, e por que abre a porta do apartamento?
3. De que é que êle se lembra?
4. Por que os patrões suspenderam o trabalho noturno?
5. Enquanto o autor toma o café com pão dormido, de quem é que se lembra?
6. Quando o padeiro apertava a campainha, o que gritava? Por quê?
7. Como é que êle tinha aprendido essa expressão?
8. O que fazia o autor depois de deixar a redação de jornal?
9. Com que o autor compara o jornal quentinho da máquina?
10. Por que o autor se julgava importante quando era rapaz?
11. Onde estariam o jornal e o pão bem cedinho?
12. Que lição o autor recebeu do padeiro?

B. Acrescentando "ontem" a cada período, diga no pretérito na primeira pessoa singular e depois na terceira pessoa singular, como no exemplo:

Exemplo: Dirijo o carro. Ontem eu dirigi o carro.
                               Ontem êle dirigiu o carro.

1. Levanto cedo. Ontem eu _____. Ontem êle _____.
2. Faço minhas abluções.
3. Ponho a chaleira no fogo.
4. Abro a porta.
5. Sei isso por meio duma carta.

C. Ponha no plural todos os substantivos, verbos e adjetivos nos
   períodos que seguem:

Exemplo: O homem deixou o paletó.
          Os homens deixaram os paletós.

1. O professor recebeu uma carta.
2. Êle já esteve aqui uma vez.
3. Você sentiu uma sensação indefinível?
4. Êste instrumento não é útil.
5. Esta lição é fácil.

D. Na conversa prefere-se o mais-que-perfeito composto (compound
   past perfect) à forma simples. Qual é a forma mais comum dos
   verbos que seguem?

Exemplo: Êle insinuara.
          Êle tinha insinuado.

1. Eu tivera. Eu _____.   6. Eu aceitara.
2. Êles aprenderam.   7. O senhor quisera.
3. A coisa acontecera.   8. Vocês puseram.
4. Nós ficáramos.   9. Êle entregara.
5. Ela escrevera.   10. Nós víramos.

E. Traduza em português:

1. He got up early and put the kettle on the fire. 2. He remem-
bers having read about the strike in the newspapers. 3. The bos-
ses suspended night work, but I really don't know why. 4. I did
not want to bother anyone. 5. When I rang the bell I said, "It's
nobody." 6. The young reporter received a lesson in humility
from the bread man. 7. The mailman left the letter and left,
whistling (note the difference between "deixar" - to leave something behind - and "ir-se" or "sair" - to go away or to go out).

III

O T E L E F O N E

-Luís Martins-

- Alô, como vai? Você está boa? E o marido? E os filhos? Não, estou apenas telefonando para saber de vocês.
Que calor que tem feito, não?[1] Ontem estava tão quente, que
eu nem pude dormir. O Alfredo, depois do jantar, quis ficar
5 ouvindo rádio, mas não conseguiu; de repente, propôs:
- "Vamos sair para tomar um sorvete?"
Tomamos sorvete, mas qual! Quem é que agüenta?[2] Eu nem
durmo! E vocês aí, têm sofrido muito? Eu penso é nas crianças.[3] Bem, o seu bairro é mais fresco do que o nosso...Mu-
10 dando de assunto: você tem sabido do pessoal do seu Juca?[4]
Outro dia me disseram que a Julietinha vai casar, é verdade?
Eu nem acreditei...Ainda não faz um ano que ela desmanchou o
noivado com o Magalhães...
Isto é apenas o comêço de uma conversinha telefônica de
15 meia hora, entre duas senhoras. Como se vê, os temas da instrutiva palestra são os mais importantes e inadiáveis; se
uma das amigas não comunicar à outra, com tôda a urgência,
que está fazendo muito calor, a pobre senhora é capaz de pensar que estamos no inverno, e sair à rua de vestido de lã e
20 casaco de pele.[5] É também imprescindível que ambas mùtuamente se informem com minúcias sôbre as respectivas saúdes, e a
de tôdas as demais pessoas das duas casas; não há ninguém doente, nem numa família, nem na outra; e ainda ontem, pelo telefone, essa tranqüilizadora certeza ficou definitivamente
25 estabelecida. Mas faz parte do ritual telefônico feminino
essa troca de informações secretas.
O telefone é, certamente, um dos objetos mais úteis do
nosso tempo; a mulher encontrou maneira de transformá-lo num
dos mais importunos, mais cacêtes e mais ociosos da civiliza-
30 ção contemporânea. E que instinto maravilhoso, que extraordinário tato tem uma gentil filha de Eva, para telefonar nos
instantes mais fora de propósito, mais inoportunos, mais incômodos: às horas em que ainda estamos na cama, no momento
preciso em que nos sentamos à mesa para almoçar, justo nos
35 minutos reservados ao banho, ou quando já vamos sair, e temos
um táxi à porta esperando por nós!
Não conheço um só homem que seja capaz de telefonar a
outro homem (a não ser[6] em caso de doença) simplesmente para
saber como êle vai passando.[7] Os homens telefonam para tratar
40 de negócios, para dar um recado, para fazer um pedido, ou
para obter uma informação; as mulheres inventaram essa coisa
deliciosa e vazia que é a conversa fiada.[8] E o telefone, dòcilmente, presta-se a tudo...

(from Futebol da Madrugada)

8

1 Que calor que tem feito, não? - It certainly has been hot, hasn't it?
2 mas qual! Quem é que agüenta? - but, really! Who can stand it?
3 Eu penso é nas crianças - It's the children I'm thinking about. (Note the use of "é" for emphasis: the equivalent of "É nas crianças que eu penso." The "é" may be omitted in translation: I'm thinking about the children - Eu penso nas crianças.)
4 você tem sabido do pessoal do seu Juca? - have you heard about Juca's folks (family, people)? ("Seu" is a shortened form of "senhor" that is very frequently used familiarly with either the first or last name. It can be omitted in translation.)
5 de vestido de lã e casaco de pele - wearing a wool dress and a fur coat
6 a não ser - unless, except
7 como êle vai passando - how he is, how he's getting along
8 conversa fiada - idle talk, small talk

Exercícios

A. Responda em português:

1. Por que é que a senhora está telefonando?
2. Por que ela não pôde dormir?
3. O que o Alfredo propôs depois do jantar?
4. O que é que a Julietinha vai fazer, e por que a senhora que está telefonando não acredita?
5. Se uma das amigas não comunicar à outra que está fazendo muito calor, o que a outra é capaz de pensar?
6. Que diz o autor sôbre a utilidade do telefone em geral?
7. Segundo êle, em que é que as mulheres transformaram o telefone?
8. Qual é o instinto maravilhoso que as mulheres têm?
9. Quais são alguns dos momentos mais inoportunos para receber um telefonema?
10. Para que é que os homens usam o telefone?

B. Dê as contrações das palavras entre parênteses:

1. Elas telefonam justo (em os) minutos reservados (a o) banho.
2. Êle passou o lenço (por a) testa suada.
3. Fiquei (em a) janela olhando a casa (de ela).
4. Foi atendido (por as) empregadas.
5. Vinha deixar o pão (a a) porta (de o) apartamento.
6. O carteiro passa (por o) instituto depois (de as) nove.

C. Junte (join) cada par de períodos que segue, usando o subjuntivo, como se vê no exemplo:

Exemplo: É também imprescindível. Ambos se informam.
É também imprescindível que ambos se informem.

1. É realmente preciso. Elas saem juntas. (É realmente preciso que elas...)
2. De todos modos é aconselhável. Vocês fazem o possível.
3. Segundo êle, é imensamente importante. Eu dirijo a carta ao chefe.
4. Sempre é possível. São temas importantes.
5. Parece incrível. Estão prontas para sair.

D. Coloque os períodos que seguem no tempo futuro, como no exemplo:

Exemplo: Se uma não comunica à outra, a pobre senhora não sabe como vão.
Se uma não comunicar à outra, a pobre senhora não saberá como vão.

1. Se Maria está doente, alguém nos chama.
2. Se a nova invenção não é útil, a gente não a usa.
3. Se nós vendemos mais barato, todo mundo vem.
4. Se você tem um momentinho, vai com ela?
5. Se o menino sente fome, a mãe lhe dá sorvete.
6. Se vamos para ali, levamos um presente.

E. Traduza em português:

1. Hello, how are you? 2. How hot it's been! 3. I couldn't even sleep last night (ontem à noite). 4. Your neighborhood is cooler than ours. 5. Let's change the subject. 6. The telephone is one of the most useful objects of our time. 7. Men telephone in order to take care of business matters. 8. Women invented small talk.

F. Sugestão para redação ou para exposição oral:

A importância do telefone na vida cotidiana.

IV

C E M   C R U Z E I R O S   A   M A I S

-Fernando Sabino-

Ao receber certa quantia num guichê do Ministério, verificou que o funcionário lhe havia dado cem cruzeiros a mais.
Quis voltar para devolver, mas outras pessoas protestaram:
entrasse na fila.[1]

5   Esperou pacientemente a vez, para que[2] o funcionário lhe
fechasse na cara a janelinha de vidro:
        - Tenham paciência, mas está na hora do meu café.
        Agora era uma questão de teimosia. Voltou à tarde, para
encontrar fila maior--não conseguiu sequer aproximar-se do
10 guichê antes de encerrar-se o expediente.[3]
        No dia seguinte era o primeiro da fila:
        - Olha aqui: o senhor ontem me deu cem cruzeiros a mais.
        - Eu?
        Só então reparou que o funcionário era outro.
15   - Seu colega, então. Um de bigodinho.
        - O Mafra.
        - Se o nome dêle é Mafra, não sei dizer.
        - Só pode ter sido o Mafra. Aqui só trabalhamos eu e o
Mafra. Não fui eu. Logo...
20   Êle coçou a cabeça, aborrecido:
        - Está bem, foi o Mafra. E daí?
        O funcionário lhe explicou com tôda urbanidade que não
podia responder pela distração de Mafra:
        - Isto aqui é uma pagadoria, meu chapa. Não posso rece-
25 ber, só posso pagar. Receber, só na recebedoria. O próximo![4]
        O próximo da fila, já impaciente, empurrou-o com o coto-
vêlo. Amar o próximo como a ti mesmo! Procurou conter-se e
se afastou, indeciso. Num súbito impulso de indignação--a-
gora iria até o fim--dirigiu-se à recebedoria.
30   - O Mafra? Não trabalha aqui, meu amigo, nem nunca tra-
balhou.
        - Eu sei. Êle é da pagadoria. Mas foi quem me deu os
cem cruzeiros a mais.
        Informaram-lhe que não podiam receber: tratava-se de uma
35 devolução, não era isso mesmo? e não de pagamento. Tinha
trazido a guia? Pois então? Onde já se viu pagamento sem
guia? Receber mil cruzeiros a trôco de quê?
        - Mil não: cem. A trôco de devolução.
        - Trôco de devolução. Entenda-se.
40   - Pois devolvo e acabou-se.[5]
        - Só com o chefe. O próximo!
        O chefe da seção já tinha saído: só no dia seguinte. No
dia seguinte, depois de fazê-lo esperar mais de meia hora, o
chefe informou-lhe que deveria redigir um ofício historiando
45 o fato e devolvendo o dinheiro.

      - Já que o senhor faz tanta questão de devolver.

      - Questão absoluta.

      - Louvo o seu escrúpulo.

      - Mas o nosso amigo ali do guichê disse que era só en-
50   gregar ao senhor[6]--suspirou êle.

      - Quem disse isso?

      - Um homem de óculos naquela seção do lado de lá. Re-
cebedoria, parece.

      - O Araújo. Êle disse isso, é? Pois olhe: volte lá e
55   diga-lhe para deixar de ser bêsta. Pode dizer que fui eu que
falei. O Araújo sempre se metendo a entendido![7]

      - Mas e o ofício? Não tenho nada com essa briga,[8] va-
mos fazer logo o ofício.

      - Impossível: tem de dar entrada no protocolo.
60   Saindo dali, em vez de ir ao protocolo, ou ao Araújo para dizer-lhe que deixasse de ser bêsta, o honesto cidadão
dirigiu-se ao guichê onde recebera a dinheiro, fêz da nota de
cem cruzeiros uma bolinha, atirou-a lá dentro por cima do vidro e foi-se embora.

                (from <u>A</u> <u>Companheira</u> <u>de</u> <u>Viagem</u>)

---

1 entrasse na fila - (the others told him to) get in line
2 para que - only to have
3 antes de encerrar-se o expediente - before office hours came to
    an end
4 O próximo! - Next!
5 Pois devolvo e acabou-se - Well, I'll return (the money) and
    that will put an end to the problem
6 era só entregar ao senhor - it would only be necessary to hand
    (the money) over to you
7 sempre se metendo a entendido - always pretending to know it all
8 não tenho nada com essa briga - I have nothing to do with that
    quarrel

Exercícios

A. Responda em português:

1. O que é que o homem verificou ao receber certa quantia num guichê do Ministério?
2. Por que não pôde voltar para devolver o dinheiro imediatamente?
3. Por que o funcionário lhe fechou na cara a janelinha?
4. Quando voltou à tarde, por que não conseguiu chegar ao guichê?
5. No dia seguinte, como sabia o funcionário que era o Mafra quem tinha dado os cem cruzeiros a mais ao homem?
6. Por que êste funcionário não pôde receber o dinheiro?
7. O que fêz o próximo da fila para mostrar a sua impaciência?
8. Por que o nosso herói se conteve e não empurrou o próximo?
9. Por que o funcionário na recebedoria não aceitou o dinheiro?
10. No dia seguinte, quanto tempo o nosso amigo teve que esperar para falar com o chefe da seção, e o que êste lhe informou?
11. Qual é a opinião que o chefe tem do Araújo?
12. Descreva o jeito que o honesto cidadão deu para resolver o problema. Era uma solução boa?

B. Modifique os períodos seguintes segundo as frases entre parênteses:

Exemplo: Êle procurou conter-se e se afastou. (eu)
         Eu procurei conter-me e me afastei.

1. Dirigiu-se à recebedoria. (nós)
2. Não conseguiu sequer aproximar-se do guichê. (vocês)
3. Acabou-se. (Todos os problemas)
4. Esse Araújo sempre está se metendo a entendido. (Êsses meninos)
5. Foi-se embora. (Helena e Judite)
6. O Mafra se sentou e esperou o primeiro cliente. (nós)
7. A que hora o Jorge se levantou? (O Edison e o Sérgio)
8. Não se esqueça de lavar-se bem e enxugar-se na toalha. (nós)
9. Ela se contém muito bem nos momentos difíceis. (eu)
10. O expediente se encerrará às cinco. (As portas)

C. Empreguem em períodos originais as palavras sublinhadas, guardando o significado que têm nos exemplos.

1. Eu terei que aguardar a minha vez.
2. Está na hora do meu café.
3. Não conseguiu sequer aproximar-se.
4. Êle me deu cem cruzeiros a mais.
5. Trata-se duma devolução.
6. A Wanda gosta de meter-se a entendida.
7. Êle fêz questão de devolver o dinheiro.
8. Ela leva o dia inteiro conversando.

9. <u>Estranhei</u> a ausência do pai no casamento dela.
10. A casa estava <u>em obras</u>.

<u>D.</u> Certo ou errado? (Se certo, repita o período; se errado, corrija-o.)

1. Primeiro o sujeito pensou ficar com o dinheiro, mas depois mudou de idéia.
2. Fêz questão de devolver a cédula (<u>note</u>) porque se tratava duma soma muito grande.
3. Não conseguiu aproximar-se do guichê devido à fila.
4. No dia seguinte o funcionário, que não era o mesmo, não aceitou o dinheiro por desconfiança.
5. Na recebedoria não quiseram aceitar porque não era um pagamento.
6. O chefe atendeu-lhe com prontidão e gentileza.
7. O pessoal do Ministério se dá muito bem.
8. Para contar o caso num ofício era preciso passar pelo protocolo.
9. Pode-se dizer que o cidadão chegou ao fim da sua teimosia.
10. Achou uma maneira muito genial para devolver a cédula.

<u>E.</u> Conte esta história do ponto de vista (1) do homem que recebeu os cem cruzeiros a mais, (2) do Araújo, (3) do chefe da seção.

A MULHER VESTIDA

-Fernando Sabino-

Eu estava num centro comercial de Copacabana e era sábado, pouco depois de meio-dia. Às tantas comecei a ouvir uma
martelação de ensurdecer.[1] O dono de uma lojinha de sapatos
para senhora chegou-se à porta e me interpelou, assustado:

5   - Que será isso?

E saiu pelo corredor a investigar. Caminhávamos na mesma direção e logo descobrimos que o ruído vinha de uma sala
fechada, um curso de ginástica.[2] Batiam[3] desesperadamente na
porta, lá dentro--com um halteres, no mínimo.

10   - Que está acontecendo?--o sapateiro gritou do lado de
cá.

Uma voz chorosa de mulher explicou que a porta estava
trancada, ela não podia sair.

- Quedê[4] a chave?--berrou o homem.

15   - O professor levou--respondeu a voz.

- Que professor?

- O professor de ginástica.

- Espera, que eu vou chamar o zelador-- arrematou o homem,
solícito. E se voltou para mim:

20   - O senhor podia fazer o favor de procurar o zelador para soltar a mulher? Não posso abandonar minha loja sem ninguém.

Assim, êle ia tirar a castanha com a mão do gato.[5] Não
tive outro jeito senão sair à procura do zelador.

25   Encontrei-o à porta do prédio chupando uma tangerina. Era
um pau-de-arara[6] delicado e solícito, mas infelizmente não podia fazer nada: não tinha a chave da sala.

Voltei ao corredor, vencendo a tentação de cair fora de
uma vez, deixar que a mulher se arranjasse.[7] A bateção reco-
30 meçara, ela parecia disposta a botar a porta abaixo:

- Abre essa porta! Pelo amor de Deus!

- Calma, minha senhora--berrei do lado de cá:--Vamos ver
se a gente dá um jeito.

No corredor ia-se juntando gente, e várias sugestões eram
35 aventadas: abrir um buraco na parede, chamar o Corpo de Bom-
beiros, retirá-la pela janela.

- Deve ser uma mulher forte pra chuchu.

- Eu se fôsse ela aproveitava e quebrava tudo lá dentro.

Pensei em transferir a alguém mais a tarefa que o sapa-
40 teiro me confiara, não encontrei ninguém que parecesse disposto a aceitar a responsabilidade: todos se limitavam a fazer
comentários jocosos, estavam é se divertindo com o incidente.
De súbito me ocorreu perguntar à mulher o número do telefone
do professor. Foi um custo fazê-la cantar de lá a resposta,

45 algarismo por algarismo. Saí para a rua a procura de um tele-
fone--tive de andar um quarteirão inteiro até uma farmácia,
onde fiquei aguardando na fila. Chegou afinal a minha vez.
Atendeu-me uma voz de criança--certamente filha do professor.
Que ainda não havia chegado em casa, pelo que pude entender:[8]

50   - Escuta, meu benzinho, diga para o papai que tem uma
mulher trancada na sala lá do curso dêle, está me entendendo?
Repete comigo: uma mulher trancada...

Não havendo mais nada a fazer, resolvi tomar o caminho
de casa--mas a curiosidade me arrastou mais uma vez até o
55 centro comercial, para uma última olhada sem compromisso.

O interêsse conquistava todo o andar, espalhava-se aos
demais, ganhava a rua: gente se acotovelava diante do prédio,
agora era uma multidão de verdade que acompanhava os acontecimentos.

60   - Por que não arrombam a porta de uma vez?
     - O que é que a mulher está fazendo lá dentro?
     - Dizem que ela está nua.

A palavra mágica correu logo entre a multidão: nua, uma
mulher nua! e cada vez juntava mais gente, ameaçando inter-
65 romper o tráfego:
     - Mulher nua. Mulher nua!--gritavam os moleques.

Dois soldados da polícia militar passaram correndo, cassetete em riste,[9] sem saber para onde se dirigir. A multidão
se abriu, precavidamente. Um homem de ar decidido pedia li-
70 cença e ia entrando pelo centro comercial a dentro, como quem
vai resolver o problema. Devia ser algum comissário de polícia.

Era o professor, que comparecia com a chave, não sei se
mercê do meu recado. Em pouco a porta do curso de ginástica
75 se abriu e a mulher saiu, ressabiada--completamente vestida.
Era baixinha e meio gorda, estava mesmo precisando de ginástica.[10]

(from Quadrante 2, revised version supplied by the author)

---

1 uma martelação de ensurdecer - a deafening pounding
2 curso de ginástica - health studio
3 Batiam - Someone was knocking
4 Quedê? - O que é de? (onde está?)
5 êle ia tirar a castanha com a mão do gato - he was going to let
  somebody else pull his chestnuts out of the fire (i.e., get
  someone else to do his work for him). A variant of this expression is "tirar a sardinha com a mão do gato."
6 pau-de-arara - a migrant from the Northeast (similar in con-
  notation to our word "Okie"). A "pau-de-arara" is a type of
  covered truck in which migrants from the economically depres-
  sed Northeast of Brazil travel to the big cities of the central and southern parts of the country in search of jobs; by

extension the term has come to be used to refer to the migrants themselves.

7 vencendo...se arranjasse - overcoming the temptation to walk out, leaving the woman to take care of herself

8 Que ainda não...entender - From what I could understand, he had not yet arrived at home

9 cassetete em riste - with clubs ready for action

10 estava mesmo precisando de ginástica - she really did need exercising

Exercícios

A. Responda em português:

1. Onde estava o senhor Sabino um sábado? A que horas?
2. De onde vinha o ruído que êle e o sapateiro ouviram?
3. O que explicou a mulher que estava trancada na sala fechada?
4. Por que o sapateiro não queria ir chamar o zelador?
5. Por que o zelador não pôde abrir a porta?
6. Que sugestões ofereceram algumas pessoas?
7. O que o autor disse pelo telefone à filha do professor?
8. Qual foi a palavra mágica que correu logo entre a multidão?
9. Como é que a mulher pôde sair afinal?
10. Por que ela precisava mesmo de ginástica?

B. Complete os períodos como no modêlo:

Modêlo: Êle pediu à prisioneira que (ter) calma.
Êle pediu à prisioneira que tivesse calma.

1. O sapateiro pediu ao empregado que (trazer) as caixas.
2. O professor disse às alunas que (levantar) os halteres.
3. O zelador recomendava aos inquilinos ("tenants") que nunca (sair) sem levarem a chave.
4. O repórter preferia que o caso (ser) o mais escandaloso possível.
5. As autoridades escreveram ao gerente que (vir) imediatamente.
6. A multidão estava gritando ao guarda que êle (resolver) o dilema.
7. A môça queria que a mulherzinha (subir) à janela.
8. A coitada da mulher esperava que lá em casa o marido (compreender).
9. O médico mandou ao menino que êle (ficar) quietinho.
10. A criança quis que os pais lhe (dar) mais chocolates.

C. Empregue as palavras sublinhadas em períodos originais:

1. O môço, intrigado, saiu para ver o que era.
2. Eu só disse isso para aventar a possibilidade.
3. Como ninguém atende a porta, não devem estar.
4. De repente, alguém apareceu à porta.
5. Estava precisando mesmo de ginástica.

6. O guarda se plantou <u>junto à</u> porta.

D. Exprima de outra maneira o tempo dos verbos sublinhados:

1. O professor se <u>fôra</u> embora.
2. Ela <u>resolvera</u> arrebentar a porta.
3. O pai ainda não <u>chegara</u>.
4. Um guarda já se <u>plantara</u> aí.
5. Alguém <u>aparecera</u> com uma chave.

E. Certo ou errado? (Corrija, se errado; repita, se certo.)

1. O episódio se passa numa rua movimentada no centro do Rio.
2. Quem ouviu a martelação primeiro foi uma môça que fazia compras.
3. O barulho vinha duma sala que servia para o ensino de ginástica.
4. O professor trancara uma aluna por não querer pagar.
5. Conforme o tempo ia passando, o número de curiosos ia crescendo.
6. Cada pessoa tinha uma sugestão diferente para libertar a mulher.
7. Não se podiam encontrar nem o zelador nem o professor.
8. A mulher estava preocupada porque tinha outro encontro marcado.
9. Na conclusão o autor nos dá a refutação completa do que se dizia lá fora.
10. Esta crônica mostra a fome insaciável da gente pelo escândalo.

F. Para traduzir em português:

1. The door was locked and the woman could not open it. 2. The janitor couldn't do anything because he didn't have the key.
3. "For Heaven's sake, open this door!" the woman cried. 4. "Be calm, ma'am," the man replied. "Let's see if we can find a solution." 5. He had to walk a whole block to find a telephone and then he had to wait in line; finally his turn came. 6. The kids in the crowd yelled that the woman who was locked in the room was nude. 7. But when the professor opened the door she came out completely dressed.

VI

TEMPO PERDIDO

-Luís Martins-

Considero-me um homem razoàvelmente ocupado, um dêsses indivíduos obrigados a contar no relógio os minutos do dia que
vive, para poder dar conta do seu recado cotidiano.[1] Cada
manhã estabeleço o programa das minhas atividades, e à noite,
5   ao me deitar, verifico com melancolia e irritação, não ter
feito metade do que programara. Na conta corrente[2] que mante-
nho comigo mesmo, o deficit de compromissos adiados[3] vai crescendo assustadoramente e, no fim da semana, vejo que me acho
mais ou menos nas condições[4] do Brasil: há um débito colossal
10   a se transferir para o exercício seguinte.[5]
Deixo sempre para amanhã o que não posso fazer hoje, e
para depois de amanhã o que certamente amanhã não farei. Mas
que recursos tenho eu para debelar a crise,[6] numa terra em
que os telefones estão sempre ocupados, as pessoas nunca estão
15   onde deviam estar, os automóveis enguiçam, os ônibus não têm
horário, e se o relógio pára, não tem o poder mágico de inter-
romper o curso inflexível do tempo?
Há dez dias telefono,[7] sistemàticamente, a uma determina-
da hora, para um determinado cidadão, com o qual tenho um de-
20   terminado negócio a resolver. E há dez dias, a resposta invariável é:
- Êle não está[8] no momento.
Há uma semana, procuro um outro, a quem preciso pedir um
obséquio para um terceiro.[9] E há uma semana, o resultado des-
25   sa procura é sempre o mesmo:
- Êle acabou de sair. Se o senhor tivesse chegado um minutinho antes...
Deixo para o dia seguinte o telefonema e a visita. Mas
no dia seguinte já há outras visitas e outros telefonemas; há
30   uma carta que chega pedindo um favorzinho à-toa,[10] mas que
consome tempo; há um encargo de trabalho imprevisto, que é
necessário satisfazer; há um telegrama de pêsames a passar; há
um cheque a receber;[11] há três contas a pagar; há o amigo que
chega de fora e faz questão absoluta[12] de me ver; há um caso
35   que necessita da minha presença para ser solucionado; há um
papel que preciso assinar; e há ainda os meus afazeres obri-
gatórios, normais, cotidianos, que eu não posso esquecer, nem
delegar a outrem o trabalho de realizar...
E, no meio disso tudo, vou tomar um ônibus, o ônibus não
40   vem; mando chamar um táxi, não há táxi no ponto; vou pegar um
lotação,[13] o lotação passa cheio; vou telefonar, a linha está
ocupada; consigo fazer a ligação, a pessoa não está; corro de
um lado para outro--e chego sempre atrasado. E há as filas,[14]
os funcionários desatentos, o figurão que foi tomar um cafè-
45   zinho,[15] o amigo que marca encontro para as cinco e chega às

sete...

    Se conto tôdas essas coisas, é que êsse drama não é meu apenas, mas de tôda gente. Para se ganhar a vida--como se perde tempo!

(from <u>Futebol</u> <u>da</u> <u>Madrugada</u>)

---

1 dar conta do seu recado cotidiano - to do his daily job
2 Na conta corrente...comigo mesmo - In the current account I maintain for myself. (The author humorously uses bookkeeping terms here and in the next few lines.)
3 compromissos adiados - commitments postponed
4 nas condições - in the condition. (The plural of "condição" is often used where English uses the singular.)
5 o exercício seguinte - the next fiscal year
6 que recursos...a crise - what resources do I have to overcome the crisis (i.e. of my deficit, my falling behind in my commitments)
7 Há dez dias telefono - For ten days I have been phoning. (This construction can also be expressed as "Há dez dias que telefono" or "Telefono há dez dias." Note similar constructions in the next few lines: "há dez dias, a resposta é" - for ten days the answer has been; "Há uma semana procuro" - For a week I have been looking for.)
8 não está - he isn't in
9 um terceiro - a third person, a third party
10 um favorzinho à-toa - some little favor or other
11 um cheque a receber - a check to cash ("cobrar", "trocar", and "descontar" can also be used to express "to cash")
12 faz questão absoluta - absolutely insists
13 pegar um lotação - to catch a "lotação" (a small bus that made fewer stops, charged more, and speeded more than ordinary buses; they have been replaced in recent years by the latter)
14 as filas - the waiting lines (at banks, the post office, government offices, bus stops, etc.)
15 um cafèzinho - a small cup of coffee, usually drunk black and with lots of sugar; "tomar um cafèzinho" is the equivalent of taking a coffee break.

Exercícios

A. Responda em português:

1. Que é que o autor verifica cada noite ao se deitar? Verifica-o com alegria?
2. Que é que êle deixa para amanhã? E para depois de amanhã?
3. Segundo o autor, que problemas há no Brasil com os telefones, as pessoas, os automóveis, e os ônibus?
4. Que é que o autor faz há dez dias, e qual é a resposta invariável?
5. Porque é que o autor procura um outro indivíduo há uma semana, e

qual é o resultado dessa procura?

6. No dia seguinte, que problemas novos trazem ao autor uma carta, um encargo de trabalho imprevisto, um telegrama, um cheque, umas contas, um amigo, um caso, um papel?

7. O que é que acontece quando êle quer tomar um ônibus, quando manda chamar um táxi, quando vai pegar um lotação, e quando vai telefonar?

8. Por que não encontra o figurão, e por não vê o amigo às cinco?

9. O que é que se perde para se ganhar a vida?

B. Responda às perguntas seguintes com as frases dentro de parênteses:

Exemplo: Há quanto tempo você telefona para êle? (dez dias). Há dez dias (que) telefono para êle.

1. Há quanto tempo você procura uma colocação? (uma semana)
2. Há quanto tempo vocês se conhecem? (três anos)
3. Há quanto tempo ela não tem férias? (mais de um ano)
4. Havia quanto tempo que você esperava por uma carta dêle? (um mês)
5. Havia quanto tempo que êle estava chegando tarde no escritório? (cinco dias)

C. Redija os períodos que seguem de modo que êles expressem condições que não se realizaram no passado.

Exemplo: Se o senhor chega um minutinho antes, pode conseguir a entrevista. Se o senhor tivesse chegado um minutinho antes, poderia ter conseguido a entrevista.

1. Se ela me diz isso, eu dou uma boa resposta.
2. Se o aluno vê a data, sabe que é feriado.
3. Se o comerciante fecha o negócio, ganha uma fortuna.
4. Se nós fazemos o nosso dever, não temos que enfrentar uma crise.
5. Se o diretor estabelece um programa, todo mundo verifica o progresso.

D. Complete os períodos seguintes repetindo em cada caso o verbo inicial.

Exemplo: Eu estabeleço o programa, e êle o _____ também. Eu estabeleço o programa, e êle o estabelece também.

1. Eu consumo quanto produzo, mas êle não _____ nada.
2. Você pede dinheiro a todos, mas eu não _____ a ninguém.
3. Os preguiçosos dormem o dia inteiro, mas eu _____ pouco.
4. João sobe às duas, mas desta vez eu não _____ com êle.
5. Eu sirvo para o emprêgo; o emprêgo é que não _____ para mim.
6. Eu sempre perco o meu guarda-chuva ao passo que êle nunca _____ o dêle.

7. Ou desço eu também ou não _____ ninguém.

E. Traduza em português:

1. He considers himself a reasonably busy man. 2. He didn't do
half of what he had planned. 3. Never leave for tomorrow what
you can do today. 4. My automobile stalled and my clock stopped.
5. The doctor isn't in at the moment; he just went out. 6. I
insist on seeing him. 7. I made an appointment for five o'clock
but I arrived at five-thirty. 8. In order to earn a living, one
wastes a great deal of time. 9. I have been phoning for fifteen
minutes but the line is always busy. 10. If you had arrived a
moment earlier, you would have seen him.

O S   J O R N A I S

-Rubem Braga-

Meu amigo lança fora, alegremente, o jornal que está lendo e diz:
- Chega![1] Houve um desastre de trem na França, um aci-
dente de mina na Inglaterra, um surto de peste na Índia. Você
5   acredita nisso que os jornais dizem? Será o mundo assim, uma
bola confusa, onde acontecem ùnicamente desastres e desgraças?
Não! Os jornais é que falsificam[2] a imagem do mundo. Veja
por exemplo aqui: em um subúrbio, um sapateiro matou a mulher
que o traía. Eu não afirmo que isso seja mentira.[3] Mas acon-
10   tece que o jornal escolhe os fatos que noticia.[4] O jornal
quer fatos que sejam notícias, que tenham conteúdo jornalístico.
Vejamos a história dêsse crime. "Durante os três primeiros
anos o casal viveu imensamente feliz..." Você sabia disso? O
jornal nunca publica uma nota assim:
15   "Anteontem, cêrca de 21 horas,[5] na rua Arlinda, no Méier,[6]
o sapateiro Augusto Ramos, de 28 anos, casado com a senhora
Deolinda Brito Ramos, de 23 anos de idade, aproveitou-se de
um momento em que sua consorte erguia os braços[7] para segurar
uma lâmpada para abraçá-la alegremente, dando-lhe beijos na
20   garganta e na face, culminando em um beijo na orelha esquerda. Em vista disso, a senhora em questão voltou-se para o
seu marido, beijando-o longamente na bôca e murmurando as
seguintes palavras: "Meu amor", ao que êle retorquiu: "Deolinda". Na manhã seguinte, Augusto Ramos foi visto saindo de
25   sua residência às 7,45 da manhã, isto é, 10 minutos mais tarde do que o habitual, pois se demorou, a pedido de sua espôsa, para consertar a gaiola de um canário-da-terra de propriedade do casal.
A impressão que a gente tem, lendo os jornais--continuou
30   meu amigo--é que "lar" é um local destinado principalmente
à prática de "uxoricídio". E dos bares, nem se fala.[8] Imagine isto:
"Ontem, cêrca de 10 horas de noite, o indivíduo Ananias
Fonseca, de 28 anos, pedreiro, residente à rua Chiquinha,
35   sem número, no Encantado, entrou no bar Flor Mineira, à rua
Cruzeiro, 524, em companhia de seu colega Pedro Amâncio de
Araújo, residente no mesmo enderêço. Ambos entregaram-se a
fartas libações alcoólicas e já se dispunham a deixar o botequim quando apareceu Joca de tal,[9] de residência ignorada, an-
40   tigo conhecido dos dois pedreiros, e que também estava visì-
velmente alcoolizado. Dirigindo-se aos dois amigos, Joca ma-
nifestou desejo de sentar-se à sua mesa, no que foi atendido.[10]
Passou então a pedir rodadas de conhaque, sendo servido pelo
empregado do botequim, Joaquim Nunes. Depois de várias ro-
45   dadas, Joca declarou que pagaria tôda a despesa. Ananias e
Pedro protestaram, alegando que êles já estavam na mesa antes.

Joca, entretanto, insistiu, seguindo-se uma disputa entre os
três homens, que terminou com a intervenção do referido empregado, que aceitou a nota que Joca lhe estendia. No momento
50 em que trouxe o trôco, o garçom recebeu um boa gorjeta, pelo
que[11] ficou contentíssimo, o mesmo acontecendo aos três amigos que se retiraram do bar alegremente, cantarolando sambas.
Reina a maior paz no subúrbio do Encantado, e a noite foi
bastante fresca, tendo dona Maria,[12] sogra do comerciário
55 Adalberto Ferreira, residente à rua Benedito, 14, senhora que
sempre foi muito friorenta, chegado a puxar o cobertor, tendo depois sonhado que seu netinho lhe oferecia um pedaço de
goiabada".
       É, meu amigo:[13]
60   Se um repórter redigir essas duas notas e levá-las[14] a
um secretário de redação, será chamado de louco. Porque os
jornais noticiam tudo, tudo, menos uma coisa tão banal de que
ninguém se lembra: a vida...

                              (from <u>A Borboleta Amarela</u>)

---

1 Chega! - That's enough!
2 Os jornais é que falsificam - The newspapers falsify
3 não afirmo que isso seja mentira - I won't say it's a lie
4 acontece que o jornal escolhe os fatos que noticia - the fact
   is that the newspaper selects the facts it reports. (Note that
   "noticia" is a form of the verb "noticiar" and should not be
   confused with the noun "notícia".)
5 21 horas (vinte e uma horas) - 9:00 P.M. In Brazil, as in
   various other countries, the hours between noon and midnight
   are sometimes expressed as 13 (1:00 P.M.) through 24.
6 Méier and (a few lines below) Encantado are sections of Rio de
   Janeiro where many members of the working class live.
7 sua consorte erguia os braços - his wife was raising her arms.
   (Note that the author intentionally imitates journalese style,
   using high-sounding words like "consorte" and (later) "liba-
   çoes" and "alcoolizado" instead of more usual terms like "mulher," "bebidas," and "bêbedo."
8 dos bares, nem se fala - as for bars, don't even mention it
   (it goes without saying)
9 Joca de tal - a certain Joca (nickname for Joaquim); "de tal"
   is used to show that the speaker did not know the man's last
   name.
10 no que foi atendido - in which he was accommodated (or: to
    which they agreed)
11 pelo que - for which reason
12 tendo dona Maria...chegado a puxar o cobertor - Dona Maria...
    having found it necessary to pull her blanket over her
13 É, meu amigo - Yes, my friend. (É is one of the most useful of
    Portuguese words: it can be used as the equivalent of "O.K.,"

"I agree," "That's right," "Of course," "Yes, indeed," etc., etc.)

14 redigir...levá-las - Note that both verbs are future subjunc-tives used after "se": If a reporter writes up those two stories and takes them to an editor, he will be called crazy.

Exercícios

A. Responda em português:

1. Que catástrofes (f.) houve na França, na Inglaterra e na Índia?
2. Que é que os jornais falsificam?
3. O que fêz um sapateiro, e por quê?
4. Que diz o jornal sôbre os três primeiros anos do casal, e por que é que ninguém sabia disso?
5. Onde é que o sapateiro Augusto deu beijos à sua mulher Deolinda, e ela a êle?
6. Na manhã seguinte, por que Angusto saiu da casa dez minutos mais tarde do que o habitual?
7. A que horas entraram Ananias e Pedro no bar Flor Mineira, e o que é que fizeram ali? Quem entrou depois?
8. Por que começou uma disputa no bar?
9. Como terminou a disputa, e por que ficou contente o garçom?
10. Por que é que dona Maria puxou o cobertor, e que é que ela sonhou?
11. Por que é que um repórter seria chamado de louco se êle redigisse as duas notas e as levasse a um secretário de redação?

B. Começando cada período com "Antigamente," passe os períodos seguintes para o imperfeito:

Exemplo: Eu assisto a muitos filmes. Antigamente eu assistia a muitos filmes.

1. Os jornais falsificam a imagem do mundo.
2. O repórter diz que quer fatos.
3. A impressão que a gente tem é que não se lê.
4. Os garções trazem o trôco quando a gente pede.
5. É verdade, mas não fica bem.

C. Substitua a frase "O jornalista diz" pela frase "O jornalista prefere":

Exemplo: O jornalista diz que a vida é sensacional. O jornalista prefere que a vida seja sensacional.

1. O jornalista diz que há acontecimentos importantes.
2. O jornalista diz que vocês sabem disso.
3. O jornalista diz que nós pedimos rodadas de conhaque.
4. O jornalista diz que o garçom traz o trôco.
5. O jornalista diz que o artigo cabe na primeira página.

D. O mesmo que <u>C</u>, colocando, porém, o período no tempo passado:

Exemplo: O jornalista dizia que a vida era sensacional.
           O jornalista preferia que a vida fôsse sensacional·

1.   O jornalista dizia que havia acontecimentos importantes.
2.   O jornalista dizia que vocês sabiam disso.
3.   O jornalista dizia que pedíamos rodadas de conhaque.
4.   O jornalista dizia que trazia o trôco.
5.   O jornalista dizia que o artigo cabia na primeira página.

E.   Forme os advérbios que correspondem aos adjetivos que seguem e
       empregue num período como o exemplo:

Exemplo: definitivo - definitivamente.   Isso ficou definitivamente
       estabelecido.

1.   perfeito   2.   fácil   3.   bom   4.   mútuo   5.   mau

F.   Sugestões para redação ou para exposição oral:

1.   A vida do casal Augusto e Deolinda Ramos.
2.   O episódio dos três amigos no bar.
3.   Será verdade que os jornais falsificam a imagem do mundo?

VIII

ÉRAMOS MAIS UNIDOS AOS DOMINGOS

-Sérgio Pôrto-

As senhoras chegavam primeiro porque vinham diretas da missa para o café da manhã. Assim era que, mal davam as 10, se tanto, vinham chegando[1] de conversa, abancando-se na grande mesa do caramanchão. Naquele tempo pecava-se menos, mas
5 nem por isso elas se descuidavam. Iam em jejum para a missa, confessavam lá os seus pequeninos pecados, comungavam e depois vinham para o café. Daí chegarem mais cedo.[2]

Os homens, sempre mais dispostos ao pecado, já não se cuidavam tanto. Ou antes, cuidavam mais do corpo do que da
10 alma. Iam para a praia, para o banho de sol, os mergulhos, o jôgo de bola. Só chegavam mesmo--e invariàvelmente atrasados --na hora do almôço. Vinham ainda úmidos do mar e passavam a correr pelo lado da casa, rumo ao grande banheiro dos fundos, para lavar o sal, refrescarem-se no chuveiro frio, excelente
15 chuveiro, que só começou a negar água do Prefeito Henrique Dodsworth pra cá.[3]

O casarão, aí por volta das 2 horas, estava apinhado. Primos, primas, tios, tias, tias-avós e netos, pais e filhos, todos na expectativa, aguardando aquela que seria mais uma
20 obra-mestra da lustrosa negra Eulália. Os homens beliscavam pinga, as mulheres falando, contando casos, sempre com muito assunto. Quem as ouvisse não diria que estiveram juntas no domingo anterior, nem imaginaria que estariam juntas no domingo seguinte. As môças, geralmente, na varanda da frente,
25 cochichando bobagens. Os rapazes no jardim, se mostrando. E a meninada, mais afoita, rondando a cozinha, a roubar pastéis, se fôsse o caso de domingo de pastéis.

De repente aquilo que Vovô chamava de "ouviram do Ipiranga as margens plácidas".[4] Era o grito de Eulália, que
30 passava da copa para o caramanchão, sobraçando uma fumegante tigela, primeiro e único aviso de que o almôço estava servido. E então todos se misturavam para distribuição de lugares, ocasião em que pais repreendiam filhos, primos obsequiavam primas e o barulho crescia com o arrastar de cadeiras, só ter-
35 minando com o início da farta distribuição de calorias.

Impossível descrever os pratos nascidos da imaginação da gorda e simpática negra Eulália. Hoje faltam-me palavras, mas naquele tempo nunca me faltou apetite. Nem a mim nem a ninguém na mesa, onde todos comiam a conversar em altas vozes,
40 regando o repasto com cerveja e guaraná, distribuídos por ordem de idade. Havia sempre um adulto que preferia guaraná, havia sempre uma criança teimando em tomar cerveja. Um olhar repreensjvo do pai e aderia logo ao refrêsco, esquecido da vontade. Mauricinho não conversava, mas em compensação comia
45 mais do que os outros.

Môças e rapazes muitas vêzes dispensavam a sobremesa, na ânsia de não chegarem atrasados na sessão dos cinemas, que eram dois e, tal como no poema de Drummond,[5] deixavam sempre dúvidas na escolha.

50 A tarde descia mais calma sôbre nossas cabeças, naqueles longos domingos de Copacabana. O mormaço da varanda envolvia tudo, entrava pela sala onde alguns ouviam o futebol[6] pelo rádio, um futebol mais disputado, porque amador, irradiado por locutores menos frenéticos. Lá nos fundos os bem-aventurados

55 dormiam em rêdes. Era grande a família e poucas as rêdes, daí o revezamento tácito de todos os domingos, que ninguém ousava infringir.

E quando já era de noitinha, quando o último rapaz deixava sua namorada no portão de casa e vinha chegando de volta,

60 então começavam as despedidas no jardim, com promessas de encontros durante a semana, coisa que poucas vêzes acontecia porque era nos domingos que nos reuníamos.

Depois, quando éramos só nós--os de casa--a negra Eulália entrava mais uma vez em cena, com bolinhos, leite, biscoitos e

65 café. Todos fazíamos aquêle lanche,[7] antes de ir dormir. Aliás, todos não. Mauricinho sempre arranjava um jeito de jantar o que sobrara do almôço.

(from A Casa Demolida)

---

1 Mal davam as 10, se tanto, vinham chegando... - scarcely did it strike 10, if that, when they began arriving, conversing.
2 Daí chegarem mais cedo - Hence their arriving earlier
3 do Prefeito Henrique Dodsworth pra cá. - from the time of Mayor Henrique Dodsworth to the present. (Water shortages in Rio began with the rapid growth of the city during the Dodsworth administration, 1937-1945.)
4 "ouviram do Ipiranga as margens plácidas" - These are the opening words of the Brazilian national anthem. Grandpa humorously likened Eulália's cry that lunch was ready to the "Grito de Ipiranga" that symbolized Brazil's declaration of independence from Portugal ("Independência ou Morte!"), uttered by Prince Dom Pedro on September 7, 1822, on the banks of the Ipiranga River in São Paulo. The first two lines of the national anthem (Hino Nacional) refer to this event: "Ouviram do Ipiranga as margens plácidas, de um povo heróico o brado retumbante" (The placid banks of the Ipiranga heard the resounding cry of a heroic people).
5 Carlos Drummond de Andrade, outstanding Brazilian poet and cronista, some of whose crônicas appear in this book. The poem referred to ("Indecisão do Méier") is a brief one, describing the "humilde perplexidade" and the "tortura" of the people who live in the suburb of Méier when they have to decide which of two neighboring movie houses to attend when each one appears to have "a melhor artista e a bilheteira mais bela."

6 "Futebol" (soccer) is the favorite sport of Brazilians, who support their favorite professional teams with intense emotion. The announcers of the games are notoriously excitable and scream out a prolonged and frenzied "Go-o-o-o-o-l!" when a score is made.

7 lanche - snack or light meal. (Although the word comes from the English "lunch" or "luncheon" the meaning is different in Portuguese. As the "almôço" starting at 2 o'clock was the big meal of the day, only a "lanche" was needed in the evening.)

Exercícios:

A.

1. Por que as mulheres vinham primeiro?
2. Em vez de irem à missa, aonde iam os homens e o que faziam lá?
3. Quem estavam no casarão aí por volta das 2 horas?
4. Enquanto todos aguardavam "a obra-mestra" da Eulália, o que faziam os homens e as mulheres? O que faziam as môças e os rapazes? E a meninada?
5. Quais são as primeiras palavras do Hino Nacional Brasileiro?
6. Como sabiam todos que o almôço estava servido?
7. Para descrever os pratos inventados por Eulália, que falta ao autor agora e que não lhe faltou naquele tempo?
8. Que bebiam os adultos e as crianças?
9. Em vez de conversar, o que fazia Mauricinho?
10. Por que muitas vêzes as môças e os rapazes dispensavam a sobremesa?
11. O que alguns ouviam pelo rádio? Como eram os locutores?
12. Por que não se reuniam muito durante a semana?
13. Quando eram só os de casa, o que trazia Eulália, e o que faziam todos antes de ir dormir? Mauricinho também?

B. Certo ou errado? (Se certo, repita o período; se errado, corrija-o).

1. Todos eram devotos, tanto os homens quanto as mulheres.
2. Ajuntavam-se todos os parentes na varanda.
3. A família guardava uma reserva respeitosa própria do dia.
4. Observavam-se certa etiqueta e comportamento cerimonioso à volta da mesa.
5. Depois do almôço cada um ia para a sua casa.
6. De um domingo para outro procuravam ser justos na distribuição das rêdes.
7. Depois de um almôço tão grande, não comiam mais até o dia seguinte.

C. Em lugar do substantivo sublinhado, empregue um pronome:

Exemplo: Quem ouvisse as mulheres não diria que estiveram juntas no domingo anterior. Quem as ouvisse não diria que estiveram juntas no domingo anterior.

1. As môças ficavam na varanda olhando os rapazes.
2. O mais velho distribuiu as rêdes aos parentes.
3. Todos os parentes regavam o repasto com cerveja.
4. Você já deu o leite à criança?
5. Os mais apressados preferem dispensar a sobremesa.
6. Os homens sempre discutiam futebol depois do conhaque.
7. O empregado vai arrumar os quartos para os hóspedes.

D. Diga no plural, seguindo o modêlo:

Exemplo: Êle saía correndo na ânsia de não chegar tarde. Êles
    saíam correndo na ânsia de não chegarem tarde.

1. A mãe mandou o filho ao banheiro para lavar o sal.
2. Ela vinha da igreja; daí chegar mais cedo.
3. Eu pedi à cozinheira para trazer os pratos.
4. O rapaz pediu para eu vir mais cedo.
5. Você disse para o estudante decorar a leitura?
6. Antes de me sentar à mesa, lavei as mãos.
7. Eu trouxe uma cadeira para ela ficar mais à vontade.
8. Depois de almoçar, a senhora foi ao cinema.
9. Sem pensar bem no que dizia, a môça contou o caso.
10. Minha espôsa achou melhor eu não beber mais cachaça.

E. Traduza em português:

1. We used to meet on Sundays, never on Saturdays. 2. The ladies
always arrived at 10:00 A.M. for breakfast. 3. The men arrived at
1:30 P.M. for lunch. 4. They had been together on the previous
Sunday and would be together again on the following Sunday. 5. Eulália cried out: "Lunch is served". 6. Some children wanted beer
but the adults gave them guaraná. 7. The boys and girls used to
do without dessert in order not to arrive late at the movies.
8. Mauricinho ate more than the others; he was always hungry.

IX

É DOMINGO, E ANOITECEU

-Rubem Braga-

Chego cansado e empoeirado ao hotel melhorzinho da cidade e peço um quarto para passar a noite. Tomo um banho, janto com tédio na saleta de mau gôsto e saio para dar uma volta. Não tenho nada para fazer,[1] e não conheço ninguém. Estou
5 por acaso nesta cidadezinha do Estado do Rio como poderia estar em qualquer outra. É domingo, e anoiteceu.[2] As môças da terra fazem o mesmo que milhões de môças brasileiras estão fazendo neste domingo de verão, nas cidades do interior: tomaram um banho à tarde, jantaram, foram ainda uma vez ao espelho ver
10 os cabelos e os lábios e saíram para passear na praça. Muitas irão ao cinema, sessão das oito;[3] outras ficarão girando lentamente, em grupos, em volta dêsses canteiros floridos, até a hora de ir para casa.

"Hoje não tem domingueira[4] no Ideal." Ouvi por acaso
15 essa informação: a sede do clube está em obras,[5] o salão vai ser melhorado para o carnaval.

No Rio também as môças passeiam em muitas praças, ao longo das praias, ou em volta dos jardins de bairro; mas êsse passeio dominical das môças, nesta cidade do interior, é um ri-
20 to austero e delicado, e tão antigo que eu já nem me lembrava mais. Limpas e arrumadinhas em seus vestidos claros, elas passam entre os rapazes que as olham, parados a um lado e outro da calçada. Os rapazes às vêzes também circulam; elas, porém, nunca param à margem da calçada: ou estão passeando ou
25 sentadas em um banco, um dêsses bancos oferecidos à comunidade pela "Panificação Real"[6] ou pelas "Casas Pernambucanas".

Aparentemente as môças não tomam conhecimento dêsses grupos de rapazes que as vigiam. Vá que cumprimentem[7] os conhecidos na primeira passada--e os cumprimentam discretamente,
30 com um leve gesto de cabeça e a voz baixa. Mas na segunda vez já passam olhando em frente, murmurando uma para outra seus pequenos segredos.

Certamente êste senhor melancólico, êste cansado forasteiro que de longe contempla a cerimônia municipal, não sabe
35 seus mistérios. Mal se lembra que êle também em outros tempos, em outra cidade do interior, foi um dêsses rapazes endomingados. Há trocas de olhares--às vêzes tão leves, tão aparentemente ocasionais, que o môço ou a môça não fica sabendo se êsse olhar teve algum sentido--e espera, para saber, uma ou-
40 tra volta. São poucos minutos até que os passos lentos façam o contôrno da pracinha; ela ainda olhará como distraída e encontrará os olhos dêle? Passará conversando com a amiga sem nada ver, ou como se nada visse? Ou êle não estará mais ali, ou não voltará a cabeça?
45 E o desfile continua. É um desfile só para jovens: a môça que chega aos 26, 27 anos[8] sem, ao fim de tantas voltas

à praça, através daquela doce e lenta cerimônia, encontrar o
môço que há de passear a seu lado (noivo) antes de poder lhe
dar o braço (casado), essa[9] já deixa de vir ao footing, como
se fôsse inútil ou ficasse feio; apenas virá um domingo ou outro, no mais[10] ficará em casa tomando conta dos sobrinhos,
50   quando a irmã casada fôr ao cinema com o marido.
       A campainha do cinema atraiu uma boa parte dos que pas-
seavam. Consigo um lugar em um banco e fico ali, num vago
tédio lírico, vendo as pessoas. Noto que duas môças me olham
55   e cochicham. Quando me levanto para ir para o hotel vejo que
elas me espreitam, como hesitando em me falar. Aproximo-me,
indago se querem me perguntar alguma coisa.
       - O senhor não é da família Morais, de Niterói?
       Não, pobre de mim; não sou de Niterói, nem Morais. Elas
60   pedem muitas desculpas.

                              (from Ai de Ti, Copacabana!)

---

1   nada para fazer - nothing to do (Muito para fazer, muito tra-
    balho para fazer - much to do, a lot of work to do. May also
    be expressed as "nada que fazer, muito que fazer", etc.)
2   anoiteceu - it has grown dark (Remember that the Portuguese
    preterite tense expresses present perfect as well as simple
    past time.)
3   sessão das oito - the 8 o'clock show
4   não tem domingueira no Ideal - there isn't any Sunday affair
    (probably a dance) at the Ideal Club (Note impersonal use of
    "tem" instead of "há" - this is fairly common in Brazil.)
5   está em obras - is under repair, is being repaired
6   "Panificação Real" - "Royal Bakery." "Casas Pernambucanas" -
    the name of a chain of dry goods stores
7   Vá que cumprimentem - To be sure they may greet
8   a môça que chega aos 26, 27 anos - the meaning of this passage
    is that the girl who after so many turns around the square
    reaches the age of 26 or 27 without finding the boy who will
    walk beside her (as her fiancé)...stops coming to the "foot-
    ing" - that is, the parade or stroll.
9   essa - refers to the "môça"
10 no mais - most of the time

Exercícios

A. Responda em português:

1. Como chega o autor ao hotel, o que pede, e o que faz depois?
2. Que é que fazem as môças brasileiras das cidades do interor aos domingos?
3. Que é que fazem as môças no Rio de Janeiro?
4. Que é que fazem os rapazes durante o passeio das môças? Onde param?
5. De que é que o autor mal se lembra?
6. Descreva as trocas de olhares entre uma môça e um môço.
7. Por que as môças de 26 ou 27 anos já não vêm ao desfile?
8. O que fazem essas môças aos domingos?
9. O que acontece quando o autor se levanta para ir para o hotel?
10. Por que é que o autor diz "pobre de mim"?

B. Responda às perguntas juntando os dois períodos como se vê no exemplo:

Exemplo: Como andam êles? Olham em frente. Êles andam olhando em frente.

1. Como passam? Murmuram um para outro.
2. Como ficava em casa? Tomava conta dos sobrinhos.
3. Como ficou depois de ver o môço? Soube que a amava.
4. Como fiquei sentado? Eu via as pessoas.
5. Como foi que êle nos cumprimentou? Fêz um gesto.

C. Termine os períodos seguintes com a forma correta do verbo entre parênteses.

Exemplo: Ela não é feia, mas ficará em casa como se (ser) feia.
Ela não é feia, mas ficará em casa como se fôsse feia.

1. Êle não quer falar, mas fala como se (querer).
2. Nós não estamos cansados, mas andamos como se (estar).
3. Você vê alguma coisa, mas fica como se não (ver) nada.
4. Eu não tenho vontade de ir, mas vou como se (ter).
5. Ela não sabe nada, mas pontifica como se (saber) muita coisa.
6. João lê pouco, mas está tão bem informado como se (ler) muito.
7. Êles não vêm ao casamento, mas será como se (vir)
8. Vocês nunca trazem comida, mas comem como se (trazer).

D. Traduza em português:

1. I arrived at the hotel tired and asked for a room. 2. I took a bath, dined, and went out to take a walk. 3. I didn't know anybody and had nothing to do. 4. I saw many girls and boys strolling in the square. 5. The girls, clean and neat in their bright dresses, exchanged slight glances with the boys. 6. Two

girls were looking at me; when I approached they asked me if I was
(a member) of the Morais family and from Niterói.   7.   Poor me!
I'm not from Niterói, nor a Morais.   8.   They begged (my) pardon
and went to the 8 o'clock session of the movies.

E.   Certo ou errado?   (Se certo, repita o período; se errado,
     corrija-o.)

1.   O autor conhecia muitas pessoas na cidade.
2.   Era uma grande cidade do interior do Estado de Guanabara.
3.   O salão do cinema ia ser melhorado para o carnaval.
4.   No Rio de Janeiro muitas môças passeiam ao longo das praias.
5.   Os rapazes ficam parados na calçada e nunca circulam.
6.   As môças param freqüentemente à margem da calçada.
7.   Quando era jovem, o autor também era um dêsses rapazes endo-
     mingados naquela cidade.
8.   O desfile era para velhos e jovens.
9.   O autor se chama Antônio Morais.
10. As duas môças eram amigas dêle.

X

F É R I A S   C O N J U G A I S

-Paulo Mendes Campos-

     Na primeira vez em que apareceu sòzinho os amigos repe-
tiram a cansada malícia:
     - Então, solteiro, hein!
     Mas êle sorriu enigmático e puro como se houvesse recu-
5   perado a virgindade.
     Durante uma semana, viveu venturoso como um rei. Sentia-
se dono de um poder extraordinário e não queria gastá-lo.
     Deixava-se embalar na volúpia da liberdade. Podia che-
gar tarde, levantar a qualquer hora, jogar cinza no tapête,
10 ouvir a vitrola no máximo, bebericar com os amigos depois do
trabalho, tudo...
     Funcionou durante uma semana essa tranqüilidade régia.[1]
Depois, as providências tomadas pela mulher começaram a fa-
lhar. A geladeira esvaziou e começou a pingar água. Deu di-
15 nheiro à empregada para comprar novas provisões, e ela abarro-
tou a casa com um desperdício de alimentos. As frutas apodre-
ciam. O jornaleiro, por falta de pagamento, deixou de levar-
lhe os jornais. O telefone, também por falta de pagamento,
foi cortado. Uma velhinha, que vendia biscoitos, levou a ma-
20 nhã inteira conversando com êle. Cúmulo do azar,[2] a empregada
desapareceu. Teria morrido atropelada?[3] Teria levado as
jóias? Não havia ninguém para atender a porta. Não tinha
camisa limpa, a tinturaria não trazia o seu terno. Foi fazer
café e queimou a mão. Doido de fome, quis fritar um pedaço
25 de lingüiça e o fogão explodiu.
     Seu reinado foi entrando ràpidamente no crepúsculo. Es-
tava ilhado e feroz entre as coisas que se desmantelavam.
     Outro dia, finalmente, acordou cercado de água por todos
os lados. Tinha na véspera deixado a torneira aberta, caso a
30 água chegasse enquanto dormia.[4]
     Trocou de roupa, meteu os pés na água, contratou com o
garagista a drenagem[5] da casa, bateu apressado para a primeira
agência de Correios e Telégrafos: "Morto de saudade volte o
mais breve possível ponto beijos".[6]

(from Quadrante)

---

1 Funcionou durante uma semana essa tranqüilidade régia. - That
   royal tranquility lasted one week.
2 Cúmulo do azar - The height of misfortune
3 Teria morrido atropelada? - Could she have died as a result of
   having been run over? (Note the use of conditional perfect to
   express conjecture in the past.)

4 caso a água chegasse enquanto dormia - in case the water
   should start flowing while he slept (a reference to water
   shortages and rationing in Rio de Janeiro; faucets would be
   left open in tubs to collect as much water as possible before it was turned off again)
5 contratou com o garagista a drenagem - hired the garage man
   to drain.
6 "Morto de saudade...ponto beijos." - Dying with "saudade"
   (i.e., Miss you terribly) come back soon as possible stop kisses."

Exercícios

A. Responda em português:

1. Que coisas ordinàriamente proibidas podia o marido fazer du-
    rante a ausência da mulher?
2. Quanto tempo durou a tranqüilidade dêle?
3. O que esvaziou e começou a pingar água?
4. Por que êle deu dinheiro à empregada, e o que ela fêz com o
    dinheiro?
5. Por que êle não recebeu os jornais, e por que foi cortado o
    telefone?
6. Por que não havia ninguém para atender a porta?
7. Que problemas tinha êle com camisas e com o seu terno?
8. O que aconteceu quando foi fazer café e quando quis fritar um
    pedaço de lingüiça?
9. Por que acordou cercado de água por todos os lados?
10. O que êle fêz na agência de Correios e Telégrafos?

B. Substitua as frases sublinhadas pela forma indireta do pronome
    objetivo como no exemplo:

Exemplo: O jornaleiro deixou de levar os jornais a êle. O jor-
          naleiro deixou de levar-lhe os jornais.

1. O velhinho queria vender biscoitos a elas.
2. A tinturaria devia trazer o terno a mim.
3. A empregada trouxe uma camisa branca ao Eduardo.
4. Resolveu mandar um telegrama à espôsa.
5. Êles achavam boa idéia oferecer uma vitrola a nós.
6. Os seus amigos vão repetir a cansada malícia a você.
7. O Patrão pensava confiar o dinheiro à empregada.
8. O garagista disse a triste notícia aos dois irmãos.
9. Os colegas deram um presente de despedida a vocês?
10. O polícia atencioso indicou o caminho ao motorista.

C. Certo ou errado? (Se certo, repita; se errado, corrija.)

1. O marido ficou triste quando a espôsa partiu em viagem.
2. A primeira semana lhe pareceu uma nova libertação.
3. Quando a espôsa estava, êle fazia o que queria.

4. Êle era completamente responsável pelo bem-estar da primeira semana.
5. A empregada era pouco cuidadosa.
6. Êle sabia tomar conta de si mesmo.
7. Esgotou-se a paciência quando a casa ficou inundada.
8. Êle tinha deixado a torneira aberta de propósito.
9. Por fim decidiu telefonar para a mulher.
10. Deve-se interpretar o telegrama no seu sentido literal.

D. Para traduzir em português:

1. For lack of payment the newsboy stopped bringing him the papers and the telephone was cut off. 2. The maid disappeared but she had not taken the jewels. 3. There was nobody to answer the door, he didn't have any clean shirts, and the cleaners did not bring his suit. 4. He dropped ashes on the rug, the refrigerator began to drip, and the stove exploded. 5. He left the faucet open one night; he woke up surrounded by water everywhere. 6. He wanted his wife to come back as soon as possible.

Aerial View of Rio de Janeiro
Corcovado Mountain

Aerial View of Rio de Janeiro

XI

C R Ô N I C A   D O   M A N D I O C A L

-Dinah Silveira de Queiroz-

1   Quem me conta esta é o primo muito querido, Rodrigo de
Queiroz Lima. Aconteceu em Belo Horizonte, com um padre que
trouxe das profundezas de Goiás um ìndiozinho bem pequenino,
jamais saído de sua taba.[1] Dentro dela, a vida era sempre
5 igual: a pesca dos homens, a caça e o cuidado geral de todos
os membros da tribo com a mandioca. A mandioca era o alimento, a fortuna, o bem-estar social de todo o grupo, significava o grande interêsse da pequena coletividade. O ìndiozinho
viu a formosa Belo Horizonte,[2]portanto, pela mão do bom padre.
10 Conheceu até o Mineirão.[3] Viu seus altos edifícios novos,
suas arrojadíssimas construções modernas, os cinemas, os bancos, as praças e tudo viu sem fazer perguntas, sem mostrar
maior curiosidade. Ao sacerdote, aquela atitude do menino
parecia incompreensível, pois esperava que o curumim tão pe-
15 quenino, que jamais havia saído de sua taba, tivesse um choque até excessivo diante das maravilhas que êle lhe mostrava
pacientemente. Por fim, aquilo foi ficando monótono para o
padre. Êle dizia:
   - Nesta casa só há cento e vinte "malocas", isto é, cento
20 e vinte apartamentos.
   O ìndiozinho olhava, prestava atenção naquela grande casa
onde o homem civilizado agregava as suas malocas--umas sôbre
as outras. Não sorria, não se admirava. Parecia até mesmo
que todo aquêle mundo de edificações, tôda aquela deslumbrante
25 e feérica realização que é Belo Horizonte, não despertasse no
pequeno silvícola senão um bocejo e a espera de algo melhor
para ver. Depois de mais de quarenta minutos pela cidade,
vista de dentro de um carro--o padre ia na direção[4]--foi que
o garôto disse a primeira frase de impaciência:
30   - Meu padim (era assim que chamava o padre amigo)- quando é que a gente vai visitar o mandiocal dêste povo? Você
mostra tudo, mas onde é o mandiocal?
   Todo interêsse é ligado à vida de cada um.[5] A grande cidade não valia nada aos olhos do curumim porque não tinha um
35 "mandiocal".

(from Café da Manhã)

---

1 jamais saído de sua taba - who had never left his Indian village
2 Belo Horizonte - Capital of the state of Minas Gerais, a planned,
  modern city with a population estimated at about one million
  (1970). Its current progress is symptomatic of the rich mineral
  resources indicated by the very name of the state.

3 Mineirão - nickname of Belo Horizonte's huge soccer stadium, which seats about 180,000; literally, "the big mineiro."
4 ia na direção - was at the wheel (i.e., driving)
5 Todo interêsse - translate as plural. (All of our interests are linked to the lives we lead.)

Exercícios

A. Para responder em português:

1. Como é que a autora sabe do caso narrado na crônica?
2. Onde foi que se passou?
3. Como era a vida dos índios na taba?
4. Qual era o maior interêsse da comunidade indígena?
5. Como é Belo Horizonte?
6. Como o índiozinho foi vendo a cidade?
7. O que esperava o sacerdote?
8. O que foi que o sacerdote lhe mostrou para impressioná-lo?
9. Como estavam andando pela cidade?
10. O que o menino queria ver?

B. Substitua as frases sublinhadas pelo particípio passado como se vê no exemplo:

Exemplo: O padre trouxe um índiozinho que jamais tinha saído de sua taba. O padre trouxe um índiozinho jamais saído de sua taba.

1. Uma pilhéria que se conta assim não tem nenhuma graça.
2. Depois de comprarem a casa, fizeram uma grande festa.
3. Depois que leu o livro, escreveu a sua crítica.
4. Como já fizemos as contas, podemos pagar a dívida.
5. Depois de quarenta minutos pela cidade, que viram de dentro de um carro, voltaram ao hotel.

C. Empregue em períodos originais as frases sublinhadas:

1. Êle jamais tinha saído de sua taba.
2. A mandioca significa o grande intêresse de todos.
3. Aquilo foi ficando monótono.
4. A exposição de Tóquio foi uma feérica realização.
5. Parece até que todo aquêle mundo não despertasse senão um bocejo.

D. Certo ou errado?:

1. Foi um professor quem trouxe o menino para a cidade.
2. A vida dos silvícolas é muito variada.
3. A caça é a base do bem-estar dos índios.
4. O menino ficou doido de entusiasmo ao ver a civilização.
5. O padre e o menino estavam visitando a cidade num ônibus duma agência de viagens.

6. Quem mostrou impaciência primeiro foi o índio.
7. O menino queria era visitar o mandiocal da capital.
8. A mandioca tem a mesma importância na cidade que tem na selva.
9. Diante das maravilhas da cidade o menino bocejava.
10. Cada um vê o mundo através dos seus próprios valôres.

E. Para traduzir em português:

1. The one who told me the story was a very dear friend. 2. The child was a little Indian boy, really quite small. 3. All the members of the tribe took care of the manioc patch. 4. The new buildings were very daring constructions. 5. He expected the child to have a shock when he saw all those apartments in just one building. 6. However, the sight had no effect except for a yawn. 7. "When are we going to visit the theaters, the banks, and the squares?" he asked with impatience. 8. To me, your attitude is completely incomprehensible. 9. The interest we show is related (linked) to our own lives. 10. Without fortune and a good car, our social group feels there can be no well-being.

XII

A COMPANHEIRA DE VIAGEM

-Fernando Sabino-

A môça vai para a Europa de navio e um amigo que lá se
encontra lhe encomendou...[1] um macaco. Para que êle quer um
macaco, não cheguei a ficar sabendo,[2] e creio que nem ela mesma. Em todo caso, como sua viagem será de navio, comprou o
5   macaco, conforme a encomenda: um macaquinho dêsses pequenos,
quase um sagüí, de rabo comprido, que coçam a barriga e imitam
a gente. Meteu-o numa gaiola e lá se foi para legalizar a
situação do seu companheiro de viagem.

Não precisou pròpriamente de um passaporte para êle: pre-
10   cisou de atestado de saúde, de vacina, disso e daquilo--além
do competente visto em cada um dos consulados dos países que
pretende percorrer até chegar ao seu destino. Depois foi à
companhia de navegação da qual será passageira, cuidar da licença para ter o bichinho consigo a bordo.

15   O funcionário que a atendeu, sem querer criar dificulda-
des, fêz-lhe ver que até então não estava previsto o transporte de macacos junto com os passageiros nos navios daquela
frota.

- A senhora não me leve a mal,[3] mas olhe aqui.
20   E mostrou-lhe um impresso no qual se estipulava que os
passageiros teriam de pagar um acréscimo de quatrocentos cruzeiros na passagem para carregar consigo aves, oitocentos para
gatos e dois mil e oitocentos para cachorros.

- Macaco é a primeira vez que ocorre, por isso até hoje
25   não foi incluído na tabela. Mas não se preocupe: êle poderá viajar como cachorro.

O que significava que ela teria de pagar dois mil e oitocentos cruzeiros pela viagem do macaquinho.

- Como cachorro?--protestou:--E por que não como gato?
30   - Porque a incluí-lo em alguma categoria, me parece que
a mais aproximada seja a dos cachorros.

- Por quê?
- Porque entre um macaco e um cachorro...
- Não vejo semelhança nenhuma entre um macaco e um ca-
35   chorro.

O funcionário coçou a cabeça, no que foi logo imitado
pelo macaquinho, prêso na sua gaiola:

- Bem, mas também não acho que êle se pareça com um gato.
40   - Eu não disse que êle se parece com um gato--insistiu
ela: - Só não vejo por que hei-de pagar por êle segundo a
tabela mais cara. Para mim êle podia ir até como ave. Já
não está numa gaiola?

O homem começou a rir:
45   - Quer dizer que basta meter dentro de uma gaiola que
é ave?[4] Ave tem duas pernas, macaco tem quatro.

- Quer dizer que eu sou ave, porque também tenho duas pernas--retrucou ela.
- É uma questão de tamanho...--vacilou êle.
50   - De tamanho? E a diferença entre uma avestruz e um bei-ja-flor?
Os outros funcionários se aproximaram, interessados na controvérsia.
- Na minha opinião êle pode ir perfeitamente como gato--
55 sugeriu um dêles, conquistando logo um sorriso agradecido da dona do macaco:--Gato sobe em árvore, macaco também...
- Gato mia--tornou o homem:--Macaco mia?
- Não mia nem late, essa é boa.[5]
- Ah, é? Basta latir para ser cachorro? Então au! au!
60 au! Agora eu sou um cachorro.
- Eu não disse que bastava latir para ser cachorro--o outro funcionário respondeu, agastado:--Você disse que êle se parece mais com um cachorro. Eu disse que êle pode ir como cachorro ou como gato, tanto faz[6]--a semelhança é a mesma.
65   - Ou como ave--acrescentou a dona do macaco.
- Não: como ave também não.
Outro passageiro, que aguardava a vez de extrair sua passagem, resolveu entrar na conversa:
- Me permitem uma sugestão?
70 Todos se voltaram para êle, interessados.
- A seguir êsse critério de semelhança, vocês não chegam a resultado nenhum. Ave é ave, gato é gato, cachorro é cachorro.
- Macaco é macaco. E daí?
75   - Daí que os senhores têm de criar para êle uma categoria nova, eis tudo--encerrou o homem.
- Então vai pagar mais ainda que cachorro.
- Absolutamente.[7] Macaco é o bicho que mais se assemelha ao homem. Êsse macaquinho podia perfeitamente viajar como
76 filho dela, por exemplo.
- Como filho meu?--protestou ela, indignada!--Tem cabimento o senhor vir dizer uma coisa dessas?[8] Êle pode parecer é com o senhor,[9] e com tôda sua família, não comigo.
80   - Perdão--voltou-se o homem, muito delicado:--Não quis ofendê-la. Uma criancinha do tamanho dêste macaco não pagaria nada, viajaria de graça. Era lá que eu queria chegar.
A essa altura resolveram consultar o gerente da companhia. Êle ouviu com silencioso interêsse a explanação que
85 lhe fêz o funcionário, olhou para o macaquinho, para a dona dêle, para os circunstantes.
- Vai como gato--decidiu peremptòriamente, encerrando a discussão.
Não sem antes acrescentar, em tom mais discreto:
90   - Aliás, devo dizer, a bem da verdade,[10] que não se trata de um macaco, mas de uma macaca.

(from A Companheira de Viagem)

---

1 lhe encomendou - asked her to get him
2 Para que êle quer um macaco... - What he wants a monkey for, I
   haven't managed to find out
3 A senhora não me leve a mal - Don't be annoyed with me
4 Quer dizer que basta meter.. - Do you mean that it's enough to
   put (it) inside a cage for it to be a bird?
5 essa é boa - that's a good one
6 tanto faz - as much as one as the other (it makes no difference)
7 Absolutamente - Absolutely not
8 Tem cabimento.. - Is it right for you to come here and say a
   thing like that?
9 Êle pode parecer é com o senhor - Maybe he looks like you
10 a bem da verdade - to tell the truth

Exercícios

A. Responda em português:

1. Por que é que a môça compra o macaco?
2. Descreva o macaco.
3. De que é que ela precisou para êle?
4. O que é que o funcionário da companhia de navegação mostrou a
    ela?
5. Por que o macaco não foi incluído na tabela?
6. Por que ela prefere que o macaco viaje como gato e não como ca-
    chorro?
7. O que fêz o macaco quando o homem coçou a cabeça?
8. Por que a môça diz que o macaquinho poderia ir até como ave, e
    por que o homem começou a rir quando ouviu isto?
9. Como é que um dos outros funcionários ganhou um sorriso agra-
    decido da môça?
10. Como prova um dos homens que para ser cachorro não basta latir?
11. Quem resolveu entrar na conversa?
12. Segundo êle, por que o macaquinho podia perfeitamente viajar
     como filho da môça?
13. A môça gosta desta idéia? O que ela diz sôbre o homem e a fa-
     mília dêle?
14. Como provou o homem que êle não quis ofender a môça?
15. O que é que o gerente da companhia decidiu, e que acrescentou
     depois?

B. Junte as frases seguintes com que, o que, o qual, ou quem, con-
    forme o sentido:

Exemplo: A gaiola é vermelha. O macaco vai na gaiola.
          A gaiola na qual o macaco vai é vermelha.

1. A môça vai para a Europa. Eu a conheci na casa do Lopes.
2. O funcionário era atencioso. Êle tentou decidir o caso.
3. A tabela é ambígua. Devia indicar todos os transportes.

4. A passagem era cara. Eu comprei a passagem para o bichinho.
5. Não conheço a companhia de navegação. Ela será passageira dessa companhia.
6. O turista está enjoado (seasick). Nós estávamos falando dêle esta manhã.
7. Quer ver os impressos? Nêsses impressos estão os preços das passagens.
8. A companheira da môça é uma macaca. Esse môça é uma pianista dotada.
9. Não sei onde está a gaiola. O pássaro deve ficar nela.

C. Empregue em períodos originais as palavras sublinhadas:

1. Comprou o macaco conforme a encomenda.
2. Levou o bichinho consigo a bordo.
3. Não me leve a mal.
4. Você acha que um macaco se parece com um gato?
5. Basta metê-lo numa gaiola para ser ave.
6. A sua opinião não tem cabimento.
7. A seguir esse critério, vocês não chegam a resultado nenhum.
8. Não é o dinheiro; é uma questão de princípios.
9. Segundo a tabela, êle vai-lhe custar $800.00.
10. Além do visto, precisa de atestado de saúde.

D. Certo ou errado? (Se certo, repita o período; se errado, 'ija-corrija-o.)

1. Uma avestruz é maior que um macaquinho.
2. Um gato late e um cachorro mia.
3. Os cachorros gostam de subir em árvores.
4. O bicho que mais se parece com o homem é o macaco.
5. As aves têm menos pernas do que os cachorros.
6. Os beija-flôres gostam de beijar as flôres.
7. As avestruzes correm mais ràpidamente do que os gatos.
8. Um avião se parece com uma ave porque ambos voam.
9. O cachorro é o melhor amigo do homem.
10. Os cachorros gostam dos gatos.
11. Como a môça ia para a Europa de navio, um amigo de lá pediu que ela levasse um macaquinho.
12. Não era preciso nenhuma documentação para levar o bichinho.
13. Embora muita gente viaje com gato ou cachorro, é raro acompanhar-se de macaco.
14. O problema era estipular a quantia que a môça teria de pagar para carregar consigo o macaco.
15. Para o funcionário era tudo igual: macaco, gato ou cachorro.
16. Cada um que se metia na controvérsia adotava um critério diferente para classificar o bichinho.
17. O outro passageiro queria colocar o macaco na categoria de filho da môça para ofendê-la.
18. É fácil classificar os animais segundo o número de pernas que têm e as vozes que emitem.
19. O gerente da companhia deliberou com muito cuidado antes de

dar sua decisão.

20. Afinal de contas, houve uma confusão de outro tipo desde o
começo da discussão.

E. Faça um resumo dêste episódio do ponto de vista (1) da môça,
(2) do outro passageiro, (3) do gerente da companhia.

XIII

NÃO EXAGERE, LÚCIA!

-Mariazinha Congílio-

Lúcia tem a mania de aumentar desproporcionalmente os fatos. Fico sempre sem saber como a coisa é. No mês passado não tendo podido comparecer a um jantar perguntei-lhe posteriormente:

5   - Como foi a festa?
    - Nem queira saber![1] Foi maravilhosa. A mesa estava que era um estouro.[2] O cardápio, espetacular! Todo mundo adorou milhões...[3] Foi notável. Cada vestido bacanérrimo,[4] menina! O pianista, notabilíssimo! O serviço, impressionan-
10 te! Tudo decorreu de forma soberba, divina! O jantar foi bárbaro mesmo! FABULOSO!
    - Quantas pessoas havia?
    - Uma infinidade!
    - A que horas terminou?
15   - Nem sei. Não teve fim! Foi tudo tão extraordinário...
    - Diga o nome de algumas pessoas que estavam lá.
    - Milhões de pessoas estavam lá!...
Nunca Lúcia nos fornece dados concretos. Se fôsse cronista social os adjetivos e os têrmos de gíria fariam a se-
20 ção.[5]
    Quando conta sôbre seus namorados é de assustar.
    - Minha filha, êle é o suco.[6] Disse que me ama doidamente, apaixonadamente, eternamente...
    Se a gente se lembra de perguntar:
25   - Qual é a profissão dêle?
    - Ah! Isso não sei. Mas tem um carro que é o máximo! Vou lhe dizer: perto dêle, até o Tony Curtis fica sem graça! E o charme? Poderia dar lições ao Laurence Olivier! Tem uma personalidade mais marcante que o príncipe Philip da In-
30 glaterra. Minha filha, êle é o fim da picada...[7]
    Com algumas variações são assim todos os seus namorados.
    O que a identifica às demais pessoas é que, apesar de todos os superlativos, é completamente alheia às coisas mais triviais. E, se há coisa que nos descanse o espírito, é con-
35 versar com Lúcia.
    Sôbre os foguetes espaciais, ela os considera balões muito grandes. Possui por tudo a simplicidade. Se ouve uma piada, concede-lhe todo o riso de que pode dispor no momento; se está cansada, senta-se, seja onde fôr; se está alegre, can-
40 ta como os pássaros livres; chora, se está triste; grita, se está brava; foge, se tem mêdo e quando tem fome come o que lhe derem. É instintiva e a gente acaba gostando de estar com ela.
    Entretanto, com seu modo de contar as coisas nunca se
45 sabe a gravidade do acontecimento que ela propala. Certa vez

chegou e falou-me esbaforida:

    - Você precisa ver que coisa horrorosa me aconteceu hoje!
Uma tragédia! Não sei por que havia de suceder coisas assim
justamente a mim.

50   - O que foi? Algum desastre?

    - Que desastre, coisa nenhuma![8] Ah! meu Deus do céu!

    - Alguém doente em sua familia?

    - Estão todos do mesmo jeito.

"Mesmo jeito" quer dizer todos com a mesma doença. O
55 reumatismo da avó de Lúcia chega a ser exibicionismo. Por dá-
cá-aquela-palha,[9] ela mostra a perna e a gente tem que segurar o lugar exato onde dói. A dor de cabeça da mãe de Lúcia
é assunto discutido com certa freqüência, onde todos os conhecidos receitam e exames periódicos e negativos são feitos. A
60 gastrite de seu pai é comentada cotidianamente: "Papai tomou
uma dose de uísque e você sabe, depois não consegue dormir. É
a gastrite"; ou "Papai comeu carne de porco ontem e nem lhe
digo! Você sabe, não é? É a gastrite". A insônia de Lúcia
sempre lembrada (não sei se insônia é doença mas assim clas-
65 sifico tôda anormalidade corporal que precise de remédio). Sua
irmã apregoa a todos a deficiente função de sua vesícula; se
não tomar Veracolate todos os dias "a comida fica aqui" e
mostra uma parte do tórax onde tem certeza que o alimento fica
estacionado. Se a família de Lúcia continuava a mesma, não
70 havia com o que a gente se preocupar.

    - Bem. O que foi que aconteceu então?

    - Um horror! Perdi a minha hora de prender o cabelo![10]
E você sabe como o Vítor é...

    - Sei sim.

75 Baseada nêsse exagêro não me assusto fàcilmente, mas
aconselhei-a que não fizesse escândalo à toa. Falei mais.
Pedi-lhe por favor que quando fôsse contar alguma coisa não
fizesse tragédia, nem armasse temporal num copo d'água.[11]
Pensei que fôsse ficar tudo certo. Ontem porém ela chegou e
80 disse.

    - Ah! se soubesse o que aconteceu!...

Pensei em lata de lixo derrubada ou calçada suja. Só
para lhe dar o gostinho foi que perguntei:

    - O que foi?

85 E ela, espantosamente calma:

    - Um homem matou outro em frente à casa de meu vizinho e
enquanto fomos ver, sabe o que aconteceu? Pegou fogo em
nossa casa. Queimou quase tudo.

Assim também não, Lúcia.[12] Dê mais ênfase!

                        (from Môço de Recado)

---

1 Nem queira saber - Don't even ask (The idea is that it would be
impossible to understand or conceive.)

2   A mesa estava que era um estouro - The table was fabulous, a
real spread (cf. the slang expression: a real "blowout")

3   adorou milhões - Lúcia's way of saying "gostou muito"

4   bacanérrimo - from bacana (great, wonderful) with the absolute
superlative suffix -érrimo by analogy with such erudite forms
as libérrimo (livre), misérrimo (mísero) and paupérrimo (pobre)

5   os adjetivos e os termos de gíria fariam a seção - the adjectives and slang expressions would take up the (whole) section.

6   êle é o suco - he's "neat", he's the greatest

7   êle é o fim da picada - he's the greatest, he's "tops" (cf.
the slang expression: he's "the living end")

8   Que desastre, coisa nenhuma - The idea is that the "coisa horrorosa" is far worse than a mere accident

9   por dá-cá-aquela-palha - at the slightest pretext

10 prender o cabelo - get my hair set

11 nem armasse temporal num copo d'agua - nor set off a tempest in
a teapot

12 Assim também não, Lúcia - That's not the right way either,
Lúcia.

Exercícios

A. Responda em português:

1. Qual é a mania de Lúcia?
2. Segundo ela, como foi o jantar?
3. Como seria a seção do jornal dedicada à vida social se ela
   fôsse cronista?
4. Como se vê que Lúcia está atualizada quando ela descreve seus
   namorados?
5. Diria você que Lúcia é uma menina de reações muito complica-
   das?
6. Qual é uma das conseqüências do modo que ela tem para contar
   as coisas?
7. Será que Lúcia é caso único na família dela?
8. Que "tragédia" lhe aconteceu um dia?
9. Que pedido a autora lhe fêz?
10. Que caso "banal" se passou na rua dela?
11. Como foi que ela o contou?
12. Que pensa a autora de sua maneira de contar esse episódio
    mais recente?

B. Preencha os espaços com a forma plural das palavras sublinhadas, como no exemplo:

Exemplo: Para Lúcia um foguete espacial é um balão grande e dois
foguetes espaciais são balões grandes.

1. Esta lição é facil; estas _____ são _____.
2. Êste exercício é difícil; _____ exercícios são _____.
3. Aquêle homem é jovem; aquêles _____ são _____.
4. Uma vez cada mês; duas _____ cada dois _____.

5. O Brasil é uma nação; o Brasil e o Chile são duas _____ .
6. Maria tem um irmão; Roberto tem dois _____ .
7. Ricardo tem uma irmã; Paulo tem duas _____ .
8. A mãe de José e a de Ana são amigas; as duas _____ são amigas.
9. Eurídice tem uma mão direita e uma esquerda; ela tem duas __ .
10. O pai de Jorge e o de Adonias são amigos; os dois _____ são amigos.
11. A Argentina é um país; a Argentina e o Uruguai são dois ____ .
12. O avô de Helena e o de Carlos são velhos; os dois _____ são velhos.
13. A avó de Helena e a de Carlos são velhas; as duas _____ são velhas.
14. O pão é bom; os _____ são _____ .

C. Empregue as expressões sublinhadas em períodos originais:

1. Lúcia gosta de usar o superlativo absoluto dos adjetivos: para ela uma coisa bacana é bacanérrima e uma pessoa notável é notabilíssima.
2. Para ela um filme interessante seria interessantíssimo e um céu lindo seria lindíssimo.
3. Um homem rico seria riquíssimo e um homem pobre paupérrimo.
4. Um livro bom seria ótimo e um livro mau seria péssimo.
5. Uma pessoa agradável, amável e simpática seria agradabilíssima, amabilíssima e simpaticíssima.
6. Para ela um exame não seria fácil ou difícil, seria facílimo ou dificílimo.
7. Lúcia sempre aumenta os fatos; em vez de dizer "muitas pessoas" prefere dizer "um milhão de pessoas".
8. Para ela um jantar ordinário é bárbaro mesmo, fabuloso, impressionante.

D. Certo ou errado?

1. Lúcia e a autora compareceram a um jantar no mês passado.
2. Lúcia não gosta de usar têrmos de gíria.
3. Nunca fornece dados concretos e ninguém gosta de estar com ela.
4. Perto de Tony Curtis, o namorado dela não tem graça.
5. O príncipe da Inglaterra tem uma personalidade mais marcante que o namorado dela.
6. Se Lúcia está alegre, chora; se está triste, canta; se tem mêdo, grita.
7. Quando Lúcia conta as coisas a gente nunca sabe a gravidade do acontecimento que ela propala.
8. Para conseguir dormir, o pai dela toma várias doses de uísque.
9. A coisa "horrorosa" que aconteceu a Lúcia foi que perdeu o ônibus.
10. Vítor o cabeleireiro matou o vizinho de Lúcia.

E. Para traduzir:

1. I always wind up (use <u>ficar</u>) without knowing how things are.
2. She never used to supply concrete data. 3. My grandmother
has a personality more outstanding than (the) Queen Victoria of
England. 4. I had heard that joke before, but I laughed heartily
nonetheless. 5. People end up by liking to be with her. 6. At
the slightest pretext the child shows his leg, and everyone has to
see the exact spot where it hurts. 7. I missed my appointment to
have my teeth cleaned. 8. Please don't make a tempest in a teapot. 9. This morning we found the garbage can overturned and the
sidewalk dirty. 10. He set fire to our house, and almost everything was burned. 11. Good heavens! Why do such things always
happen to us?

XIV

UM ABRAÇO EM PELÉ

-Vinícius de Moraes-

Eu ainda não tive o prazer de lhe ser apresentado, meu
caro Pelé,[1] mas agora com o fato de termos sido condecorados
juntos pelo Govêrno de França--você no grau de Cavaleiro e eu
no de Oficial: e mais justo me pareceria o contrário[2]--vamos
certamente nos conhecer e tornar amigos. Ninguém mais que você merece tão alta distinção, sobretudo por ter sido conferida
espontâneamente--pois ninguém mais que você tem levado o nome
do Brasil para fora de nossas fronteiras. Da Sibéria à Pata-
gônia todo mundo conhece Pelé; e eu estou certo de que você
entraria fácil na lista das dez personalidades mais famosas de
nossos dias.

Não posso disfarçar o orgulho que a condecoração me causa,
embora seja, de natureza, avêsso a honrarias; e orgulho tanto
maior porque nela estamos juntos: prêto e branco (as côres do
meu Botafogo!)[3] e também as côres irmãs de nossa integração
racial. Sim, caro Pelé, nós representamos, em face da comenda
que nos é conferida, o Brasil racialmente integrado, o Brasil
sem ódio e sem complexos, o Brasil que olha para o futuro sem
mêdo porque, apesar dos pesares, é bom de mulher, bom de música, bom de poesia, bom de pintura, bom de arquitetura e bom
de bola.[4] Particularmente por isso considero-me feliz de estar a seu lado no momento em que nos colocarem no peito a condecoração.

Que você tenha sido distinguido pela Ordem Nacional do
Mérito da França, nada me parece mais natural. A França sempre deu um alto valor ao gênio, e você, meu grande Pelé, é um
gênio completo, porque o seu futebol representa um reflexo
imediato de sua cabeça nos seus pés. Eu não sou gênio, não.
Eu tenho que pensar um bocado para que a mão transmita direito
o que a cabeça lucubrou. Meus gols são mais raros que os seus.
Você é com justa razão chamado o Rei. Quanto a mim, que rei
sou eu?

Mas nada disso turva a satisfação que sinto em ser o seu
Coutinho[5] nesta nova investida do Brasil na área internacional.
Parabéns, meu caro Pelé. Parabéns e o melhor abraço[6] aqui do
seu irmãozinho!

(from Para uma Menina com uma Flor)

---

1 Pelé, also known as "o Rei Pelé" and "The Black Pearl," is the
nickname of Edson Arantes do Nascimento, generally considered
to be the greatest "futebol" player in the world. Bursting sen-
sationally upon the international sports scene at the age of 17
when he helped Brazil win its first World Cup Championship in
1958, Pelé is idolized not only in Brazil but throughout Latin

America and Europe, wherever soccer is a major sport.   In 1970
he led Brazil to a sensational and unprecedented third World
Cup championship.   He is believed to be the highest paid ath-
lete in the world.   As the crônica indicates, Pelé is black.

2   mais justo me pareceria o contrário - the opposite would seem
    more just to me (meaning that Pelé, rather than the author,
    should have received the higher award, that of Oficial)

3   Botafogo - The reference is to the Botafogo F.C. (Futebol Clu-
    be) in Rio de Janeiro, one of the leading professional teams
    and the author's favorite (Pelé plays with the team that re-
    presents Santos, in the state of São Paulo.)

4   é bom de - it is rich in (women, music, poetry, painting, ar-
    chitecture, and soccer)   The author may have been thinking here
    not only generally but specifically--of the beautiful Brazilian
    girls who have been elected "Miss Universe," of the popular
    music of Brazilian "bossa nova" and the classical music of Hei-
    tor Vila-Lobos, of the paintings of Cândido Portinari (whose
    murals adorn the United Nations Building in New York), of the
    dramatic architecture of Brasília (the work mainly of Oscar
    Niemeyer, one of the architects also of the United Nations),
    of Pelé and other star "futebolistas," and of the poetry of
    Carlos Drummond de Andrade, Manuel Bandeira, and many others,
    including Vinícius de Moraes himself.

5   Coutinho - a famous teammate of Pelé's

6   abraço - Brazilian men (and Latins in general), more demonstra-
    tive than Americans or the British, often greet each other by
    embracing and clapping each other vigorously on the back; our
    nearest equivalent would be a very hearty handshake.   Friends
    (male and female) often end letters (and telephone calls) by
    saying "um abraço" or "abraços," meaning "warm regards."

Exercícios

A.   Para responder em português:

1.   Vinícius de Moraes já conhece bem Pelé?
2.   O que vai fazer o Govêrno de França?
3.   Por que é que Pelé merece essa distinção tão alta?
4.   Em que lista poderia Pelé entrar fàcilmente?
5.   Para o autor, que simbolizam as côres prêto e branco?
6.   O que representam Vinícius de Moraes e Pelé?
7.   Por que o Brasil olha para o futuro sem mêdo?
8.   Por que parece natural ao autor que a França tenha decidido
     dar a Ordem Nacional do Mérito a Pelé?
9.   Por que o autor diz que Pelé é um gênio completo?
10. Por que o autor diz que êle não é um gênio como Pelé?

B. Diga na voz passiva, como no exemplo:

Exemplo: Os amigos mútuas nunca a apresentaram a êle.
           Ela nunca foi apresentada a êle pelos amigos mútuas.

1. O govêrno francês acaba de condecorá-los.
2. Êle tem recebido a distinção todos os anos.
3. Muitas pessoas falam esta língua.
4. A companhia Alves construirá o nôvo edifício.
5. Todo mundo lhe chama o Rei do futebol.
6. A filha já tinha preparado o jantar.
7. Alguém já meteu a macaca na gaiola?
8. O pessoal tinha distribuido os impressos aos passageiros.
9. É bem possível que êle tenha dirigido os filmes.
10. Se vocês não correrem, êles já terão vendido a última passagem.

C. Em períodos originais como os que seguem, empregue as palavras sublinhadas:

1. Se êles se conhecessem, tornariam amigos.
2. Muitas vezes os homens dignos de honrarias são avessos a elas.
3. Em face da encomenda nós representamos o Brasil.
4. Quanto a si mesmo, o autor tem uma opinião modesta.
5. Apesar de ser tão môço, já recebeu uma condecoração do govêrno.
6. A madrinha explicou tudo direito para ela compreender.
7. A integração racial é indispensável se pretendemos olhar para o futuro sem mêdo.
8. São tão amigos, que todo mundo diz que têm almas irmãs.
9. Por isso, um sempre sente satisfação nos momentos de glória do outro.

D. Certo ou errado?   (Se certo, repita; se errado, corrija.)

1. O autor ainda não teve o prazer de ser apresentado a Pelé.
2. O motivo da crônica é uma condecoração do govêrno brasileiro.
3. Em parte a fama que o Brasil tem no momento atual se deve a Pelé.
4. Vinícius de Moraes de natureza gosta de honrarias.
5. As côres do clube de futebol do qual Pelé é membro são prêto e branco.
6. O autor encara o futuro do Brasil com confiança.
7. O otimismo do autor se baseia na potência tecnológica do Brasil.
8. Para ser bom jogador de futebol é só preciso ter agilidade física.
9. O autor acha lógico que a condecoração de Pelé seja feita pela França.
10. A contribuição do Brasil ao mundo é simbolizada nesta dupla condecoração.

E. Para traduzir em português:

1. The author says that he has not yet had the pleasure of being introduced to Pelé but he knows that they will become friends.
2. Pelé has carried the name of Brazil beyond its frontiers and the author is certain that he is one of the ten most famous personalities of our time. 3. Nobody deserves the decoration given by the French Government more than he. 4. Racially integrated Brazil looks to the future with pride and without fear, hatred, or complexes. 5. In spite of everything, Brazil is rich in music, poetry, painting, architecture, soccer, and women. 6. As for Pelé, Vinícius de Moraes says that he is justly called "the King" because he is a genius.

XV

R A C O N T O D E N A T I V I D A D E

-Helena Silveira-

- Senhor doutor, estou aqui no bôlso com um milhão de cruzeiros[1] de uma boiada que vendi e quero lhe comprar aquelas
suas terras para cima do ribeirão. Pago à vista.

O médico mediu de alto a baixo seu interlocutor. Era mô-
5 ço, feições de caboclo, vestido com decente modéstia.

- Um milhão de cruzeiros, à vista, pelas terras? Pois o
que lastimo é que elas não sejam minhas. O senhor se enganou.
São de um meu primo advogado.[2] O nome é parecido com o meu. Eu
sou médico.

10   Com fala mansa, o visitante pediu ao médico interviesse
no negócio. Tinha urgência em comprar as terras. Não pagava
muito, mas pagava à visita.[3] O dinheiro estava ali no bôlso.
Houve uma telefonada e o dono das terras disse que não queria
vender as mesmas. Nem por um, nem por dois milhões. O outro
15 coçou a cabeça, triste. Da segunda vez que viu o rapaz, o médico estava em seu hospital. Era o único bom hospital da zona.
Nessa ocasião, o caboclo vinha acompanhado da espôsa, que esperava o primeiro filho. O médico ofereceu um quarto pequeno,
sem banheiro, com diária razoável, mas o môço abanou a cabeça.
20 Para a patroa, queria outra coisa. Foram vendo os apartamentos maiores, até que o rapaz indagou, com certa impertinência,
se não havia nada melhor do que aquilo tudo.

- Há. Mas é um apartamento de grande luxo. Quase nunca
está ocupado. Da última vez que serviu, foi para a nora do
25 coronel Quinzinho.

Sim, aquêle, sim, servia. Duas salas com tapêtes e rádio, com terraço e até gaiola de passarinho, para não falar no
telefone[4] e no quarto de banho. Chegando a casa, o médico re-
latou o fato à espôsa.

30   - Você veja. Aqui em Goiânia tem gente de dinheiro que
nem se suspeita.[5] O apartamento de grande luxo foi ocupado
por uma môça acaboclada, mulher do homem que me procurou, não
faz muito tempo, com um milhão de cruzeiros no bôlso...

A espôsa do médico estava regando sua lata de gerânios.
35 Suspendeu a operação e disse:

- Eu vi quando aquêle môço veio. Ninguém dava nada por
êle.[6] E com um milhão no bôlso!

O parto foi difícil, mas e médico era hábil. A parturiente teve a melhor assistência. Dez dias depois de ter ela
40 dado à luz um menino forte, o pai, muito contente, procurou o
diretor do hospital. Iriam embora ao dia seguinte.[7] Acontecia que estava lá embaixo, com o carro, um irmão seu e a mulher
começara a chorar com saudades de casa. Não fazia diferença
que fôssem àquela tarde e não na manhã seguinte?
45   Claro que não fazia diferença. A cliente e a criança es-

tavam passando muito bem. Mas o diabo era que o môço havia esquecido em casa seu talão de cheques. O médico sorriu:

— Pois a coisa é assim. O parto vai lhe custar muito menos que um milhão. Vá embora para casa, sossegado, e venha amanhã saldar sua conta.

Nem em uma semana nem em duas o estranho rapaz apareceu. Ao fim dêsse tempo, o médico foi procurar na ficha o enderêço da cliente. Tomou seu carro e rodou para lá. Fora da cidade, localizou o caboclo, de manga arregaçada, lavrando um mofino campo.

— Que é isso, rapaz? Você se esqueceu da conta?

O outro retrucou, manso, que não se esquecera. Nem da conta, nem de tôda a gentileza de que sua espôsa fôra alvo. Apenas não podia pagar nem um tostão, pelo menos naquela dura época do ano. Talvez, depois da colheita, se Deus ajudasse, êle saldaria pelo menos a quinta parte da dívida. E prosseguia olhando a sua terra mesquinha.

— Mas não posso entender! O senhor é um homem à míngua de recursos! Como é que ainda outro dia tinha um milhão no bôlso?

— Ter um milhão, eu não tinha, seu doutor.[8] O que tinha era vontade que meu primeiro filho nascesse em quarto de gente rica e minha patroa fôsse tratada a modo de mulher de fazendeiro. Por isso, maquinei aquela história das terras. Agora que a criança nasceu, se o senhor quiser me prender, me prenda.

O médico estava furioso quando tornou a casa e contou o fato à mulher. Por coincidência, ela regava os mesmos gerânios. Estacou no gesto. Ouviu o relato inteiro e começou a chorar:

— Se você puser aquêle pobre homem na cadeia, eu rasgo seu diploma de médico. Nunca ouvi história mais bonita em tôda a minha vida!

Eu também não. E é por isso que a passo aos leitores, à guisa de crônica de Natividade.

(from Sombra Azul e Carneiro Branco)

---

1 Estou aqui no bôlso com um milhão de cruzeiros — I have a million cruzeiros here in my pocket (The value of the cruzeiro has varied tremendously over the years because of inflation. At the time of this story one cruzeiro may have been worth about half a cent.)

2 são de um meu primo advogado — they belong to a lawyer cousin of mine

3 Não pagava muito, mas pagava à vista — He wouldn't pay a great deal, but he would pay cash (Note the use of imperfect tense in place of the conditional.)

4 para não falar no telefone — not to mention the telephone

5 Aqui em Goiânia tem gente de dinheiro que nem se suspeita —

Here in Goiânia there are people with money you wouldn't even
suspect (of having any)

6 Ninguém dava nada por êle - No one would think he was worth
   anything

7 Iriam embora ao dia seguinte - (He said that) they were going
   to leave the following day (This sentence and the next few
   are in indirect discourse, relating what the two men said to
   each other.)

8 Ter um milhão, eu não tinha - As for having a million, I didn't

Exercícios

A. Responda em português:

1. O que é que o môço diz que tem no bôlso?
2. O que é que êle diz que vendeu e o que quer comprar?
3. Por que o médico não pode vender as terras ao môço? Quem é o
    dono?
4. Que disse o dono das terras quando o médico telefonou?
5. Onde é que o médico viu o rapaz pela segunda vez, e de quem
    estava acompanhado o rapaz?
6. Que esperava a espôsa do caboclo?
7. Que disse o caboclo quando o médico lhe ofereceu um quarto pe-
    queno, sem banheiro, com diária razoável?
8. Descreva o apartamento de grande luxo que o caboclo aceitou
    para a espôsa.
9. Foi fácil o parto? Que assistência teve a mulher do caboclo?
10. Dez dias depois do parto, que disse o caboclo ao médico?
11. Por que o médico permitiu que o caboclo e a mulher saíssem na-
    quele dia sem pagar a conta?
12. O que fêz o médico duas semanas depois, quando viu que o rapaz
    ainda não tinha pago a conta?
13. Quando poderia o rapaz pagar a conta?
14. Por que tinha maquinado a história das terras?
15. Por que é que a mulher do médico começou a chorar quando o
    marido lhe contou o fato? Que ameaça (threat) fêz ela?

B. Junte as frases e os períodos como no exemplo:

Exemplo: Lastimo _____ Elas não são minhas. Lastimo que
          elas não sejam minhas.

1. Sinto _____ Elas estão sem dinheiro.
2. Prefiro _____ O senhor não se engana.
3. Queria _____ O quarto tem ar condicionado.
4. O médico manda _____ Ela não trabalha muito no campo.
5. O advogado duvida _____ Um caboclo tem tanto dinheiro.
6. O marido desejava _____ O quarto era bem bom.
7. Peço _____ O senhor me dá um prazo mais longo.
8. Não faz diferença _____ Êles pretendem sair pela tarde.
9. Temo _____ O casal não pode pagar a conta.

C. Substitua "ter" e "não ter" por "estar com" e "estar sem" nos
períodos que seguem:

Exemplo: Tenho aqui no bôlso um milhão de cruzeiros.
Estou aqui no bôlso com um milhão de cruzeiros.

1. Você tem a chave para a porta?
2. A menina não tinha amiguinhas.
3. O caçula tinha cinco anos apenas.
4. O Maurício não tinha vintém.
5. Eu não sabia que o quarto não tem banheiro.
6. Depois de lavrar todo o dia, tenho muita fome.
7. A nora do coronel sempre tem pressa.
8. Como não paguei a conta, não tenho telefone êste mês.
9. Lamento não poder ir; porém, tenho dor de cabeça.
10. Como a irmã tinha o carro, eu o levei no meu.

D. Certo ou errado? (Repita, se certo; corrija, se errado.)

1. O môço afirma que êle tem milhões de cruzeiros no bôlso.
2. As terras que êle pretende comprar são do médico.
3. O môço queria o melhor quarto do hospital para a espôsa.
4. O médico estranhou que o caboclo pudesse pagar pelo quarto.
5. O jovem pai quer levar a mulher para casa sem pagar na hora.
6. O médico achou o rapaz administrando uma grande fazenda.
7. O môço pede umas semanas para saldar a conta.
8. A mulher do médico passa a vida fazendo tricô (knitting).
9. O médico aceita a verdade com resignação.
10. A espôsa do médico ficou comovida ao ouvir a conclusão da história.

E. Traduza em português:

1. He said that he would pay cash. 2. He is a doctor; a cousin
of his is a lawyer. 3. The owner didn't want to sell the land,
not even for two million. 4. The young man's wife gave birth to a
boy. 5. He had forgotten his checkbook but it didn't make any difference. 6. The doctor looked in his files for his client's address. 7. He said, "I made up the story. Now if you want to arrest me, arrest me." 8. The doctor's wife had never heard a more
beautiful story in her whole life. 9. She said that if he put
that poor man in jail she would tear up his doctor's diploma.

XVI

ESPÍRITO ESPORTIVO

-Luís Martins-

Uma das maiores delícias da minha vida é ler os vespertinos das segundas-feiras. Ah! Não perco um. Em primeiro
lugar, porque trazem os resultados de tôdas as competições es-
portivas realizadas no país e no estrangeiro--futebol, corridas de cavalos, boxe, tênis, tênis-de-mesa, atletismo, etc.--
e eu, que nunca vou a um campo de futebol e até hoje não conheço o prado de corridas de São Paulo, considero-me, modéstia
à parte, um dos indivíduos mais bem informados sôbre tôdas as
coisas que se referem ao esporte. Isso em primeiro lugar. Mas
a razão principal pela qual não perco a leitura dos vespertinos, às segundas-feiras, é que êles reproduzem sempre as impressões dos dirigentes e jogadores dos clubes que atuaram na
véspera.
   O clube A venceu o clube B. Diz o presidente do primeiro:
   - Foi um belo jôgo. Nosso esquadrão ganhou merecidamen-
te de um adversário forte e valoroso. Quanto à arbitragem,
perfeita.
   Acrescenta o técnico:
   - Estou satisfeito com os meus pupilos. A disciplina do-
minante em todo o transcorrer da pugna muito auxiliou o trabalho do juiz, que não teve erros. O quadro vencido merece
felicitações pela bravura com que se portou.
   Dá o seu palpite o goleiro vencedor:
   - Grande jôgo. Vencemos bem. Ótimo juiz. Vencedores e
vencidos portaram-se admiràvelmente e o resultado foi justo.
   Todos assim se manifestam, com preciosidade de linguagem
e nobreza de sentimentos. Mas essas são as opiniões do bando vitorioso. Do outro lado, há prantos e ranger de dentes.
Entrevistado, declara o presidente do clube derrotado:
   - Êsse juiz foi contratado especialmente para nos pre-
judicar. Isso não é arbitragem que se apresente a um público
como o de São Paulo. Fomos escandalosamente roubados e ainda
por cima lutamos com incrível falta de sorte. Estou indigna-
do.
   O técnico ruge sinistramente:
   - Uma vergonha! Tenho seis jogadores gravemente contundidos e impossibilitados de jogar, pelo menos, durante dois
meses. Assim não é possível. Os nossos adversários não jo-
garam futebol: foram para o campo decididos a exterminar todo
o nosso team. Não escapou um jogador intacto. Êles ganharam
na violência, mas nós conquistamos uma grande vitória moral.
Êsse juiz merecia cadeia.
   No vestiário dos vencidos parece dia de entêrro. O za-

58

45   gueiro central verte lágrimas amargas e é entre soluços que dá
a suq opinião:

    - Assim também é demais![1] Tudo contra nós: é o juiz, é o
público, é o bandeirinha, é a sorte, é a violência dos adversários. Nós merecíamos vencer. Atiramos três bolas na trave[2]
50 e aquêle ladrão não marcou dois penais indiscutíveis a nosso
favor. Além disso, o segundo gol dos adversários foi feito
em visível impedimento. Nunca vi resultado mais injusto.

Tudo isso chama-se espírito esportivo, segundo dizem.[3]

(from <u>Futebol</u> <u>da</u> <u>Madrugada</u>)

---

1 Assim também é demais! - It's all just too much!
2 Atiramos três bolas na trave - Three of our shots hit the crossbar.
3 segundo dizem - as they say.

Exercícios

A. Responda em português:

1. Por que o autor gosta de ler os vespertinos das segundas-feiras?
2. O que diz o presidente do clube que venceu?
3. Por que merece felicitações o quadro vencido, segundo o técnico do clube vencedor?
4. Qual é o palpite do goleiro vencedor sôbre o jôgo, o comportamento dos dois teams e o resultado?
5. Onde é que há prantos e ranger de dentes?
6. Segundo o presidente do clube derrotado, por que êste perdeu?
7. Segundo o técnico, o que aconteceu com seis dos seus jogadores?
8. Em vez de jogar futebol, o que fêz o team vencedor?
9. Os vencedores ganharam na violência, segundo o técnico; o que
   conquistaram os vencidos, segundo êle? O que merece o juiz?
10. Segundo o zagueiro central, quem eram contra êles, e por que a
    equipe dêle mereceu vencer?

B. Complete os períodos como no modêlo:

Exemplo: Eu não perco e você não _____ também.
         Eu não perco e você não perde também.

1. Refiro-me ao jôgo de damas e ela também _____ a êle.
2. Antes da sessão sempre tusso de nervosismo, e vocês _____
   também.
3. Êles dormem muito bem, mas eu nunca _____ bem.
4. Você cobre o campo com areia? Eu nunca o _____ .
5. Ela sacode o pó da roupa; e eu também _____ .
6. Parece que você nunca perde, mas eu _____ sempre.
7. Quase todos êles seguem o exemplo do técnico, mas eu não ___ .
8. Pedir o impossível? Eu nem _____ o possível!
9. Acho que êles sentem grande satisfação, mas eu não _____
   nada.
10. Se o outro boxeador não quer subir ao ringue, então eu também
    não _____ .

C. Empregue em períodos originais as palavras sublinhadas:

1. A competição se realizou às oito horas.
2. Além de ter três jogadores contundidos, o técnico teve má sorte quanto ao tempo.
3. Alice tem pouco interêsse por notícias que se referem ao esporte.
4. Êste clube é o mais bem equipado de todo o estado.
5. O menino não se portou bem, daí êle ser castigado.
6. O juiz tenta manifestar uma nobreza de sentimentos.
7. Questões financeiras à parte, o trabalho é beneficial.
8. O candidato deve ser entrevistado pelo gerente.
9. Não perca êsse filme--é ótimo.

D. Certo ou errado? (Se certo, repita; se errado, corrija.)

1. O autor é leitor assíduo dos vespertinos da segunda-feira.
2. A razão é que êle quer saber o que se passou por êsse mundo fora durante o fim de semana.
3. Pode-se dizer que é um fã (fan) dos esportes no sentido normal da expressão.
4. O autor prefere uns esportes a outros.
5. A maior atração é ler as impressões dos teams opostos depois do jôgo da véspera.
6. Para os vencedores a atuação dos dois clubes é sempre exemplar.
7. A maneira de se expressar dêles reflete essa exemplaridade.
8. Quanto aos vencidos nem parece que se trata do mesmo jôgo.
9. A contagem (ou o escore) devia ter sido muito desigual.
10. O autor acha a reportagem muito irônica.

E. Para traduzir em português:

1. I like to read the evening papers on Mondays and the morning papers (os matutinos) on Tuesdays. 2. My friend considers himself one of the best informed persons on everything that pertains to sports. 3. It is a beautiful game when our team wins; when we lose it is a great moral victory. 4. In this crônica, the losers say that they were robbed and that they deserved to win. 5. The winners say that everybody played admirably and that the losers deserve congratulations for their courage. 6. One of the defeated players wept bitter tears. 7. He said that everything was against them: luck, the referee, and the public. 8. Their opponents did not come to play football; they came determined to exterminate his team. 9. He had never seen a more unjust result. It was a shame! 10. Can this be what they call "sportsmanship"?

XVII

BRASILEIRO, HOMEM DO AMANHÃ

-Paulo Mendes Campos-

Há em nosso povo duas constantes que nos induzem a sustentar que o Brasil é o único país brasileiro de todo o mundo. Brasileiro até demais.[1] Colunas da brasilidade, as duas colunas são:[2] a capacidade de dar um jeito;[3] a capacidade de
5 adiar.

A primeira é ainda escassamente conhecida, e nada compreendida, no Exterior; a segunda, no entanto, já anda bastante divulgada lá fora, sem que, direta ou sistemàticamente, o corpo diplomático contribua para isso.

10 Aquilo que Oscar Wilde e Mark Twain diziam apenas por humorismo (nunca se fazer amanhã aquilo que se pode fazer depois de amanhã), não é no Brasil uma deliberada norma de conduta, uma diretriz fundamental. Não, é mais, é bem mais forte do que qualquer princípio da vontade: é um instinto inelutá-
15 vel, uma fôrça espontânea da estranha e surpreendente raça brasileira.

Para o brasileiro, os atos fundamentais da existência são: nascimento, reprodução, procrastinação e morte (esta última, se possível, também adiada).

20 Adiamos em virtude dum verdadeiro e inevitável estímulo inibitório, do mesmo modo que protegemos os olhos com a mão ao surgir na nossa frente um foco luminoso intenso. A coisa deu em reflexo condicionado: proposto qualquer problema[4] a um brasileiro, êle reage de pronto com as palavras: logo à tarde;[5]
25 só à noite; amanhã; segunda-feira; depois do Carnaval; no ano que vem.

Adiamos tudo: o bem e o mal, o bom e o mau, que não se confundem, mas tantas vêzes se desemparelham. Adiamos o trabalho, o encontro, o almôço, o telefonema, o dentista, o den-
30 tista nos adia, a conversa séria, o pagamento do impôsto de renda, as férias, a reforma agrária, o seguro de vida, o exame médico, a visita de pêsames, o consêrto do automóvel, o concêrto de Beethoven, o túnel para Niterói,[6] a festa de aniversário da criança, as relações com a China, tudo. Até o amor.[7]
35 Só a morte e a promissória são mais ou menos pontuais entre nós. Mesmo assim, há remédio para a promissória: o adiamento bi ou trimestral da reforma,[8] uma instituição sacrossanta no Brasil.

Quanto à morte, não devem ser esquecidos dois poemas tí-
40 picos do romantismo: na Canção do Exílio, Gonçalves Dias[9] roga a Deus não permitir que êle morra sem que volte para lá, isto é, pra cá. Já Alvares de Azevedo[10] tem aquêle poema famoso cujo refrão é sintomàticamente brasileiro: "Se eu morresse amanhã!" Como se vê, nem os românticos aceitavam morrer
45 hoje, postulando a Deus prazos mais confortáveis.

Sim, adiamos por fôrça dum incoercível destino nacional,
do mesmo modo que, por obra do fado, o francês poupa dinheiro,
o inglês confia no "Times,"[11] o português adora bacalhau, o alemão trabalha com um furor disciplinado, o espanhol se excita
com a morte, o japonês esconde o pensamento, o americano escolhe sempre a gravata mais colorida.

O brasileiro adia; logo existe.[12]

A divulgação dessa nossa capacidade autóctone para a in-
cessante delonga transpõe as fronteiras e o Atlântico. A verdade é que já está nos manuais. Ainda há pouco,[13] lendo um
livro francês sôbre o Brasil, incluído numa coleção quase di-
dática de viagens, encontrei no fim do volume algumas informações essenciais sôbre nós e a nossa terra. Entre endereços
de embaixadas e consulados, estatísticas, indicações culiná-
rias, o autor intercalou o seguinte tópico:

DES MOTS [14]

Hier: ontem
Aujourd'hui: hoje
Demain: amanhã
Le seul important est le dernier

A única palavra importante é amanhã. Ora, êste francês
astuto agarrou-nos pela perna.[15] O resto eu adio para a semana que vem.

(from O Colunista do Môrro)

---

1 Brasileiro até demais! - Brazilian to excess!
2 Colunas da brasilidade, as duas...são - As for the columns
   (mainstays) of Brazilianism, the two columns are
3 dar um jeito - to find a solution to an apparently impossible
   situation (The next "crônica" deals with this aspect of the
   Brazilian character.)
4 proposto qualquer problema - when any problem is posed
5 logo à tarde - later in the afternoon
6 Niterói (capital of the state of Rio de Janeiro) is across the
   bay of Guanabara from the city of Rio de Janeiro (capital of
   the state of Guanabara). For many years there had been talk
   of building a tunnel or bridge across the bay to provide fas-
   ter transportation than the traditional ferries. A bridge is
   now under construction and is expected to be finished by 1972.
7 Até o amor - Even love
8 o adiamento bi ou trimestral da reforma - the bimonthly or
   quarterly deferment of the renewal (of the promissory note)
9 Gonçalves Dias (1823-64), one of Brazil's outstanding Romantic poets; his most famous poem, the charming and musical
   "Canção do Exílio", was written when he was a student at the
   University of Coimbra in Portugal. The poem (see the Appendix

of this book) expresses his "saudades" (homesickness, nostalgia, longing) for his native land; as he was writing while in Portugal, "cá" refers to that country and "lá" refers to Brazil. In the poem he begs God not to let him die without returning there, that is, Brazil.

10 Álvares de Azevedo (1831-52), another of Brazil's leading Romantic poets; his poem, "Se Eu Morresse Amanhã", (see Appendix) reveals a melancholy and morbid presentiment of an early death. All of his poetry was written between the ages of seventeen and twenty, while he was a student at law school; contracting tuberculosis, he died, tragically, before reaching his twenty-first birthday.

11 The Times of London

12 O brasileiro adia; logo existe - The Brazilian puts off; therefore he exists. (A playful variation of Descartes' "Cogito, ergo sum"- I think, therefore I am.)

13 Ainda há pouco - Just a little while ago

14 Des Mots - French for "Some Words". In the list that follows, the French word is followed by its Portuguese equivalent. The sentence "Le seul important est le dernier" means "The only important one is the last one."

15 agarrou-nos pela perna - found us out, discovered our weakness (literally: caught us by the leg)

Exercícios

A. Responda em português:

1. Qual é o unico país brasileiro do mundo e quais são as duas colunas da brasilidade?
2. O que diziam Oscar Wilde e Mark Twain por humorismo?
3. Quais são os atos fundamentais da existência para o brasileiro?
4. Quando se propõe um problema a um brasileiro, como reage êle?
5. Quais são as coisas que os brasileiros adiam?
6. O que é que Gonçalves Dias roga a Deus no poema?
7. Qual é o refrão do poema de Álvares de Azevedo?
8. Quais são características nacionais dos franceses, inglêses, portuguêses, alemães, espanhóis, japonêses, e americanos, segundo o autor?
9. Qual é a prova (proof) da existência do brasileiro?
10. O que o autor leu num livro francês sôbre o Brasil?

B. Nos períodos seguintes preencha o espaço em branco com os advérbios que correspondem aos adjetivos entre parênteses:

Exemplo: O corpo diplomático não contribuiu _____ para isso. (direto e sistemático)
O corpo diplomático não contribuiu direta e sistemàticamente para isso.

1. Helena disse o que queria _____. (rápido e claro)

2. Nós todos, _____, concordamos. (coletivo e individual)
3. Êle fêz _____ o necessário. (único e simples)
4. Você faz o trabalho _____. (eficiente e competente)
5. Jorge freqüentava o bar _____. (aberto e regular)

C. Substitua as palavras sublinhadas pelo o pronome indefinido
   "se":

Exemplo: O autor alega que em geral a gente não faz amanhã aquilo
         que a gente pode fazer depois de amanhã.
         O autor alega que em geral não se faz amanhã aquilo que
         se pode fazer depois de amanhã.

1. Nesse país todo mundo fala português.
2. A gente nunca deve ofender os amigos.
3. Em geral o pessoal trabalha para ganhar o pão de cada dia.
4. Assim é que é possível afirmar que só quem trabalha come.
5. Êles procuram pouco nesse estado--apenas o indispensável.

D. Ligue os pares de períodos por meio de "sem que".

Exemplo: Deus não permite a morte. Êle volta para lá.
         Deus não permite a morte sem que êle volte para lá.

1. Ela não comprará o vestido. O marido está de acôrdo.
2. Você deve acabar a tarefa. Ninguém ajuda você.
3. É preciso arrumar o assunto. Teresa repara nele.
4. Não se faz nada. Nós insistimos.
5. Êle não confia nos dados. Há estatísticas.

E. Certo ou errado? (Se certo, repita o período; se errado,
   corrija-o.)

1. Há muito países brasileiros no mundo, segundo o autor.
2. As duas colunas da brasilidade são a capacidade de dar um jeito e a capacidade de adiar.
3. Oscar Wilde e Mark Twain diziam que nunca se deve deixar para
   depois de amanhã aquilo que se pode fazer amanhã.
4. Segundo o autor, quando se propõe qualquer problema a um brasileiro, êle reage de pronto com as palavras: agora mesmo,
   imediatamente.
5. Entre as coisas que os brasileiros adiam são o trabalho, o
   dentista, e o pagamento do impôsto de renda.
6. O autor diz que o americano não gosta de gravatas coloridas e
   que o francês gasta muito dinheiro.
7. Segundo o autor francês, a palavra "amanhã" não tem importância no Brasil.

XVIII

DAR UM JEITINHO

-Paulo Mendes Campos-

Escrevi na semana passada que há duas constantes na maneira de ser do brasileiro: a capacidade de adiar e a capacidade de dar um jeito. Citei um livro francês sôbre o Brasil, no qual o autor dizia que só existe uma palavra importan-
5   te entre os brasileiros: amanhã.

Pois fui ler também o livro Brazilian Adventure, de 1933,
do inglês Peter Fleming, marido da atriz Celia Johnson, integrante da comitiva que andou por aqui há trinta anos em busca
do Coronel Fawcett.[1] No capítulo dedicado ao Rio, sem dúvida
10   a capital do amanhã, achei êste pedaço: "A procrastinação por
princípio--a procrastinação pela própria procrastinação[2]--foi
uma coisa com a qual aprendi depressa a contar. Aprendi a necessidade da resignação, a psicologia da resignação: tudo, menos a resignação em si mesma. No fim extremo, contrariando o
15   meu mais justo aviso, sabendo a futilidade disso, continuei a
engambelar, a insultar, a ameaçar, a subornar os procrastina-
dores, tentando diminuir a demora. Nunca me valeu de nada.[3]
Não é possível evitá-la. Não há nada a fazer contra isso."

Não é verdade, Mr. Fleming: há uma forma de vencer a in-
20   terminável procrastinação brasileira: é dar um jeitinho. O
inglês apelou para a igorância,[4] a sedução, o subôrno. Mas o
jeito era dar um jeito.[5]

Dar um jeito é outra disposição cem por cento nacional,
inencontrável em qualquer outra parte do mundo. Dar um jeito
25   é um talento brasileiro, coisa que a pessoa de fora não pode
entender ou praticar, a não ser depois de viver dez anos entre
nós, bebendo cachaça conosco, adorando feijoada[6] e jogando no
bicho.[7] É preciso ser bem brasileiro para se ter o ânimo e
a graça de dar um jeitinho numa situação inajeitável.[8] Em vez
30   de cantar o Hino Nacional, a meu ver, o candidato à naturalização deveria passar por uma única prova: dar o jeitinho numa
situação moderadamente enrolada.

Mas chegou a minha vez de dar um jeito nesta crônica: há
vários anos andou por aqui uma repórter alemã que tive o pra-
35   zer de conhecer. Tendo de realizar algumas incursões jorna-
lísticas pelo país, a môça freqüentemente expunha problemas
de ordem prática a confrades brasileiros. Reparou logo, es-
pantada, que os nossos jornalistas reagiam sempre do mesmo
modo aos galhos que ela apresentava: vamos dar um jeito. E o
40   sujeito pegava o telefone, falava com uma porção de gente, e
dava um jeito. Sempre dava um jeito.

Mas, afinal, que era dar um jeito? Na Alemanha não tem
disso não;[9] lá a coisa pode ser ou não pode ser.

Tentei explicar-lhe, sem sucesso, a teoria fundamental
45   de dar um jeito, ciência que, se difundida a tempo na Europa,

teria evitado umas duas[10] guerras carniceiras. A jovem alemã
começou a fazer tantas perguntas esclarecedoras, que resolvi
passar à aula prática. Entramos na casa comercial dum amigo
meu, comerciante cem por cento, relacionado apenas com seus
50 negócios e fregueses, homem de passar[11] o dia todo e as primeiras horas da noite dentro da loja. Pessoa inadequada, portanto, para resolver a questão que forjei no momento de parceria com a jornalista.

Apresentei êle a ela e fui desembrulhando a mentira: o
55 pai da môça morava na Alemanha Oriental: tinha fugido para a
Alemanha Ocidental; pretendia[12] no momento retornar à Alemanha
Oriental, mas temia ser prêso; era preciso evitar que o pai da
môça fôsse prêso. Que se podia fazer?[13]

Meu amigo comerciante ouviu tudo atento, sem o menor sinal
60 de surprêsa, metido logo no seu papel de mediador, como se fôsse o próprio secretário das Nações Unidas. Qual! o próprio secretário[14] das Nações Unidas não teria escutado a conversa com
tão extraordinária naturalidade. A par do estranho problema,
meu amigo deu um olhar compreensivo para a jornalista, olhou
65 para mim, depois para o teto, tirou uma fumaça no cigarro e
disse gravemente: "O negócio é meio difícil...é...esta é meio
complicada...Mas, vamos ver se a gente dá um jeito".[15]

Puxou uma caderneta do bôlso, percorreu-lhe as páginas, e
murmurou com a mais comovente seriedade: "Deixa-me ver antes
70 de tudo quem eu conheço que se dê com[16] o Ministro das Relações
Exteriores".

A jornalista alemã ficou boquiaberta.

(from O Colunista do Morro)

---

1 Col. H. C. Fawcett, with his son Jack and another young Englishman (both of the latter being in their twenties), disappeared in
1925 while searching for a fabled lost city in the jungles of
the interior of the Brazilian state of Mato Grosso. The mystery
of their fate aroused international interest. A few years later,
Peter Fleming, an adventurous young Englishman, took part in an
expedition that unsuccessfully searched for the lost men. His
book, Brazilian Adventure, describes the frustrations he and his
party encountered.
2 A procrastinação por princípio--a proscrastinação pela própria
procrastinação - procrastination as a principle--procrastination
for the sake of procrastination itself
3 Nunca me valeu de nada - It never did me any good
4 apelou para a ignorância - appealed to ignorance
5 o jeito era dar um jeito - the trick was to find a way, to find
a solution, to do something that would help solve the problem,
to maneuver, to engineer, to manage, to contrive...
6 feijoada - a popular Brazilian dish made of black beans ("fei-
jões") cooked with pork, sausages, bacon, dried meat, and, in
Northeast Brazil, with various kinds of vegetables.

7 jogando no bicho - gambling in the "jôgo do bicho"--a very popular, though illegal, lottery or numbers game in which the
   betting is done on various kinds of animals ("bichos")
8 uma situação inajeitável - an impossible situation, one without any solution
9 Na Alemanha não tem disso não - There isn't anything like that
   in Germany (Note impersonal use of "tem" in place of "há"; also
   the repetition of "não" for emphasis.)
10 umas duas - a couple of
11 homem de passar - a man who spent
12 pretendia no momento retornar - he wished now to return (Note
   that "pretender" usually means to wish to, to aspire to, to
   intend to. To express the idea of pretending or feigning, use
   the verb "fingir".)
13 Que se podia fazer? - What could be done?
14 o próprio secretário - the secretary (of the U.N.) himself
15 vamos ver se a gente dá um jeito - let's see if we can "dar um
   jeito" (Note use of "a gente" in sense of "we".)
16 quem eu conheço que se dê com - whom I know who gets along well
   with, who's on good relações with (Note subjunctive form "dê"
   used in adjective clause because the antecedent "quem" is in-
   definite.)

Exercícios

A. Responda em português:

1. Quais são as duas constantes na maneira de ser do brasileiro,
    segundo o autor?
2. Quem é Peter Fleming?
3. Como é que êle tentava diminuir a demora que êle sempre encon-
    trava?
4. Segundo o autor, qual é uma forma de vencer a procrastinação
    brasileira?
5. Para que um estrangeiro possa entender o que é "dar um jeito",
    quantos anos tem que viver entre os brasileiros e que coisas
    tem que saber, adorar e jogar?
6. Quando a repórter alemã expunha problemas difíceis a jornalis-
    tas brasileiros, como reagiam êles?
7. Segundo o autor, se a "ciência" de dar um jeito tivesse sido
    difundida na Europa a tempo, que teria evitado?
8. Por que o comerciante não era uma pessoa adequada para resol-
    ver o problema que o autor e a jornalista inventaram?
9. Qual era o problema do pai da môça?
10. Que comparação o autor faz entre o comerciante e o secretário
    das Nações Unidas?
11. O que disse e fêz o comerciante depois de ouvir o problema que
    o autor e a jornalista alemã inventaram?
12. Por que a jornalista alemã ficou boquiaberta?

B. Certo ou errado?

1. Segundo o inglês Peter Fleming há várias maneiras de combater a procrastinação brasileira.
2. Uma das duas constantes brasileiras é a solução da outra.
3. Qualquer pessoa pode aprender a utilizar êsse talento brasileiro.
4. O autor acha que deve haver uma prova de história nacional
   para o candidato à naturalização.
5. O caso que êle cita refere-se a uma visitante estrangeira no
   Brasil.
6. A repórter alemã achava normal a maneira pela qual os confrades brasileiros resolviam os problemas.
7. O autor decidiu dar uma demonstração prática do que é "dar
   um jeito."
8. Inventaram uma história enrolada antes de entrarem na loja
   do comerciante.
9. O pacato comerciante espantou-se ao ouvir o problema da môça.
10. O jeito que pretendia dar implicava valer-se dum amigo.

C. Coloque os pronomes depois do infinitivo:

Exemplo: A procrastinação é fatal. Não é possível evitar _____ .
         Não é possível evitá-la.

1. O museu é fabuloso. Nao deixe de visitar_____ .
2. Os problemas eram tão difíceis que ela não sabia expor _____ .
3. Onde está o bicho? Eu quero ver _____ .
4. Anda por aqui uma môça alemã. Você gostava de conhecer _____ ?
5. Quando o coronel desapareceu, os filhos foram ao Brasil para
   procurar _____ .
6. Insisto em saber o que está nas caixas. Vou abrir _____ .
7. Se abrir as caixas, depois terá que fechar _____ .
8. Êle é generoso com o dinheiro; sempre está disposto a repar-
   tir _____ .
9. O jeito preciso para isso!?! Eu é que sei dar _____ .
10. Para evitar a demora deve haver uma forma de vencer _____ .

D. Qual é o pronome que deve aparecer nos períodos que seguem?

Exemplo: Venha à nossa casa beber cachaça com _____ (nós).
         Venha à nossa casa beber cachaça conosco.

1. Meu amigo olhou para a jornalista e depois olhou para _____
   (eu).
2. Esta é a loja do Alves. Vamos entrar em _____ (ela).
3. O menino não pode abrir a porta. Abra para _____ (êle).
4. Com quem você prefere ir: com _____ (eu) ou com _____
   (ela)?
5. Uma dessas cadernetas é do Jorge. Qual é a de _____ (êle)?
6. A nosso ver não há problema; isso é, para _____ (nós) é
   fácil.

7. Ela já falou com os alunos, mas ainda não falou com _____ (eu e Miguel).

8. Se quiser esperar por Helena, então espere também por _____

9. Quem não gosta do nosso cachorro não gosta de _____ (nós).

10. Mas eu não gosto nem de seu cachorro nem de _____ (os senhores).

E. Traduza em português:

1. "Dar um jeito," says the author, is a 100% Brazilian talent that cannot be found in any other part of the world. 2. To understand it or practice it, it is necessary to be a Brazilian or to live at least ten years among the Brazilians, drinking "cachaça" with them, adoring "feijoada," and gambling in the "jôgo do bicho." 3. When a person presents an impossible problem to a Brazilian friend, the latter does not say, "I'm sorry, it's impossible." 4. He says, "The matter is rather difficult, but let's see if we can find a solution."

XIX

PAI, FILHO, NETO

-Luís Martins-

I

O PAI.

Côrte,[1] 27 de janeiro de 187...

Exmo Sr.[2] Conselheiro:

Conceda-me V. Mercê a honra de lhe apresentar o meu di-
5   leto amigo Sr. Francisco Antônio de Oliveira Mascarenhas, correligionário nosso e dedicado servo de V. Mercê, o qual é candidato a uma das vagas de amanuense que se abriram, por Decreto Imperial de 12 do corrente, na Secretaria de Estado de
que V. Mercê é digno ministro. O Sr. Mascarenhas é homem de
10 tôda confiança, que conheço há muitos anos, chefe de família
numerosa, honradíssimo, temente a Deus e obediente cumpridor
de seus deveres.
         Muito grato ficaria a V. Mercê êste seu humilde criado,
caso se dignasse acolher com benevolência êste pedido, dita-
15 do pela amizade e pela muita necessidade em que se encontra
aquêle meu amigo, pelo qual respondo e me responsabilizo in-
tegralmente.
         Deus guarde a V. Mercê.
         a)[3] Luis Monteiro de Albuquerque Botelho, Barão de Mara-
20 cangalha. A S. Ex.[a] Sr. Conselheiro José Joaquim Barbosa do
Sousa e Almeida, DD. Ministro da...

II

O FILHO.

Distrito Federal,[4] 15 de maio de 190...

25 Distinto cidadão T.[te]-C.[el] Dr. Manuel Melo Ferraz da Fonseca
Júnior, DD. Ministro da...

         Tenho o prazer de lhe apresentar o honrado cidadão, meu
amigo e nosso correligionário político, Sr. F.A. de Oliveira
Mascarenhas Filho, que deseja um lugar no Ministério que V.
30 Ex.[a] com tão destacada espírito republicano dirige. Conheço-
o de longa data. Positivista,[5] liberal, republicano histó-
rico, coronel honorário da Guarda Nacional, prestou assina-
lados serviços ao regime e à Pátria, que ainda não o recom-
pensou como devia.
35   Pode ficar certo V. Ex.[a] de que o Sr. Mascarenhas Filho
é um cidadão patriota, capaz de se sacrificar pelos nossos

ideais e de combater de armas nas mãos, se necessário, a miserável conspiração dos nossos adversários políticos.

Saúde e fraternidade.

40   a) J. Campelo de Medeiros.

III

<u>O NETO</u>.

Rio, 21 de setembro de 195...

Ex. ^{mo} Sr. Dr. A. W. Karvinshisck,[6] DD. Ministro da...

Prezado amigo. O portador desta é aquêle excelente rapaz de
45   que lhe falei ontem pelo telefone, o meu caro amigo Mascarenhas Neto, para o qual você ficou de ver se dá um jeito na vida.[7] Veja se lhe arruma uma comissão na Europa, ou pelo menos um encôsto qualquer numa das autarquias que você governa, porque e rapaz já vive de "penduras", devendo em tudo
50   que é "boîte" e botequim.[8] Que diabo, de que vale a amizade? O Mascarenhas é um grande "praça" e estou certo de que você vai gostar muito dêle. Além de ser um "papo" fabuloso,[10] conhece tôdas as "pequenas"[11] que adornam a fulgurante vida noturna da nossa maravilhosa Capital e adjacências...Não
55   deixe de olhar com carinho o meu pedido.

Um abraço do

a) Chico Bonaventi.[12]

(from <u>Futebol</u> <u>da</u> <u>Madrugada</u>)

---

1 Côrte - Rio de Janeiro was the seat of the court of the Empire of Brazil (1822-1889) under its two emperors, Dom Pedro I and Dom Pedro II.
2 Exmo Sr. - Excelentíssimo Senhor (similarly: Il.^{mo} Sr. - Ilustríssimo Senhor.) Other abbreviations used in <u>this crônica</u> are: <u>V. Mercê</u> - Vossa Mercê (old polite form of address that became contracted to vosmecê and você; S. Ex.ª - Sua Excelência; <u>DD.</u> - Digníssimo; T.^{te}-C.^{el} - Tenente Coronel (Lt. Col.); <u>V. Ex.</u> - Vossa Excelência.
3 a) - abbreviation for <u>assinado</u> (signed) This very formal 19th century letter was thus written by "Luís Monteiro de Albuquerque Botelho" and addressed to "José Joaquim Barbosa de Sousa e Almeida" (traditional Portuguese names, long and complicated, including the mother's family name as well as the father's; the names in the second letter of this <u>crônica</u> are also typi-

cally Portuguese).

4 Distrito Federal - similar to our District of Columbia. (Established at Rio de Janeiro after Brazil became a republic in 1889, the Federal District was moved to the state of Goiás when Brasília became the capital in 1960; the former Federal District is now the state of Guanabara, with Rio de Janeiro as its capital.)

5 Positivista - The positivists (followers of Auguste Comte's philosophy of Positivism which rejected metaphysics and placed reliance on scientific evidence and sense experience) were influential in the establishment of the Republic of Brazil. The motto "Ordem e Progresso" which appears on the Brazilian flag is positivist in origin, as are the expressions "cidadão" and "Saúde e fraternidade" that appear in this crônica. Many young members of the military were positivists.

6 "Karvinshisck" - a name obviously made up by the author to resemble that of Dr. Juscelino Kubitschek, a physician who was president of Brazil from 1956 to 1961 and whose grandfather was a Czechoslovakian immigrant. This name and that of the writer of the letter,"Chico Bonaventi," (presumably Italian) are used to show the growing importance in the 20th century of individuals of non-Portuguese origin in Brazil. It should be remembered that, like the United States, Brazil is a melting pot of nationalities. (Much more than the United States, or almost any other country, it might be added here, it is also a melting pot of races.)

7 você ficou de ver se dá um jeito na vida - you agreed to see if you could do something for him (to help him along in life)

8 o rapaz já vive de "penduras", devendo em tudo que é "boîte" e botequim - the kid has lots of debts, owing money in all the night clubs and bars ("boîte", a French word, is often spelled as it is pronounced: buate)

9 é um grande "praça" - he's a great guy

10 um "papo" fabuloso - a fabulous talker, one who has the gift of gab (cf. "bater papo" - to chat, converse, chew the fat, shoot the breeze; "um bate-papo - a friendly conversation, a bull session)

11 "pequenas" - girls ("pequenas" is also very frequently used to mean girl friends, or sweethearts)

12 Um abraço de Chico Bonaventi - Cordially, Chico (a nickname for Francisco) Bonaventi.

Exercícios

A. Para responder em português:

1. Qual é a data da primeira carta? da segunda? da terceira?
2. Quem são os autores e os destinatários (addressees) das três cartas?
3. Como se chamam o pai, o filho e o neto?
4. Quais são as boas qualidades do Sr. Mascarenhas, segundo o autor da primeira carta?

5. Quais são as boas qualidades do Sr. Mascarenhas Filho, segundo o autor da segunda carta?

6. Quais são as qualidades do Mascarenhas Neto, segundo o autor da terceira carta?

7. Como é que o autor da crônica mostra a importância da aristocracia brasileira durante o Império do Brasil, a importância dos militares durante os primeiros anos da República, e a importância dos descendentes dos imigrantes não portugueses no Brasil no século vinte?

B. Preencha os espaços em branco com o futuro ou o imperfeito do subjuntivo como nos exemplos:

Exemplo: Êle ia-me dizer quando (arrumar) _____ uma colocação.
          Êle ia-me dizer quando arrumasse uma colocação.

Exemplo: Êle me dirá quando (arrumar) _____ uma colocação.
          Êle me dirá quando arrumar uma colocação.

1. Quando nós (chegar) _____, Lulu avisará a secretária.

2. Se o senhor não (poder) _____ satisfazer o pedido, ficaria muito grato se me (dizer) _____.

3. Calma, meu filho: o papai comprará as balas para você quando (ir) _____ à cidade.

4. (Mais tarde): Mamãe, parece que papai não foi à cidade, porque êle prometeu comprar balas quando (ir) _____ e não trouxe nada.

5. Assim que vocês (refrescar-se) _____, desçam para o jantar.

6. Se (haver) _____ algum contratempo no caminho, enviarei um telegrama para vocês não ficarem preocupados.

7. O que é que houve? Você disse que enviaria um telegrama se (haver) _____ algum contratempo no caminho.

8. Vocês pretendem ficar aqui enquanto os meninos (precisar) _____ de sua ajuda?

9. Então, vocês não disseram que iam ficar enquanto os meninos (precisar) _____ de sua ajuda?

10. O Alexandre ficou de despachar o pacote assim que (adquirir) _____ os livros. Será que não os adquiriu?

C. Empregue em períodos originais as expressões sublinhadas:

1. Não há mais vagas para candidatos com a sua aptidão.
2. O pai se responsabiliza por tudo quanto o filho disser.
3. Você ficou de ver se pode ajudá-lo.
4. De que vale o céu azul num dia da trabalho?

D. Certo ou errado?

1. O assunto das três cartas é um pedido político.
2. Na primeira o funcionário ideal devia ser um sujeito respeitável na opinião duma sociedade conservadora.

3. A extensão do nome do pai reflete o valor atribuido à tradição.
4. Os primeiros anos da República foram marcados por uma transição pacífica de um sistema para outro.
5. A terceira carta indica que tanto o ministro como o escritor continuam sendo membros da velha classe luso-brasileira.
6. O emprêgo que a terceira carta menciona exige uma preparação especializada própria dos tempos modernos.
7. O avô se escandalizaria com a franqueza com que se descreve o caráter do neto.
8. O neto é um candidato merecedor de toda confiança em qualquer situação.
9. As três cartas exemplificam como é que as coisas, por mais que se mudem, ficam essencialmente iguais.

E. Para traduzir em português:

1. Dear friend: The bearer of this letter is Chico Medeiros, the young man I spoke to you about yesterday on the telephone. 2. See if you can't get him a good job. 3. I have known him for many years and I am sure you'll like him a lot. 4. He is God-fearing, an honest citizen, a fabulous talker, and a great guy. 5. It is true that he has lots of debts and that he spends a great deal of time in night clubs and bars. 6. But what the devil, what is friendship for? 7. Don't fail to talk with him and introduce him to the Minister. 8. I will be very grateful to you if you get him a commission in Europe. 9. If I were a positivist I would end this letter by saying "Health and fraternity," but I am not, so I'll say only "Cordially." 10. The three letters in this crônica show certain aspects of the historical and social development (desenvolvimento) of Brazil during the nineteenth and twentieth centuries.

XX

OS PORTUGUÊSES E O NAVIO[1]

-Rubem Braga-

Antônio Maria contou que uma vez ia num táxi guiado por um chofer português velho, bigodudo, calado, de cara triste. Quando o carro chegou à praia o chofer viu um barco e exclamou, apontando com o braço esticado, os olhos brilhantes, num tom
5 de descoberta, desafio e alegria:

- Olha o navio pequenino!

Essa fascinação dos portugueses pelos navios me salvou a tarde de ontem. Eu tinha de ir à Alfândega e, portanto, passar pela praça Mauá.[2] O português do volante vinha prague-
10 jando contra o calor, contra os outros carros, contra tudo. Antes dêle eu vi o "Vera Cruz" encostado no cais, e disse: "Olhe o 'Vera Cruz', que navio bonito!" Êle recebeu isso como um elogio pessoal e começou a falar do navio com entusiasmo, até conhecia um maquinista de bordo e visitara todo o gigante:
15 "tem oito andares, mas tem elevador!"

Pelas cinco e pouco, ao voltar para casa, me tocou outro volante português. Na altura do Flamengo[3] divisei o navio, que marchava para a saída da barra, e resolvi elogiar nova- mente o barco, para ver o efeito. Foi maravilhoso. "É real-
20 mente, é realmente, é um belo navio!" Fiz notar que o Brasil não tinha nenhum navio de passageiros tão grande e tão bonito, e isso animou ainda mais o homem. Acabou confessando que em sua opinião não era sòmente o Brasil que não possuía um navio assim: país nenhum do mundo. Os inglêses, os americanos, os
25 franceses, os italianos têm bons navios, sim, bons navios, mas nenhum tão bonito. "O senhor não acha?" Desconversei, "êsse aí eu vou ver passar de minha janela em Ipanema".[4] Dis- cordou: o navio tinha grande velocidade e cortava muito ca- minho por onde ia. Discutimos um pouco, eu jogando no táxi
30 dêle, e êle apostando no navio.

Em Copacabana voltamos a ver o barco, na altura da Cotun- duba.[5] Fiz-lhe ver que eu estava ganhando a aposta: "já pas- samos na frente". Êle balançou a cabeça: "agora é que êle vai desenvolver a velocidade".
35 Na Vieira Souto êle teve de se render à evidência: o navio mal apontava no Arpoador e nós já estávamos perto do Pôsto 8.[6] Mas arrumou uma explicação: "o comandante mandou tocar devagar para os passageiros verem a paisagem". Fiz uma reflexão:
40 - Quer dizer que é assim: o navio a ver a paisagem e a paisagem a ver o navio.

E graças a isso, quando lhe paguei a corrida êle me per- guntou se eu era poeta: "isto que o senhor disse eu vou repe- tir à patroa".
45 O casal de portugueses da portaria conversava com o por-

teiro do lado e o zelador do edifício da frente, todos portuguêses. Dei a notícia: "o Vera Cruz" está passando lá no mar".
      O "Vera Cruz"! O "Vera Cruz"! E saíram todos para a praia;
   no caminho arrebanharam mais um português que passava:
50   - O "Vera Cruz", homem, venha depressa, venha!

      E lá se foram a correr, os pedros álvares cabrais.[7]

                         (from Ai de Ti, Copacabana!)

---

1 In reading this crônica the student should keep in mind the
   great maritime tradition of the Portuguese, who produced such
   figures as Prince Henry the Navigator, Bartolomeu Diaz, Vasco da
   Gama, Magellan (Magalhães, in Portuguese), and Pedro Álvares Cabral. Cabral is credited with the discovery of Brazil in 1500.
2 praça Mauá - Mauá Square is in downtown Rio de Janeiro, near the
   docks of the seagoing ships.
3 Na altura do Flamengo - When we reached Flamengo (a section of
   Rio, a little to the south of the downtown area).
4 "êsse aí eu vou ver passar de minha janela em Ipanema" - "I'll
   see it pass by from my window in Ipanema" Ipanema is another
   section, or suburb, of Rio, with a world-famous beach. To get
   to Ipanema from downtown Rio one drives south and eventually
   west along Guanabara Bay and the Atlantic through a succession
   of concave curves formed by the beaches of Flamengo, Botafogo,
   Copacabana, and Ipanema (with Leblon and Gávea just beyond).
   This drive of several miles, during which one can see to the
   east the Pão de Açúcar with its cable cars and high in the distance to the west the lofty mountain of Corcovado topped by the
   statue of Christ the Redeemer, is surely one of the great drives
   of the world, made even more exciting by the uninhibited driving
   methods of the Brazilians.
5 na altura da Cotunduba - near Cotunduba (a small island just off
   the coast, northeast of Copacabana).
6 Vieira Souto is one of the principal avenues of Ipanema. Arpoador is a small cape that juts out between Copacabana and Ipanema
   beaches. Pôsto 8, on Ipanema Beach, was one of several numbered
   lifeguard posts along Rio's beaches. The posts no longer exist
   but the term persists as a geographical marker.
7 os pedros álvares cabrais - See note 1.

Exercícios

A. Para responder em português:

1. Descreva o chofer do táxi tomado pelo amigo do autor, Antônio Maria.
2. Contra que praguejava o chofer do táxi do autor?
3. Como é que êle falou do "Vera Cruz"? Por que disse que o navio era um gigante? Conhecia algum membro da tripulação (crew)?
4. Qual é a comparação que o outro volante português faz entre o "Vera Cruz" e os navios de outros países?
5. Por que o chofer pensava que o "Vera Cruz" ia chegar a Ipanema antes que o táxi chegasse?
6. Qual foi a explicação do chofer quando viu que o táxi ia chegar primeiro?
7. Qual foi a reflexão do autor?
8. O que disse o chofer quando o autor lhe pagou a corrida?
9. Com quem estava falando o casal de portuguêses da portaria?
10. Que notícia o autor lhes deu, e que fizeram todos êles imediatamente?

B. Empreguem em períodos originais as palavras sublinhadas, mantendo o sentido que têm:

1. Eu tinha de ir à alfândega.
2. Ao voltar para casa, me tocou outro volante português.
3. Em Copacabana voltamos a ver o barco.
4. O navio mal apontava no Arpoador e nós já estávamos perto do Pôsto 8.
5. O automóvel estava encostado ao meio-fio (curb).
6. Êsse episódio me salvou a tarde de ontem.
7. Como cortava muito caminho havia de chegar primeiro.
8. Êle teve de se render à evidência.
9. Isso quer dizer que êles estão vendo a paisagem.

C. Responda às perguntas como no modêlo, utilizando vários verbos seguidos da forma "-ndo":

Exemplo: Como vinha êle? Êle praguejava.
          Êle vinha praguejando.

1. Como acabou êle a conversa? Êle confessou que não podia mais. (Acabou confessando...)
2. Como discutimos? Eu jogava no táxi dêle e êle apostava no navio.
3. Como estavam o navio e a paisagem? O navio via a paisagem, e a paisagem via o navio.
4. Como saíram? Correram para a praia.
5. Como ficou o porteiro? Fazia gestos de impaciência.
6. Como ficou êle ao fim da interrogação? Sabia a verdade.

7. Como partiram os excursionistas para Teresópolis? Cantavam e
gritavam uns para os outros.
8. Como ela começou a visita? Ela se queixava da ausência do marido.
9. Como ia o menino quando você o viu? Êle assobiava.
10. Como é que êle veio por todo o caminho? Êle olhava pela janela e elogiava a beleza do campo.

D. Certo ou errado?

1. O chofer do táxi onde ia Antônio Maria era um português jovem
e expansivo.
2. Era só preciso ver um barco para o chofer mudar de humor.
3. Um homem bigodudo não tem bigode e um homem calado fala muito.
4. O elogio do autor pelo barco português foi recebido pelo chofer
como se fôsse um elogio pessoal.
5. Quando voltava para casa divisou mais outro navio português.
6. O chofer achou que muitos países têm barcos bonitos.
7. O autor guiava o táxi e êle apostou no navio.
8. Havia uma relação de admiração mútua entre o navio e a paisagem.
9. Ao ouvirem que o "Vera Cruz" estava passando lá no mar, os portuguêses continuaram a conversar.
10. Eram todos da mesma família, daí o nomè que o autor lhes dá.

E. Para traduzir em português:

1. When the car reached the beach, the driver pointed to the "Vera
Cruz" and exclaimed, "Look at the beautiful ship!" 2. He knew a
machinist on board and began to speak about the ship enthusiastically.
3. On returning home at a little after five o'clock, the author
happened to get a Portuguese cab-driver. 4. He praised the Portuguese ship, in order to see the effect. 5. The driver said that in
his opinion no country in the world had a ship that was so beautiful.
6. The ship had great speed and he bet that it would reach Ipanema
before the cab. 7. The author disagreed and bet on the taxi.
8. In Copacabana they saw the ship again. 9. The driver said that
the ship's captain wanted the passengers to see the landscape.
10. The Portuguese couple began to run to the beach to see the "Vera Cruz."

XXI

A A B O B R I N H A

-Carlos Drummond de Andrade-

Quando a senhora foi descer do lotação, o motorista coçou a cabeça:
- Mil cruzeiros! Como é que a senhora quer que eu tro-
que mil cruzeiros?
5   - Desculpe, me esqueci completamente de trazer trocado.
- Não posso não, madame não leu o aviso--olha êle ali[1]--
que o trôco máximo é de 200 cruzeiros?
- Eu sei, mas que é que hei de fazer agora? O senhor
nunca esqueceu nada na vida?
10   - Quem sabe se procurando de nôvo na bôlsa...
- Já procurei.
- Procura outra vez.
Ela vasculhava, remexia, nada. Nenhum cavalheiro (como
se dizia no tempo de meu pai) se moveu para salvar a situação,
15   oferecendo trôco ou se prontificando a pagar a passagem. Àque-
la hora, não havia cavalheiros, pelo menos no lotação.
- Então o senhor me dá licença de saltar e ficar devendo.
- Pera aí.[2] Vou ver se posso trocar.
Podia. Tirou do bôlso de trás um bôlo respeitável, foi
20   botando as cédulas sôbre o joelho, meticulosamente.
- Tá aqui o seu trôco. De outra vez a madame já sabe,[3]
hein?
Ela desceu, o carro já havia começado a chispar, como é
destino dos lotações,quando de repente o motorista freou e bo-
25   tou as mãos à cabeça:
- A abobrinha![4] Ela ficou com a abobrinha!
Voltando-se para os passageiros:
- Os senhores acreditam que em vez de guardar a nota de
mil, eu de burro devolvi com o trôco?[5]
30   Botou a cabeça fora do carro, à procura da senhora, que
atravessava a rua, lá atrás:
- Dona! Ó dona! A nota de mil cruzeiros!
Ela não escutava. Êle fazia sinais, pedia aos transeun-
tes que a chamassem, o trânsito entupigaitava-se, buzinas soa-
35   vam.
- Toca! Toca![6]
Os passageiros não pareciam interessados no prejuízo, como antes não se condoeram do vexame da senhora.
- Como é que eu posso tocar se perdi mil cruzeiros, gen-
40   te? Quem vai me pagar êsses mil cruzeiros?
Encostou o veículo e, num gesto solene:
- Vou buscar meu cabral. A partir dêste momento confio
êste carro, com todos os seus pertences, à distinção dos senhores passageiros.
45   - Deixa que eu vou[7]--disse um dêles, garôto. E precipi-

tou-se para fora, antes do motorista.

    - Será que êsse tiquinho de gente consegue?[8]

    Via-se o garôto correndo para alcançar a senhora, tocando-a pelo braço, os dois confabulando. Ela abria de nôvo a bôlsa,
50   tirava objetos, o pequeno ajudava. Enquanto isso, o motorista carpia:

    - Esta linha é de morte.[9] Primeiro querem que a gente troque um conto de réis,[10] como se o papai fôsse o Tesouro Nacional ou o Banco do Brasil. Depois carregam o trôco e o di-
55   nheiro trocado, que nem juro.[11] Essa não! E êsse garôto que não acaba com a conversa mole, sei lá até se êle volta.[12]

    Os passageiros impacientavam-se com a demora da expedição. O guarda veio estranhar o estacionamento e recebeu a explicação de fôrça-maior, quem é que me paga meus mil cruzeiros? o Ser-
60   viço de Trânsito?

    Voltou o garôto, sem a nota. A senhora tinha apenas 987 cruzeiros, êle vira e jurava por ela.

    - Toca! Toca!

    - Tão vendo? Um prejuízo dêsses antes do almôço é de ti-
65   rar a fome[13] e a vontade de comer.

    Disse isso em tom frio, sem revolta, como simples remate. E tocou. Perto do colégio, o garôto desceu, repetindo, encabulado:

    - Pode acreditar, ela não tinha mesmo o dinheiro não.
70   O motorista respondeu-lhe baixinho:

    - Eu sei. Já vi que está ali debaixo da caixa de fósforos. Mas se eu disser isso, êsse povo me mata.[14]

                     (from Cadeira de Balanço)

---

1   olha êle ali - look at it over there (The "aviso" referred to is a notice indicating the largest bill the bus driver was required to change; at the time this crônica was written 200 cruzeiros was worth perhaps fifty cents.)

2   Pera aí - Popular pronunciation of "Espera aí" (Wait there.) Similarly, the bus driver says later, "Tá aqui" and "Tão vendo," instead of "Está aqui" and "Estão vendo."

3   De outra vez a madame já sabe, hein? - Next time you'll know better, won't you?

4   a abobrinha - "the little gourd," a slang term for the 1,000 cruzeiro bill, so called because of its orange-yellow coloring on one side. As the picture of Pedro Álvares Cabral, the discoverer of Brazil, appears on the other side, the bill is also called a "cabral," a term the bus driver uses later in the crônica.

5   eu de burro devolvi com o trôco - like an ass I returned (it to her) with the change

6   Toca! - Go on! (Drive on! Get moving!)

7   Deixa que eu vou - Wait, I'll go

8   Será que êsse tiquinho de gente consegue? - Do you suppose

that little squirt will succeed?
9 Esta linha é de morte - This bus line is the limit
10 um conto de réis - a million réis, i.e., 1,000 mil-réis, i.e.
   1,000 cruzeiros. "Um conto" is still a popular term for 1,000
   cruzeiros, i.e., 1,000 cruzeiros velhos, or 1 cruzeiro nôvo.
11 que nem juro - as if it were interest
12 sei lá até se êle volta - I don't even know if he'll come back
13 é de tirar a fome - it's enough to make you lose your appetite
14 se eu disser isso, êsse povo me mata - if I tell that to them,
   those people will murder me

Exercícios

A. Responda em português:

1. Quando e por que é que o motorista coçou a cabeça?
2. De que é que a senhora se tinha esquecido completamente?
3. Que dizia o aviso?
4. Por que diz o autor que não havia cavalheiros no lotação?
5. Depois que a senhora saltou, por que é que o motorista freou?
6. Quando os passageiros gritaram "Toca! Toca!" o que é que o motorista disse?
7. Que disse e fêz um garôto antes que o motorista pudesse saltar?
8. Que disse o garôto quando voltou?
9. Onde estava a abobrinha?
10. Por que o motorista não explicou isto aos passageiros?

B. Complete os períodos como se vê no exemplo:

Exemplo: A senhora quer que eu (trocar) _____ mil cruzeiros.
          A senhora quer que eu troque mil cruzeiros.

1. O garôto pede que eu não me (zangar) _____ .
2. Os passageiros querem que nós (tocar) _____ .
3. Eu tenho mêdo de que o carro (começar) _____ a chispar.
4. É preferível que ela (pagar) _____ com uma nota menor.
5. Eu estranho que os outros passageiros não se (prontificar) __ .
6. A gente duvida que ela (descer) _____ aqui.
7. Quer que eu (ficar) _____ aqui no carro?
8. É preciso que a gente não (esquecer) _____ trazer dinheiro trocado.
9. Quando há relâmpagos (lightning) convém que você (apagar)
   _____ a luz e (desligar) _____ o rádio.
10. Você acredita que o bom sempre (vencer) _____ o mau?

C. Empregue as expressões sublinhadas em períodos originais.

1. O trôco máximo é de 200 cruzeiros (cf. A temperatura média é
   de 20°C.)
2. O senhor me dá a licença de pagar outra vez?
3. Eu pretendo saltar na próxima esquina.
4. Em vez de guardar a nota de mil, êle devolveu-a.

5. Nós passamos o dia à procura do Serviço de Trânsito.
6. A partida da Rita causou danos e prejuízos.
7. Como era uma coisa rara, todo mundo estranhou.
8. Êle não sabia bem o que havia de fazer.
9. Na bôlsa havia apenas três notas.
10. Sentindo os olhos de todos dirigidos para êle, ficou encabula-
do.

D. Certo ou errado?

1. A senhora esperava que o motorista trocasse dois mil cruzeiros.
2. Segundo o aviso, êle não era obrigado a trocar quantias superiores a 100 cruzeiros.
3. A passageira ficou muito indignada.
4. Os passageiros mostravam-se muito atenciosos.
5. O motorista descobriu o trôco quando ela ia saltar.
6. Pareceu-lhe que ela tinha guardado a nota de mil.
7. Por sorte êle tinha estacionado num lugar sossegado onde não
havia muito trânsito.
8. Um garôto se prontificou a alcançar a senhora.
9. O motorista estava furioso com a suposta perda de dinheiro.
10. O mêdo o obrigava a queixar-se.

E. Para traduzir em português:

1. The lady forgot to bring change. 2. The bus driver said he
could not change 1,000 cruzeiros. 3. She looked in her purse
again. 4. He took some bills out of his back pocket. 5. She
got off the bus and crossed the street. 6. The driver sounded the
horn and stepped on the brakes. 7. A policeman came and heard his
explanations. 8. A boy rushed out of the bus and spoke with the
lady, but returned without the bill. 9. He swore that the lady
had only 987 cruzeiros. 10. The bus driver no longer felt like
eating. 11. If he told them that the "abobrinha" was under the
box of matches they would murder him.

F. Conte o episódio do ponto de vista (1) do motorista, (2) da
senhora, (3) do garôto, (4) de um dos passageiros.

XXII

V E N D E   A   C A S A

-Carlos Drummond de Andrade-

    O homem falou:
    - Comprei esta casa; vendi-a. No intervalo, passaram-se
21 anos. Aconteceram diferentes coisas nesse intervalo. O ditador caiu, subiu de nôvo, matou-se.[1] A bomba atômica explodiu,
5   inventou-se outra bomba ainda mais terrível. Veio a paz, ou uma
angústia com êsse nome. Apareceram antibióticos, aviões a jacto, computadores eletrônicos. O homem deu volta ao universo e
viu que a terra era azul.[2] Fabricaram-se automóveis no Brasil.
Pela rua passam biquínis aos três, aos quatro, e a geração no-
10 va usa rosto nôvo e nova linguagem. Mas a casa não mudou.
    Veja esta pérgula. Está cercada de edifícios agressivos,
não tem mais razão de ser, mas é uma pérgula. Quem a mandou
fazer deu recepções neste terraço, de onde se descortinavam os
morros da Gávea[3] e o mar. Hoje não se vê nada em redor, mas a
15 pérgula é a mesma. O construtor morreu, como o dono primitivo;
a pérgula está viva, com sua buganvília.
    Esta escada, eu a subia com pernas de gato, nem reparava.
Hoje subo contando os degraus que faltam, e, podendo evitar,
evito a subida,[4] fico lá embaixo. Ela deve estar-se rindo de
20 mim, que me cansei depressa.
    A sala, o pequeno escritório, está vendo? Tudo resistiu
mais do que o morador. Não queria acabar, e decerto, chegando
a hora,[5] me enterraria. Não usa mais sair defunto de casa,[6]
mas bem que a casa gostaria se, depois de me abrigar tanto tem-
25 po, pudesse me expor na sala, prestando mais um serviço. Porque não tem feito outra coisa señao prestar serviço. Às vêzes
com ironia ou aparentemente de mau-humor: porta empenada, soalho abatido, defeitos na instalação elétrica antiquada. Porém
seu mau-humor nunca foi maior do que o meu, que usei e abusei
30 de seus serviços com impaciência e tantas vêzes a desprezei,
chamando-a feia e desajeitada.
    Tem goteiras; sempre teve, é um de seus orgulhos, ao que
parece. Certa madrugada acordamos com a cachoeira no quarto.
Tinham-se rompido umas telhas, e o mundo parecia vir abaixo,
35 derretido em chuva. Pois não havia nada de mais sólido na terra do que esta velha casa remendada e maltratada. A prova aí
está. Você nos compare, e diga.
    Ratos? Sim, é próprio do lugar. Baratas, nem me fale.[7]
Passamos 21 anos lutando contra bichos pequenos, mas era comba-
40 te leal, em igualdade de condições. Êles moravam no porão, nós
na parte de cima. A luta nunca se decidiu, e a casa nos dava
chances idênticas. Era seu ingênuo divertimento.
    Creio que fui feliz aqui. Trouxemos uma menina, que se
levantava cedinho para ir ao colégio; ouço ainda o despertador,
45 vozes matutinas, sinto o cheiro de café coado na hora. Seu

quarto é o mesmo, a mesma mobília de sucupira que naquele tempo se usava. O retrato dela, feito por um pintor que já morreu, está ali. Hoje é uma senhora que mora longe, e uma vez
por ano chega com um senhor e três garotos do capeta.[8] É
50   quando a casa fica matinal, ruidosa, fica plenamente casa,
bagunça, festa cheia de gritos. Êsses rabiscos na parede, cadeiras remendadas, vidros partidos, está reparando? São das
melhores alegrias da casa.
      Agora temos de fechar e sair; vendi a casa. Será demo-
55   lida, como tôdas as casas que restam serão demolidas. Era a
única que sobrava nesta quadra; fora do alinhamento, su massa
barriguda tinha alguma coisa de insolente, de provocativo.
Não podia continuar.
      Isto é, podia. Eu é que entreguei os pontos.[9] Agora ve-
60   ja o que está se passando. Mal assinei a escritura e voltei,
começo a sentir-me estranho na casa. Rompeu-se um laço, mais
do que isso, uma fibra. Eu não sabia ao certo o que é uma
casa. Agora sei, e estou meio envergonhado.

                              (from   Cadeira de Balanço)

---

1   O ditador caiu, subiu de nôvo, matou-se - The reference is to
    Getúlio Vargas (1883-1954), one of the most important and con-
    troversial political figures in Brazilian history. He came to
    power in the revolution of 1930 and ruled as dictator for fif-
    teen years until he fell from power in 1945; he rose again in
    1950 when he was elected President, and committed suicide in
    1954 as a consequence of a political and military crisis.
2   viu que a terra era azul - the reference is to the observation
    made by the Russian cosmonaut, Yuri Gagarin, in 1961.
3   os morros da Gávea - mountains to the southwest of Rio
4   contando os degraus que faltam, e, podendo evitar, evito a su-
    bida - counting the steps left to be climbed, and, if I can
    avoid it, I avoid the climb.
5   chegando a hora - when my time came
6   Não usa mais sair defunto de casa - It's no longer the custom
    to have the deceased leave from the house (meaning that now
    it's from funeral parlors), but the house would surely, after
    sheltering me for so long, be glad to exhibit me (deceased) in
    the parlor, thus doing one more service for me.
7   Baratas, nem me fale - As for cockroaches, don't even mention
    them
8   três garotos do capeta - three impish little kids
9   Eu é que entreguei os pontos - I'm the one who has given up

Exercícios:

A. Responda em português:

1. Durante o intervalo de vinte e um anos, o que aconteceu com o ditador?
2. E com as bombas?
3. Que coisas novas apareceram na medicina, na aviação e na eletrônica (electronics)?
4. Quando o homem deu volta ao universo, o que viu?
5. O que começou o Brasil a fabricar?
6. Quem usa rosto nôvo e nova linguagem?
7. Por que já não se podem ver os morros da Gávea desde a pérgula?
8. Como é que o homem subia antigamente a escada, e como sobe agora?
9. Que defeitos tinha a casa?
10. Certa madrugada, quando acordaram, o que havia no quarto?
11. Que luta havia na casa durante os 21 anos?
12. Por que se levantava cedinho a filha do homem?
13. Quando a filha visita os pais, com quem chega? Quantas vêzes por ano?
14. Que coisas feitas pelos netos do homem são das melhores alegrias da casa?
15. Por que êle teve que vender a casa?

B. Certo ou errado? (Repita o período, se certo; se errado, corrija-o.)

1. A crônica tem a forma dum diálogo.
2. O dono da casa mal a comprou e já quer vendê-la.
3. O homem é muito sensível à inestabilidade da vida.
4. A casa foi construída para outros tempos.
5. Quem fala já não é mais uma pessoa muito môça.
6. Vemos que a casa é um objeto como outros tantos.
7. O edifício está em ótimas condições.
8. A última traição é que a casa não foi vendida para continuar a servir como uma casa.
9. O homem é evidentemente um solteirão nostálgico.
10. O bairro tem muitas casas semelhantes.

C. Empregue as expressões sublinhadas em períodos originais:

1. Em redor da casa havia um lindo jardim.
2. O menino não fêz nada senão chorar.
3. A velha avó achava que ela sobrava na família do neto.
4. Quantas horas lhe faltam para bater o recorde?
5. No intervalo o país se recuperou da guerra e ficou rico.
6. Ainda usa expor defunto em casa?
7. Devido à idade, êle não sai mais para dar passeios.
8. O tempo vai se passando e nós com tanto para fazer.
9. O Félix, ao que parece, pensa em comprar um apartamento.
10. Apesar de seu mau estado, tem alguma coisa de impressionante.

D. Diga de outra maneira as frases sublinhadas, como nos modelos:

A. Se pudesse evitar, ficaria lá embaixo.
  Podendo evitar, ficaria la embaixo.

1. Quando chegar a hora, a casa me enterrará.
2. Se lhe faltar dinheiro, mande-me um telegrama.
3. Se houver baratas, eu mandarei alguém para dedetizar a casa.
4. Se poupar dinheiro agora, não ficará dependente de ninguém mais tarde.
5. Se lutar contra os bichinhos, você decerto ganhará a batalha.

B. Hoje nada é visto em redor.
  Hoje não se vê nada em redor.

1. Umas telhas tinham sido rompidas.
2. A casa foi vendida.
3. Os jornais costumavam ser vendidos no quiosque da esquina.
4. Outras bombas serão inventadas.
5. Muitos modelos de automóveis são fabricados no Brasil.
6. A luta nunca ficou decidida.
7. Um laço foi rompido.
8. Entre a geração nova, uma nova língua é falada.
9. Os morros da Gávea eram descortinados.
10. No tempo dêle nenhuma coisa útil foi feita.

E. Para traduzir em português:

1. Many things happened during the interval of twenty-one years.
2. The dictator rose, fell, rose again, then killed himself. 3. Peace came after the atomic bomb exploded. 4. Another even more terrible bomb was invented. 5. Electronic computers, jet planes, antibiotics, and bikinis appeared. 6. Man flew around the universe and saw that the earth was blue. 7. They began to manufacture automobiles in Brazil. 8. The new generation speaks a new language and wears a new face. 9. Everything changed except (menos) the man's house. 10. He believes he was happy there and after he sold it he began to feel strange and somewhat ashamed.

XXIII

P O L Í T I C A   I N T E R N A C I O N A L

-Luís Martins-

Numa prateleira do seu escritório, um homem, conhecido
meu, conserva varios objetos pitorescos, artísticos, populares,
folclóricos, lembranças de excursões passadas, presentes de
amigos: santos antigos da Bahia, cerâmica primitiva dos cara-
5   jás,[1] cópia de uma Tanagra,[2] moringa popular do Chile, uma jangadinha do Ceará,[3] ex-votos do Nordeste, cerâmica portuguêsa
em miniatura, pequenas garrafinhas de vinho, etc. No quarto
ao lado, há uma outra prateleira, em que se alinham outros objetos: bonecas de massa, borracha e celulóide, cães, ursos, ca-
10   valos, pingüins, de massa, madeira e fêltro, pratos e xícaras
de matéria plástica, um pequenino piano, dois telefones, bonecas sem cabeça, cabeças sem boneca, objetos de cozinha, caixas
de papelão, etc. Tudo isto pertence a uma criança, filha do homem supra mencionado.
15   Os dois quartos são vizinhos, como ficou dito. E como os
seus respectivos proprietários são colecionadores, há, de parte
a parte,[4] uma secreta inveja, um recalcado desejo de trocar de
coleções, de permutar peças--e se não fôssem[5] certas circunstâncias mais fortes que a ambição humana, há muito o homem já teria
20   passado[6] a brincar no quarto da criança, e a criança a estudar
no escritório do homem.
       Diga-se, a bem da verdade[7] que, se houve iniciativa cordial
de permuta de objetos, ela partiu da criança, mais generosa e
desprendida do que o adulto. De fato, propostas já foram feitas
25   para o estabelecimento de um contacto mais íntimo entre os dois
quartos, franqueando-se as fronteiras que os separam. Essa sá-
bia política de boa vizinhança vem sendo sistemàticamente reje-
tada pelo homem. Houve, por exemplo, uma proposta concreta de
permuta entre uma santa de madeira, sem braços, por uma boneca
30   de celulóide, sem cabeça. Mais tarde, recebeu o homem o oferecimento de outro negócio: êle dava a estatueta carajá e recebia
em troca duas panelas, um cachorro e uma gaita quebrada. Nada
feito. Então, tentou-se a barganha da jangadinha cearense por
um automóvel de corda, porém, sem a chave capaz de movimentar
35   a corda. O homem não quis.
       O malôgro dessas negociações ocasiona sempre a quebra de
relações diplomáticas entre as duas potências. Quando vê re-
cusadas as suas propostas, a criança nunca deixa de lançar um
enérgico ultimato.
40   - Então estou de mal.[8] Você é feio...
       O insulto não atinge o homem. Êle sabe que essas coisas
constituem recursos habituais da diplomacia internacional e
que guerra, mesmo, difìcilmente haverá.[9] E, se houver, êle será o vencedor, pois dispõe de melhor armamento bélico. Uma le-
45   ve palmada resolve a questão...

                          (from Futebol da Madrugada)

1 cerâmica dos carajás - primitive ceramics of the Carajá Indians
  (who live along the Araguaia River in the state of Goiás)
2 uma Tanagra - reference to the ancient Greek figurines made in
  the city of Tanagra
3 uma jangadinha - a jangada is a small sea-going raft used by
  fishermen off the coast of Ceará and other states of the Northeast; it consists of five light logs lashed together and a sail
4 de parte a parte - on both sides
5 se não fôssem - if it were not for
6 há muito o homem já teria passado - the man would long ago have
  gone
7 Diga-se, a bem da verdade - Let it be said, for the sake of
  truth
8 estou de mal - I'm through with you ("estar de mal com alguém"-
  to be on the outs with, not to be on speaking terms with someone)
9 guerra, mesmo, dificilmente, haverá - it isn't likely that there
  will be a real war

Exercícios

A. Para responder em português:

1. Onde é que o homem conserva vários objetos?
2. Quais são alguns dêsses objetos?
3. O que há no quarto ao lado?
4. Quais são alguns dos objetos que pertencem à criança?
5. Que secreta inveja há, de parte a parte?
6. Por que a iniciativa cordial de permuta de objetos partiu da
   criança e não do homem?
7. Que proposta concreta de permuta houve?
8. Qual é a barganha que se tentou?
9. O que é que o malôgro das negociações sempre ocasiona?
10. Se houvesse guerra entre as duas potências, por que o homem
    seria o vencedor?

B. Empregue em períodos originais as expressões sublinhadas:

1. O que foi que você comprou como lembrança da excursão que fêz
   à Flórida?
2. Vamos permutar selos: eu darei dois de Inglaterra e em troca
   você me dá um do Chile.
3. Já não se falam mais; parece que ela está de mal com êle.

C. Repita os períodos seguintes no mais-que-perfeito, no imperfeito, e no futuro:

Exemplo: Se certas circunstâncias não (ser) _____ mais for-
          tes que a ambição humana, o homem (passar) _____ a
          brincar no quarto da criança.

          (mais-que perfeito) Se certas circunstâncias não tives-

sem sido mais fortes que a ambição humana, o homem teria
passado a brincar no quarto da criança.

(imperfeito) Se certas circunstâncias não fôssem mais
fortes do que a ambição humana, o homem passaria a brincar no quarto da criança.

(futuro) Se certas circunstâncias não forem mais fortes
do que a ambição humana, o homem passará a brincar no
quarto da criança.

1. Se (haver) _____ iniciativa cordial, ela (partir) _____
   da criança.
2. Se ela (ver) _____ recusada a proposta, nunca (deixar)
   _____ de lançar um ultimato.
3. Se a menina (insistir) _____ numa permuta, o pai lhe (dar)
   _____ uma leve palmada.
4. Se (haver) _____ guerra, êle (ser) _____ o vencedor.
5. Se o vinho (ser) _____ doméstico, eu não (querer) _____
   beber nem uma taça dêle.
6. Se a cozinheira não (estar) _____ no domingo, (ter) ____
   que jantar num restaurante.
7. Se nós (ir) _____ ao Nordeste, (gostar) _____ de visitar o Juàzeiro
8. Se não (nascer) _____ filho, o montepio não (valer) ____
   grande coisa.
9. Se o chefe (achar) _____ ruim, êle (dar) _____ parte.
10. Se êle (dar) _____ parte, (ter) _____ que largar o
    emprêgo.

D. Certo ou errado?

1. O autor compara as relações entre os quartos e os seus donos
   com as relações entre dois países.
2. O quarto do homem é seu escritório.
3. O homem coleciona selos e moedas raras.
4. Há certa semelhança entre a coleção do homem e a da menina.
5. A menina é a filha do porteiro.
6. Cada um teria certo prazer se pudesse trocar as respectivas
   coleções por outras quaisquer.
7. Até certo ponto o pai pertence mais aos seus objetos do que a
   filha aos dela.
8. Os objetos oferecidos pela menina em troca são de menos valor
   que os do homem.
9. A criança oculta o seu ressentimento quando vê recusado o negócio que propõe ao pai.
10. O pai conta com o tato e a diplomacia para restabelecer as pa-
    zes com a filha.

E. Para traduzir em português:

1. In the two adjoining rooms there are shelves on which there are

several picturesque objects. 2. In the man's room there are souvenirs of past travels and presents from friends: primitive ceramics, miniature Portuguese ceramics, a little Ceará raft, small wine bottles, etc. 3. In the child's room there are dolls made of rubber, celluloid, and putty, dolls without heads and heads without dolls, felt bears, horses, and dogs, plastic cups and plates, cardboard boxes, and a tiny piano. 4. All these things belong to a child, the daughter of the above-mentioned man. 5. The child was more generous and unselfish than the adult. 6. She had made a proposal to exchange some of their objects. 7. But the man had rejected that wise good-neighbor policy. 8. He refused, for example, to exchange an armless wooden saint from Bahia for a headless celluloid doll, or the little Ceará raft for a wind-up automobile (without the key). 9. The failure of those negotiations always causes a break in the diplomatic relations between the two powers. 10. But if there should be a war between the two, he would be the victor: a little swat would resolve the matter.

XXIV

C A S O   D E   A L M Ô Ç O

-Carlos Drummond de Andrade-

A mulher prevenira: domingo não haveria almôço. Era dia de folga da copeira, a cozinheira pedira para sair cedo:[1] queria passar o aniversário do filho em Niterói. O casal tinha de almoçar fora. E depois, você sabe, sem feijão, sem açú-
5   car, sem nada, o melhor é mesmo deixar o fogão em paz.
     - Está bem, almoçamos fora. Ótimo.
     Quando chegou domingo, chegou também a preguiça, em forma de pijama, jornalada para ler, disco nôvo para botar na vitrola, e êsse frio...Êle tentou fugir ao compromisso.
10   - Faz aí uns sanduíches, qualquer coisa para enganar   a fome.
     - Que qualquer coisa, filhinho? Não tem nada na geladeira, e além disso você me prometeu.
     Ela não disse "você concordou", disse "você me prometeu",
15   e só então êle sentiu como aquêle almôço fora de portas quebrava a rotina ajantarada, era uma novidade, não uma contingência.
     Saíram à procura de restaurante. O hábito de não sair de casa para comer tornava-os indecisos na escolha. Nem havia
20   mesmo como escolher.[2] Tudo cheio, o bairro inteiro despencara-se para a rua, na fome incoercível, universal, dos domingos.
     Afinal, no salão repleto, defenderam a mesa que uma senhora deixara. Êle, com complexo de velhice, avaliava satisfeito a média de idade dos clientes:
25   - Estou me sentindo à vontade. Gente de cinqüenta para cima.
     Ela protestou:
     - Não viu aquêles brotos?
     - Minoria. Repare na discrição do pessoal, na roupa, nas
30   maneiras. Até gravatas.
     O garçom era atencioso, você sabia que ainda há garçons atenciosos? E a toalha alva, a flor natural no vaso, tudo era bom, limpo, cortês. Sentiam-se mais moços por dentro, num Rio também mais môço--ou mais antigo?--de antes de outubro de 1930.[3]
35   Ela observou:
     - Aquela senhora ali deve ser desquitada.[4] Com certeza o garôto saiu do colégio para passar o fim-de-semana com ela. Repara como trata o menino, alisa os cabelos dêle. E êle quase não liga.
40   Êle, por sua vez:
     - Estão bebendo champanha na mesa da direita.
     Aniversário pessoal, ou de casamento? O certo é que muitas pessoas, em mesas diferentes, brandiam sua champanhota, faziam brindes em tom menor.[5] Êle assanhou-se:
45   - Vou pedir para nós também.
     - Calma, rapaz. Espere as bodas de ouro.

Nisso a orquestra, a boa orquestra romântica dos restau-
rantes da velha guarda, atacou "Parabéns para você" e, logo
depois, "Cidade maravilhosa".[7] Houve palmas.
50 À sobremesa, antes que êle pedisse, o garçom trouxe a
garrafa e as taças:
 - A casa pede licença para oferecer. Em comemoração ao
aniversário da firma.
 Os dois entreolharam-se, feito menino que ganhou bala,[8]
55 e desejaram felicidades à firma. Com uma reserva, do lado feminino:
 - Vai ver que é nacional.
 - Francês, concluiu o lado masculino, degustando: a casa
tem tradição.
60 - Vai ver que a nota será aumentada, para pagar a cortesia...
 - Ó mulher de pouca fé, que duvidas dos outros como de
teu marido!
 A nota não trazia qualquer majoração, era a honestidade
65 mesma. Os dois saíram rindo, sob a impressão de que voltara
o reino da boa vontade na terra. E decididos a, todo ano, almoçarem aquêle dia naquele restaurante.

(from Cadeira de Balanço)

---

1 Era dia de folga da copeira, a cozinheira pedira para sair cedo - It was the maid's day off, the cook had asked permission
to leave early (It is not unusual for middle-class Brazilian
families--even families of professors--to have two "empregadas,"
or servants, who live in. This is less a sign of affluence on
the part of the middle class than it is of the low cost of personal services in Brazil. The cozinheira besides doing the
cooking does the shopping for food and the washing; the copeira
does the cleaning, serving, and ironing.)
2 Nem havia mesmo como escolher - There wasn't really much of a
choice (because all the restaurants were full)
3 antes de outubro de 1930 - i.e. before the revolution in October 1930 that brought Getúlio Vargas to power and introduced
many changes in the political and social structure of the country. Many older, middle-class Brazilians look back nostalgically
upon the years before 1930 as times of more gracious living.
4 desquitada - a woman legally separated from her husband. Divorce
does not exist in Brazil, which is the largest, but not necessa-
rily the most, Catholic country in the world. Perhaps as an example of the Brazilian ability to "dar um jeito," however, there
does exist the process of "desquite," whereby husband and wife
can separate legally and then proceed to live with another part-
ner who may then be socially (but not legally) accepted as the
new spouse.
5 faziam brindes em tom menor - were offering toasts in a minor

key (i.e., without great formality) A common Brazilian toast
is to one's health: "Saúde".

6 Parabéns para você - also known as "Parabéns a você" and sung
to the tune of "Happy Birthday to You": "Parabéns a você/nesta
data querida,/muitas felicidades,/ muitos anos de vida."

7 "Cidade maravilhosa" - i.e., the official anthem of the city of
Rio de Janeiro, the first verse of which is: "Cidade maravilho-
sa,/cheia de encantos mil,/cidade maravilhosa,/coração do meu
Brasil."

8 feito menino que ganhou bala - like a child who has won a piece
of candy

Exercícios

A. Para responder em português:

1. Que é que a mulher tinha prevenido?
2. Por que não estavam em casa a copeira e a cozinheira?
3. Por que é que o marido tentou fugir ao compromisso?
4. Por que é que a mulher não fêz uns sanduíches?
5. Por que é que êle se sentia à vontade no restaurante?
6. Que é que ela observou a respeito duma senhora e um garôto?
7. Por que é que o marido queria pedir champanha, e por que não
    pediu?
8. Que é que a orquestra atacou?
9. Que é que o garçom trouxe antes que o homem pedisse?
10. Por que é que a firma ofereceu champanha a todo o mundo?
11. Como é que o marido e a mulher se entreolharam?
12. Por que é que êle disse que ela era "mulher de pouca fé"?
13. Por que saíram rindo?
14. Que é que decidiram fazer todo ano?

B. Preencha os espaços em branco com o presente ou o imperfeito do
    subjuntivo conforme o tempo indicado pelo verbo conjugado:

Exemplo: O garçom trará uma garrafa antes que êles (pedir) ____ .
          O garçom trará uma garrafa antes que êles peçam.

Exemplo: O garçom trouxe uma garrafa antes que êles (pedir)____ .
          O garçom trouxe uma garrafa antes que êles pedissem.

1. Ela telefonará antes que vocês (ter) _____ carta dela.
2. O gerente disse que ficava tudo à conta de casa, antes que
    nós (poder) _____ pedir a conta.
3. Elas terão gasto tudo antes que os maridos (saber) _____
    que saíram.
4. A polícia decidiu tomar as devidas precauções antes que a mé-
    dia de crimes por dia (aumentar-se) _____ .
5. Eu vou arranjar a casa no campo antes que os pais (ir) ____
    para lá.

<u>C.</u> Nos períodos acima (em <u>B.</u>) substitua os subjuntivos por infini-
tivos pessoais, como nos exemplos que seguem:

Exemplo: O garçom trará uma garrafa <u>antes que êles peçam.</u>
            O garçom trará uma garrafa <u>antes dêles pedirem.</u>

Exemplo: O garçom trouxe uma garrafa <u>antes que êles pedissem.</u>
            O garçom trouxe uma garrafa <u>antes dêles pedirem.</u>

1. Ela telefonará antes de vocês (ter) _____ carta dela. (2,
   3, 4, 5 como acima.)

<u>D.</u> Empregue em períodos originais as expressões sublinhadas:

1. Êle sempre bebia muita água quando queria <u>enganar a fome.</u>
2. O hábito de não sair de casa <u>tornava</u>-os indecisos na escolha.
3. <u>A média de</u> idade dos estudantes é de vinte anos.
4. <u>Fique à vontade</u>, Sr. Alves; até pode tirar a gravata.
5. Nunca sei o que devo dizer quando tenho de <u>fazer um brinde.</u>

<u>E.</u> Certo ou errado?

1. No domingo não haveria almôço porque não tinham feijão, açúcar, e quanto mais é preciso para preparar uma refeição.
2. No dia marcado o marido não queria sair porque estava com preguiça e tinha distrações em casa.
3. Para a mulher o acôrdo--o de almoçarem fora--tinha-se transfor-
   mado em promessa.
4. Êle já conhecia um bom restaurante que ficava na esquina.
5. Domingo à tarde num bairro brasileiro há pouco movimento como,
   aliás, acontece nos bairros norteamericanos.
6. O restaurante tinha um ar discreto e sóbrio, e a clientela
   contribuia para criar essa impressão.
7. Êles observaram que muitas pessoas bebiam café e guaraná.
8. A orquestra tocou música própria para evocar saudades.
9. A casa lhes ofereceu uma garrafa de champanha para comemorar
   o aniversário da firma.
10. Afinal, as suspeitas da mulher ficaram confirmadas.

<u>F.</u> Para traduzir em português:

1. The couple had to eat out on Sunday because it was the maid's
day off. 2. As they didn't have any sugar or beans or anything
in the house, the wife said that the best thing would be to leave
the stove in peace. 3. The husband didn't want to go out; he
wanted to stay at home, read the papers, and listen to a new record that he had bought. 4. He wanted his wife to make a few
sandwiches, but she said that there wasn't anything in the refrigerator. 5. They felt at ease in the restaurant because the ave-
rage age of the customers was fifty and the men were even wearing
(usavam) ties. 6. The waiter was attentive, the tablecloth was
white, everything was nice and clean. 7. At the table on the

right they were drinking champagne and offering toasts. 8. There was applause when the orchestra attacked the song "Happy Birthday to You." 9. At dessert, the waiter brought a bottle and two wine-glasses. 10. The man and his wife left the restaurant happy because the bill had not been increased.

G. Conte o episódio do ponto de vista (1) do marido e (2) da mulher.

XXV

CASO DE RECENSEAMENTO

-Carlos Drummond de Andrade-

Professôras estão visitando as casas do Rio, para o censo escolar. Vamos ajudá-las, porque o serviço é util e supo-
nho que tôdas as recenseadoras sejam simpáticas, muitas até
bonitas. Mas atenção. No último recenseamento, o geral, do
5 IBGE,[1] aconteceu isto. A môça tocou a campainha do apartamento de meu amigo:
   - Deixo com o senhor o questionário. As respostas devem
ser claras, sinceras, veja bem.
   - A senhorita garante sigilo?
10   - Absoluto. É de lei.[2]
   - Mesmo que eu conte tudo?
   - Tudo quê?
   - Vamos que eu bote[3] na profissão: contrabandista.
   - O senhor não vai fazer uma coisa dessas![4]
15   - A senhorita não advertiu que as respostas devem ser
claras, sinceras?
   - O senhor é contrabandista?
   - Não disse que sou. Podia ser.
   - Contrabandista não é profissão.
20   - Como não é? Muita gente sustenta família com isso.
   - Bom, não me compete resolver.[5] Bote como quiser.
   - Vou botar: advogado. Perguntei porque a senhorita diz
que o censo faz questão de apurar a ocupação de cada um. Parte da mão-de-obra nacional se aplica em misteres ilícitos.
25 Conheço um tipo na Paraíba[6] que vive de assassinatos, tem cli-
entela.
   - Felizmente não sou recenseadora na Paraíba.
   - Também acho. Seria uma pena a senhorita não se dedi-
car[7] aos moradores desta rua.
30   - Obrigada. Provará isso preenchendo direitinho o pa-
pel. Faça um x[8] no quadradinho das respostas.
   - Tenho que dizer quanto ganho?
   - Claro que tem.
   - Já disse ao Impôsto de Renda.
35   - Ao Impôsto de Renda o senhor mentiu, não foi?
   - Como é que a senhorita sabe?
   - Não sei. Imagino.
   - E agora vou confessar ao IBGE que soneguei minha renda?
   - O IBGE não conta a ninguém. Vamos, coragem!
40   - Assim êle ajuda a fraudar o fisco. Não está direito.
   - E o senhor acha direito mentir duas vêzes? Pense no
segrêdo de confissão. Faça de conta que sou padre.
   - A senhorita é padre coisa nenhuma.
   - De qualquer maneira o senhor está se confessando.
45   - Absolutamente.[9] Não confessei que fiz declaração fal-
sa de renda. A senhorita é que acha que[10] eu devo ter feito.

— Tanto melhor. Confirme a declaração exata.

— Eu também não disse que fiz declaração exata.

— Vamos admitir que fêz, e mantenha-a. Seja bonzinho...

50 — A senhorita diz isso de um jeito, fala de modo tão veludoso, que até sinto vontade...

— Bravos!

— De exagerar minha renda, inventando trilhões.

— Para quê?

55 — Para elevar a taxa da renda nacional per capita!

— O senhor é louco!

— Nunca estive tão equilibrado como agora. Queria ver sua reação.

— E qual foi minha reação?

60 — Não de todo má. Louco é quase elogio.

— Para seu gôsto.

— A senhorita classificou êste pré-recenseado, individualizou-o, vai guardá-lo na memória. Obrigado. Mas êsse negócio de recensear tôdas as pessoas que passarem em nossa casa

65 a noite de 31 de agôsto para 1.° de setembro...

— Que é que tem?[11]

— Nada. Não pense que estou pensando algo malicioso. Não há meio de alterar a data?

— Havia de ser engraçado[12] o censo variar de data conforme

70 a conveniência de cada um. Qual, o senhor não regula mesmo.[13]

— Logo na noite de 31...Meu horóscopo diz que não deve facilitar com ela.

— O senhor acredita em horóscopo?

75 — Começo a acreditar. Êle me preveniu que eu encontraria uma jovem de cabelos azuis e olhos louros, perdão, o contrário, com uma pasta na mão, como a senhorita, e eu encontrei.

— O senhor mentiu ao Impôsto de Renda, pensou em mentir ao IBGE e agora está mentindo pra mim.

80 — As informações devem ser simples e sinceras! O jornal está aqui, leia meu horóscopo e diga se adianta eu botar[14] um x no quadradinho da palavra "solteiro", se daqui a um mês nós dois estaremos casados?

E estavam.

(from Cadeira de Balanço)

1 IBGE - Instituto Brasileiro de Geografia e Estatística (a government agency)
2 É de lei - It's required by law
3 Vamos que eu bote - Suppose I put down
4 uma coisa dessas - anything like that
5 não me compete resolver - it's not for me to decide
6 Paraíba - a small state in the Northeast of Brazil
7 Seria uma pena.. - It would be a pity if you didn't dedicate yourself to...

8 (Remember that the letter x in Portuguese is called "xis".
   See the exercises that follow for a review of the Portuguese
   alphabet.)
9 Absolutamente - Absolutely not. Not at all. (Note that the
   meaning is negative even though the word seems to be positive.
   Similarly, "Obrigado" often means "No, thanks". Brazilians
   learning English often say "Thank you" when they really mean
   "No, thank you." This obviously can cause much confusion!)
10 A senhorita é que acha... - You're the one who thinks I must
   have done it.
11 Que é que tem? - What about it?
12 Havia de ser engraçado... - It would be funny for the census
   to change the date
13 Qual, o senhor não regula mesmo - Why, you're off your rocker
14 diga se adianta eu botar - tell (me) if there is any point in
   my putting

Exercícios:

A. Para responder em português:

1. O que estão fazendo as professôras?
2. Por que todo o mundo deve ajudá-las?
3. Como devem ser as respostas no questionário?
4. Por que diz o rapaz que contrabandista é uma profissão?
5. O que êle diz sôbre um tipo na Paraíba?
6. É verdade que o rapaz mentiu ao Impôsto de Renda?
7. O que êle responde quando ela diz "Faça de conta que eu sou
    padre"?
8. Por que êle sente vontade de exagerar a sua renda?
9. Por que o rapaz começa a acreditar em horóscopo?
10. Por que não adianta se êle botar um x no quadradinho da pa-
    lavra "solteiro"?

B. Complete os períodos como se vê no modêlo:

Exemplo: A senhorita garante sigilo mesmo que eu (contar) tudo?
          A senhorita garante o sigilo mesmo que eu conte tudo?

1. Vamos que eu (botar) uma mentira: você escreverá tudo?
2. Ela é capaz de resolver o caso, contanto que não (ser) difí-
    cil.
3. Antes que você (preencher) o quadradinho, pense bem na per-
    gunta.
4. Até que todo mundo (reconhecer) seu dever cívico, as decla-
    rações ao Impôsto de Renda vão continuar suspeitas.
5. Ela nos explica tudo direitinho para que (saber) o que de-
    víamos responder.
6. Vá que êle (viver) de assassinatos, devia ter outro emprêgo.
7. Contanto que a resposta lhe (parecer) sincera, siga para a
    próxima pergunta.
8. Tocarei a campainha até que alguém (atender) à porta.

9. O recenseamento é preciso para que o estado (pode) determinar o número de chefes de família.

C. Empregue as frases sublinhadas em períodos originais, mantendo a função que têm nos modelos.

1. Muitas são <u>até</u> bonitas.
2. Não me <u>compete</u> decidir o caso.
3. O censo <u>faz questão</u> de apurar quanto possível.
4. Êle <u>acha direito</u> mentir.
5. Ela <u>disse isso de um jeito</u> que fiquei bôbo.
6. Não <u>adianta</u> nós escrevermos tudo.
7. <u>Daqui a</u> um mês estaremos casados.
8. Nunca lhe <u>faltou</u> coragem.
9. Ia vivendo <u>à toa</u>.
10. A coisa <u>deu em</u> discussão animada.

D. Certo ou errado? (Se certo, repita o período; se errado, corrija-o.)

1. A crônica refere-se a um programa nacional.
2. Quem fazem o recenseamento são professôras.
3. O govêrno escolhe sòmente as professôras mais velhas.
4. O rapaz quer ter a certeza de que as respostas não serão divulgadas.
5. Êle fica muito grave quando sabe de que se trata.
6. É preciso fazer um <u>z</u> no quadradinho das respostas.
7. Segundo o homem, muita gente sustenta a família por meios ilegais.
8. Os contribuintes são escrupulosos ao declararem a renda.
9. O homem regula a vida segundo as indicações do horóscopo.
10. O estado civil do homem é de solteiro, mas será por pouco tempo.
11. A môça ficou zangada com a impertinência dêle e nunca mais o viu.
12. O rapaz gostava da môça porque ela tinha os cabelos azuis e os olhos louros.

E. Os nomes das letras do alfabeto em português são: á, bê, cê, dê, é, efe, gê, agá, i, jota, (ká), ele, eme, ene, ó, pê, quê, erre, esse, tê, u, vê, (dabliu), xis (pronunciado como se fôsse em inglês "sheess" ou "sheesh"), (ípsilon), zê. As letras são masculinas (o <u>a</u>, o <u>b</u>, o <u>c</u>, etc.) e podem ser maiúsculas (<u>A</u>, <u>B</u>, <u>C</u>, etc.) ou minúsculas (a, b, c, etc.) As letras <u>k</u> (ká), <u>w</u> (dabliu), e <u>y</u> (ípsilon) não formam parte do alfabeto português, sendo usadas geralmente só em nomes estrangeiros.

1. Diga em português como você escreve o seu nome.
2. Como se escreve o nome do seu professor (ou da sua professôra)?
3. Diga em português como se escrevem êstes nomes: New York, Chicago, Washington, Gainesville, Schenectady, Cincinnati, Kalamazoo, Massachusetts, Connecticut, e a cidade e o estado em que você nasceu.

Ipanema Beach
Rio de Janeiro

Carnival Samba School

XXVI

C A S O   S E G U N D O   D E   R E C E N S E A M E N T O

-Carlos Drummond de Andrade-

O agente do recenseamento vai bater numa casa de subúrbio longínquo, aonde nunca chegam as notícias.

- Não quero comprar nada.

- Eu não vim vender, minha senhora. Estou fazendo o cen-
5   so da população e lhe peço o favor de me ajudar.

- Ah môço, não estou em condições de ajudar ninguém. Tomara eu que Deus me ajude![1] Com licença, sim?

E fecha-lhe a porta.

Êle bate de nôvo.

10   - O senhor, outra vez?! Não lhe disse que não adianta
me pedir auxílio?

- A senhora não me entendeu bem, desculpe. Desejo que
me auxilie mas é a encher êste papel. Não vai pagar nada,
não vou lhe tomar nada. Basta responder a umas perguntinhas.

15   - Não vou responder a perguntinha nenhuma, estou muito
ocupada, até logo!

A porta é fechada de nôvo, de nôvo o agente obstinado
tenta restabelecer o diálogo.

- Sabe de uma coisa? Dê o fora depressa antes que eu
20   chame meu marido!

- Chame sim, minha senhora, eu me explico com êle.

(Só Deus sabe o que irá acontecer. Mas o rapaz tem uma
idéia na cabeça: é preciso preencher o questionário, é preciso preencher o questionário, é preciso preencher o questio-
25   nário.)

- Que é que há?[2]--resmunga o marido, sonolento, descalço
e sem camisa, puxado pela mulher.

- É êsse camelô aí que não quer deixar a gente sossegada!

- Não sou camelô, meu amigo, sou agente de censo...

30   - Agente coisa nenhuma, êles inventam uma besteira qualquer, depois empurram a mercadoria! A gente não pode comprar
mais nada êste mês, Ediraldo!

O marido faz-lhe um gesto para calar-se, enquanto êle es-
tuda o rapaz, suas intenções. O agente explica-lhe tudo com
35   calma, convence-o de que não é nem camelô nem policial nem cobrador de impôstos nem enviado de Tenório.[3] A idéia de recenseamento, pouco a pouco, se vai instalando naquela casa, pe-
netrando naquele espírito. Não custa atender ao rapaz, que
é bonzinho e respeitoso. E como não há despesa nem ameaça de
40   despesa ou incômodo de qualquer ordem, começa a informar, ob-
scuramente orgulhoso de ser objeto--pela primeira vez na vi-
da--da curiosidade do govêrno.

- O senhor tem filhos, seu Ediraldo?

- Tenho três, sim senhor.

45   - Pode me dizer a graça dêles, por obséquio? Com a idade de cada um?

- Pois não.[4] Tenho o Jorge Independente, de 14 anos; o
Miguel Urubatã, de 10; e a Pipoca,[5] de 4.
- Muito bem, me deixe tomar nota.   Jorge...Urubatã...E
50   a Pipoca, como é mesmo o nome dela?[6]
- Nós chamamos ela de Pipoca porque é doida por pipoca.
- Se pudesse me dizer como é que ela foi registrada...
- Isso eu não sei, não me lembro.
E voltando-se para a cozinha:
55   - Mulher, sabes o nome da Pipoca?
A mulher aparece, confusa.
- Assim de cabeça eu não guardei.[7]   Procura o papel na
gaveta.
Reviram a gaveta, não acham a certidão de registro ci-
60   vil.
- Só perguntando à madrinha dela, que foi quem inventou
o nome. Prá nós ela é Pipoca, tá bom?[8]
- Pois então fica se chamando Pipoca,[9] decide o agente.
Muito obrigado, seu Ediraldo, muito obrigado, minha senhora,
65   disponham![10]

(from Cadeira de Balanço)

---

1   Tomara eu que Deus me ajude - I wish God would help me   (If
only God would help me)
2   Que é que há? - What's this all about?
3   nem enviado de Tenório - nor an envoy of Tenório (reference to
Tenório Cavalcânti, a powerful political figure of the 1950's)
4   Pois não - Certainly. Of course. (Although it appears to be negative, this very common expression is affirmative)
5   Pipoca - Popcorn
6   como é mesmo o nome dela? - what's her name really? (Note
various ways of asking a person's name: Como se chama ela?
Qual é o nome dela?
7   Assim de cabeça eu não guardei - I just don't have it in my
head right now.
8   tá bom? - popular form of "está bom?" (O.K.?)
9   Pois então fica se chamando Pipoca - Well, then, she can go on
being called Pipoca.
10   disponham - at your service

Exercícios:

A.   Para responder em português:

1.   O agente do recenseamento bate numa casa no centro de cidade?
2.   Por que diz a mulher que não pode ajudá-lo?
3.   Por que ela não vai responder a nenhuma pergunta?
4.   Se o agente não der o fora depressa, o que ela vai fazer?
5.   Qual é a idéia que o rapaz tem na cabeça?
6.   O marido chega com muita energia e muito bem vestido?

7. Por que o marido decide responder às perguntas do rapaz?
8. Por que o marido está orgulhoso?
9. Diga a graça e a idade de cada um dos três filhos.
10. Por que chamam a menina de Pipoca?
11. Por que seria preciso perguntar à madrinha dela?
12. O que decide o agente?

B. Responda no negativo:

Exemplo: Você está em condições de ajudar alguém?
Não, não estou em condições de ajudar ninguém.

1. Algúem já veio à sua casa fazendo perguntas?
2. A senhora está disposta a comprar alguma coisa?
3. O aluno foi capaz de responder a alguma pergunta?
4. O agente falou em despesas ou em ameaça de despesas?
5. Houve alguma vez recenseamento neste país?
6. O senhor recebeu alguma carta hoje?
7. Depois do roubo você viu alguém correndo por esta rua?
8. Alguma coisa terá caido da prateleira?
9. Você parece que está ou com fome ou com frio.
10. Alguém alguma vez já comprou algum livro assim tão caro?

C. Complete os períodos que seguem depois de estudar os modelos.

Exemplo: Tomara que Deus me ajude (o que é possível).
Tomara que Deus me ajudasse (sei que é uma esperança vã).

1. Quero ir à praia amanhã, mas parece que vai chover.
Tomara que não (chover) _____ .
2. Quero ir ao Brasil, mas não há possibilidade.
Tomara que (poder) _____ ir ao Brasil.
3. O paciente está muito mal.
Tomara que o médico (chegar) _____ depressa.
4. O agente precisa do registro civil. Pode estar na gaveta.
Tomara que (estar) _____ na gaveta.
5. Preciso de duas horas para acabar essa tarefa.
Tomara que (ter) _____ bastante tempo.
6. Todos meus males começaram quando achei a carteira.
Tomara eu que nunca (achar) _____ a carteira.
7. A empregada é muito descuidada.
Tomara que a empregada não (ser) _____ descuidada.

D. Certo ou errado?

1. O agente do recenseamento visita uma família que pouco sabe de programas nacionais.
2. A senhora da casa pensa que o agente é um mendigo ou um vendedor.
3. O môço quer saber como será o marido de tal senhora.
4. Pela aparência o marido devia estar esperando visitas.
5. Custa atender ao agente visto que é um intruso.

6. O marido se sente orgulhoso por ser objeto da curiosidade do gôverno.
7. O casal tem três filhas.
8. "Pipoca" não é nome de gente.
9. Quem sabe o nome da menina é a madrinha.
10. O môço recusa aceitar o nome para o questionário.

E. Para traduzir em português:

1. The census agent wanted the lady to help him fill out the questionnaire. 2. But she said she wasn't in any condition to help anyone. 3. "Get out of here fast before I call my husband," she said. 4. The husband arrived, sleepy, barefoot, shirtless, and asked, "What's up?" 5. The agent convinced him that he wasn't a peddler or a policeman. 6. He told the agent that he had three children, a boy of 14, another of 10, and a girl of 4. 7. The girl's godmother had invented the name, and they did not remember it. 8. They could not find the certificate in the drawer. 9. They called her "Pipoca" because she was crazy about popcorn.

XXVII

AULA DE INGLÊS

-Rubem Braga-

- Is this an elephant?

Minha tendência imediata foi responder que não;[1] mas a gente não se deve deixar levar pelo primeiro impulso. Um rápido olhar que lancei à professôra bastou para ver que ela falava com seriedade, e tinha um ar de quem propõe um grave problema. Em vista disso, examinei com a maior atenção o objeto que ela me apresentava.

Não tinha nenhuma tromba visível, de onde uma pessoa leviana poderia concluir às pressas que não se tratava de um elefante. Mas se tirarmos a tromba a um elefante, nem por isso deixa êle de ser um elefante; e mesmo que morra em conseqüência da brutal operação, continua a ser um elefante; continua, pois, um elefante morto e, em princípio, tão elefante como qualquer outro. Refletindo nisso, lembrei-me de averiguar se aquilo tinha quatro patas, quatro grossas patas, como costumam ter os elefantes. Não tinha. Tampouco consegui descobrir o pequeno rabo que caracteriza o grande animal e que, às vêzes, como já notei em um circo, êle costuma abanar com uma graça infantil.

Terminadas[2] as minhas observações, voltei-me para a professôra, e disse convictamente:

- No, it's not!

Ela soltou um pequeno suspiro satisfeita: a demora de minha resposta a havia deixado apreensiva. Imediatamente me perguntou:

- Is it a book!

Sorri da pergunta: tenho vivido uma parte de minha vida no meio de livros, conheço livros, lido com livros, sou capaz de distinguir um livro à primeira vista no meio de quaisquer outros objetos, sejam[3] êles garrafas, tijolos ou cerejas maduras--sejam quais forem.[4] Aquilo não era um livro, e mesmo supondo que houvesse livros encadernados em louça, aquilo não seria de modo algum um livro. Minha resposta demorou no máximo dois segundos:

- No, it's not!

Tive o prazer de vê-la novamente satisfeita--mas só por alguns segundos. Aquela mulher era um dêsses espíritos insaciáveis que estão sempre a se propor questões,[5] e se debruçam com uma curiosidade aflita sôbre a natureza das coisas.[6]

- Is it a handkerchief?

Fiquei muito perturbado com essa pergunta. Para dizer a verdade, não sabia o que poderia ser um handkerchief: talvez fôsse hipoteca...Não, hipoteca não. Por quê haveria de ser hipoteca? Handkerchief! Era uma palavra sem a menor sombra de dúvida antipática; talvez fôsse chefe de serviço ou reló-

gio de pulso ou ainda, e muito provàvelmente, enxaqueca. Fôsse como fôsse,[7] respondi impávido:
    - No, it's not!
    Minhas palavras soaram alto, com certa violência, pois
5   me repugnava admitir que aquilo ou qualquer outra coisa nos
    meus arredores pudesse ser um handkerchief.
    Ela então voltou a fazer uma pergunta. Desta vez, porém,
    a pergunta foi precedida de um certo olhar em que havia uma
    luz de malícia, uma espécie de insinuação, um longínquo toque
10 de desafio. Sua voz era mais lenta que das outras vêzes; não
    sou completamente ignorante em psicologia feminina, e antes de
    ela abrir a bôca eu já tinha a certeza de que se tratava de
    uma pergunta decisiva.
    - Is it an ash-tray?
15 Uma grande alegria me inundou a alma. Em primeiro lugar
    porque eu sei o que é um ash-tray: um ash-tray é um cinzeiro.
    Em segundo lugar porque, fitando o objeto que ela me apresen-
    tava, notei uma extraordinária semelhança entre êle e um ash-
    tray. Sim. Era um objeto de louça de forma oval, com cêrca
20 de 13 centímetros de comprimento.
    As bordas eram da altura aproximada de um centímetro, e
    nelas havia reentrâncias curvas--duas ou três na parte supe-
    rior. Na depressão central, uma espécie de bacia delimitada
    por essas bordas, havia um pequeno pedaço de cigarro fumado
25 (uma bagana) e, aqui e ali, cinzas esparsas, além de um palito
    de fósforos já riscado. Respondi:
    - Yes!
    O que sucedeu então foi indescritível. A boa senhora te-
    ve o rosto completamente iluminado por uma onda de alegria; os
30 olhos brilhavam--vitória! vitória!--e um largo sorriso desa-
    brochou ràpidamente nos lábios havia pouco franzidos[8] pela me-
    ditação triste e inquieta. Ergueu-se um pouco da cadeira e
    não se pôde impedir de estender o braço e me bater no ombro,
    ao mesmo tempo que exclamava, muito excitada:
35 - Very well! Very well!
    Sou um homem de natural tímido,[9] e ainda mais no lidar com
    mulheres. A efusão com que ela festejava minha vitória me per-
    turbou; tive um susto, senti vergonha e muito orgulho.
    Retirei-me imensamente satisfeito daquela primeira aula;
40 andei na rua com passo firme e ao ver, na vitrina de uma loja,
    alguns belos cachimbos inglêses, tive mesmo a tentação de com-
    prar um. Certamente teria entabulado uma conversação com o
    embaixador britânico, se o encontrasse naquele momento. Eu
    tiraria o cachimbo da bôca e lhe diria:
45 - It's not an ash-tray!
    E êle na certa ficaria muito satisfeito por ver que eu sa-
    bia falar inglês, pois deve ser sempre agradável a um embaixa-
    dor ver que sua língua natal começa a ser versada pelas pessoas
    de boa fé do país junto a cujo govêrno[10] é acreditado.

                                    (from Um Pé de Milho)

1 responder que não - to answer no (responder que sim - to answer yes; similarly: dizer que sim, dizer que não)
2 Terminadas - Having finished (or, after finishing)
3 sejam - whether they may be
4 sejam quais forem - whatever they may be
5 que estão sempre a se propor questões - who are always posing
   questions to themselves
6 se debruçam...sôbre a natureza das coisas - delve into the nature of the things with a worried curiosity
7 Fôsse como fôsse - Whatever it might be
8 nos lábios havia pouco franzidos - on her lips that shortly before had been wrinkled
9 de natural tímido - timid by nature
10 do país junto a cujo govêrno - of the country to whose government

Exercícios:

A. Para responder em português:

1. Qual foi a tendência imediata do senhor Braga quando a pro-
    fessôra perguntou se o objeto era um elefante?
2. Como sabia que não era um elefante?
3. O que é que êle já tinha notado em um circo?
4. Por que o autor sorriu quando a professôra perguntou se o ob-
    jeto era um livro?
5. Por que a pergunta "Is it a handkerchief?" perturbou o autor?
6. Mesmo antes que a professôra fizesse a pergunta "Is it an
    ash-tray", como sabia o autor que se tratava de uma pergunta
    decisiva?
7. Que semelhança extraordinária havia entre o objeto e um cin-
    zeiro?
8. Qual foi a reação da boa senhora quando o autor respondeu
    que sim?
9. Que é que o autor viu na vitrina de uma loja, e que tentação
    teve?
10. Se o autor tivesse encontrado o embaixador britânico naquele
    momento, que teria acontecido?

B. Note bem o uso do subjuntivo nas expressões que seguem; depois
    complete os períodos duma forma semelhante.

Exemplo: Eu sou capaz de distinguir um livro no meio de quais-
          quer outros objetos, sejam êles garrafas, sejam tijolos.

Exemplo: O que seria um handkerchief? Podia ser muita coisa.
          Bem, fôsse o que fôsse, respondi.

Exemplo: Não sei como o futuro vai ser nem o que há de acontecer
          amanhã; porém, seja como fôr, aconteça o que acontecer,
          ficaremos amigos, sejam quais forem os obstáculos.

1. Um macaco é sempre um macaco no meio de quaisquer outros animais, (ser) _____ cachorros, (ser) _____ gatos.
2. Todo mundo tem o direito de entrar neste hospital, (ser) ___ rico, (ser) _____ pobre.
3. Ela não compreendeu bem como foi a resposta; contudo, (ser) _ _____ como (ser) _____ , ficou muito perturbada.
4. Vai haver tristeza e vai haver felicidade, mas (haver) _____ o que (haver) _____ , sempre haverá vida.
5. Não admito, nem admitirei malícias e insinuações, (vir) ___ donde (vir) _____ .
6. O secretário não vai deixá-lo ficar, (ser) _____ quem (ser) _____ .
7. A Marta pretende comprar êsse casaco de peles, (custar) _____ o que (custar) _____ .
8. (Ser) _____ como (ser) _____ , senti vergonha e muito orgulho ao mesmo tempo.
9. (Ser) _____ como (ser) _____ sentirei vergonha mas também orgulho.
10. Ela não vai acreditar você, (dizer) _____ o que (dizer) _____ .

C. Empregue em períodos originais as expressões sublinhadas:

1. Lancei um olhar rápido à professôra.
2. Uma pessoa podia concluir às pressas que não era isso.
3. Tratava-se de um assunto muito delicado.
4. Lembrei-me de averiguar se aquilo tinha quatro patas.
5. Êle é tão indolente: deixa-se levar pela vida.
6. Mesmo quando êle fôr adulto, não deixará de ser a mesma pessoa.
7. Jorge não pode ficar aqui de modo algum.
8. Minha resposta durou no máximo dois segundos.
9. Ficou apaixonado à primeira vista.
10. Sem saber ao certo o que é, vejo que é uma espécie de máquina.

D. Certo ou errado?

1. O aluno está aprendendo a tocar piano.
2. Êle sabe muito bem como é um elefante.
3. O aluno acha que handkerchief é uma palavra de som muito agradável.
4. O cinzeiro era um objeto de vidro de forma quadrada com cêrca de 20 centímetros de comprimento e 6 de largura.
5. A professôra é muito reservada e sabe guardar a distância.
6. A reação do aluno mostra que o que é para uns uma libertação de formalidade social é para outros uma coisa perturbadora.
7. Ao retirar-se da sala o aluno quer esquecer a lição imediatamente.
8. A conversa que teria com o embaixador britânico seria muito interessante.

E. Traduza em português:

1. Being timid by nature, he never lets himself be carried away
by his first impulse. 2. If you take away a monkey's tail it
does not for that reason stop being a monkey. 3. He smiled at
the question because the object by no means resembled a book. 4.
To tell the truth, he didn't know what the object was. 5. The
teacher extended her arm and patted him on the shoulder. 6. The
ambassador would certainly be very pleased to see that he knew how
to speak English.

F. Conte o episódio do ponto de vista da professôra.

XXVIII

V I S I T A [1]

-Manuel Bandeira-

O rapaz falou-me ao telefone:
- Somos seus admiradores e seus discípulos. Desejamos
conversar com o senhor: pode receber-nos?
- Pois não. Hoje mesmo, às 4.

5 Às 4 menos dez, hora em que voltei do almôço ao meu apartamento, três rapazes esperavam à minha porta. Simpáticos,
naturais, cada qual portador de seu caderninho de poemas ir-
repreensìvelmente dactilografados.

Entramos, e o mais môço, também o mais desembaraçado, to-
10 mou a palavra e explicou ao que vinham:
- Somos poetas e pensamos em publicar num volume os nossos livros. Queremos um conselho seu: devemos fazê-lo? Como
fazê-lo? Pedimos-lhe que passe os olhos em alguns dêsses poemas e nos diga se somos de fato poetas.

15 Respondi-lhe fazendo a pergunta com que inicio sempre a
conversa sôbre essas consultas:
- Que idade vocês têm?
- Eu, quinze anos: êste, dezesseis; aquêle, dezoito.
Pensei comigo: que beleza! E êles ainda querem saber se
20 são poetas! Mas repliquei duro:
- Então, mesmo sem ter lido uma linha de vocês, posso dizer que êstes poemas não devem prestar.[2]
Estupefação dos três, olhares interrogativos. Expliquei:
- Antes dos vinte, dos vinte e poucos anos, não se pode
25 fazer boa poesia. A menos que se seja um gênio, um Rimbaud.[3]
Ou semigênio, como o nosso Castro Alves.[4] Rilke[5] já disse, numa página que vocês devem procurar ler e decorar, que para escrever um bom verso são precisos anos de vivência, uma soma
enorme de recordações, tanta coisa!
30 O rapaz de quinze, que, como já disse, era também o mais
desenvolto, interrompeu-me:
- Desde que se vive, há vivência.[6] Não podemos fazer poemas das vivências de nossa idade?
- Claro. Mas na idade de vocês já se perdeu aquela ino-
35 cência, aquela ingenuidade que dá boa expressão aos poemas que
as crianças fazem, e ainda não se adquiriu a experiência e o
métier que a substitui. É bem possível que vocês sejam poetas;
é, porém, quase certo que ainda não saibam ser poetas. Não
publiquem os seus poemas em libro; em revistas e jornais, vá.[7]
40 Também não tomem estas minhas palavras como um desestímulo; ao
contrário, aconselho a vocês persistirem. A mocidade precisa
transviar-se de alguma maneira: é preferível, para vocês e para a comunidade social, que o façam perpetrando poemas péssimos
e não atirando môças do alto de um edifício de apartamentos.[8]
45 Continuem fazendo os seus poeminhas: todo verso é um exercício

de estilo. Creio que isto é de Mallarmé.[9] Seja de quem fôr,[10]
é uma grande verdade. E não ponham fora os versos que estão
fazendo agora: eu destruí os poemas dos meus quinze anos e
até hoje não me consolo da burrada. Não levem a mal a minha
50 franqueza.

Os rapazes agüentaram valentemente a ducha,[11] pediram
uma lembrança, saíram lépidos (pudera![12] com menos de vinte
anos!).

Em tempo:[13] contaram-me preliminarmente que, antes de
55 vir a mim, haviam telefonado ao Rubem Braga e o casmurro se
desculpara:--"Me deixem em paz, sou poeta não,[14] procurem o
Drummond[15] ou o Bandeira." Ah, velho Braga!

(from Quadrante 2)

---

1 In reading this crônica the student should keep in mind that
Manuel Bandeira (1886-1968) was one of the most distinguished
of Brazilian poets and that poetry plays a much larger part
in the life of the cultured Brazilian than in that of his American counterpart. A young Brazilian is far more likely to
try his hand at poetry than a young American. A noted critic,
João Ribeiro, wrote that "no Brasil o difícil não é fazer versos, mas deixar de fazê-los."

2 não devem prestar - must not be worth anything

3 Arthur Rimbaud (1854-91), an "infant prodigy" of French literature who between the ages of 16 and 19 produced poems of remarkable originality.

4 Antônio de Castro Alves (1847-71), one of Brazil's greatest Ro-
mantics, famous before he was 20 as an impassioned lyric and
dramatic poet and orator, particularly in the campaign for the
abolition of slavery.

5 Rainer Maria Rilke (1875-1926), eminent German lyric poet.

6 Desde que se vive, há vivência - From the time one begins to
live, one experiences life

7 vá - O.K.

8 não atirando môças do alto de um edifício de apartamentos- (a
reference to an actual horrendous crime committed by middle-
class delinquents in Copacabana some years ago)

9 Stéphane Mallarmé (1842-98) - French Symbolist poet

10 Seja de quem fôr - No matter who said it

11 agüentaram valentemente a ducha - bore up bravely under the
(cold) shower

12 pudera! - no wonder!

13 em tempo - By the way (or: P.S.)

14 "Me deixem em paz, sou poeta não" - (colloquial Brazilian Portuguese style instead of the more formal "Deixem-me em paz, não
sou poeta.")

15 Drummond - i.e., Carlos Drummond de Andrade

Exercícios:

A. Responda em português:

1. Por que é que o rapaz telefonou ao velho poeta Manuel Bandeira?
2. A que horas é que o poeta voltou do almôço?
3. Onde esperavam os três rapazes? Como eram e que traziam?
4. Que é que o mais môço explicou ao poeta?
5. Que idade tinham? Por que o mais môço tomou a palavra e não os outros?
6. Por que é que Manuel Bandeira disse que os poemas dêles não deviam prestar?
7. Que página de Rilke deviam os rapazes procurar ler e decorar?
8. Que disse Bandeira sôbre a idade e a vivência dos três jovens?
9. Que conselhos Bandeira deu a êles?
10. O que é que Rubem Braga lhes tinha dito quando telefonaram a êle?

B. Empregue em períodos originais as expressões sublinhadas:

1. Pensamos em publicar num volume os nossos livros.
2. Passei os olhos em alguns dos poemas.
3. Não devem pôr fora os versos que estão fazendo agora.
4. Disse que eram horríveis, mas pensei comigo que eram bem bons.

C. Mostre a admiração ou o horror implícito nos períodos que seguem.

Exemplo: É uma beleza. Que beleza!

1. A Iolanda é uma môça muito bonita.
2. O Chico sabe cantar muito bem.
3. Está fazendo muito calor.
4. Êste mundo é muito complicado.
5. O nosso Castro Alves foi um gênio.

D. Diga primeiro no futuro e depois no passado como nos exemplos:

Exemplos: a) Eu ligarei para sua casa depois que nós voltarmos.
          b) Eu liguei para sua casa depois que nós voltamos.

1. a) Êles escreverão depois que a geração dêles (ter) _____
      mais vivência.
   b) Êles escreveram depois que a geração dêles (ter) _____
      mais vivência.
2. a) Saberemos o que devemos fazer só depois que eu (falar) ___
      com êle.
   b) Ficamos sabendo o que devíamos fazer só depois que eu (falar) _____ com êle.
3. a) Ela ficará ofendida depois que êle (dar) _____ tal res-

posta.
   b) Ela ficou ofendida depois que êle (dar) _____ tal
      resposta.
4. a) Vocês ficarão admiradores dêle só depois que eu (expli-
      car) _____ a obra.
   b) Vocês ficaram admiradores dêle só depois que eu (expli-
      car) _____ a obra.
5. a) Êle desistirá do projeto depois que os amigos (ver) _____
      o que precisa fazer.
   b) Êle desistiu do projeto depois que os amigos (ver) _____
      o que precisava fazer.

E. Certo ou errado?

1. O poeta hesitou antes de permitir uma conversa com os rapazes.
2. Eram três rapazes, e cada um trazia um caderno de poesias suas.
3. Os jovens poetas estavam precisando dum conselho de ordem prá-
    tica.
4. O poeta respondeu duro porque ficou zangado com a impertinên-
    cia dêles.
5. Segundo o poeta, a poesia é fruto de anos de vivência.
6. Os rapazes já perderam a ingenuidade da poesia infantil e ain-
    da não adquiriram a experiência necessária para uma poesia de
    adultos.
7. O autor lhes aconselha que guardem as poesias nos cadernos e
    que não escrevam mais.
8. O poeta achou ter feito bem destruindo os próprios versos que
    compôs aos quinze anos.
9. Os rapazes mostraram-se inconsoláveis com a "ducha" de quem ti-
    nham esperado estímulo.
10. Foi o mais velho dos três que tivera a idéia de telefonar ao
    poeta.

F. Para traduzir em português:

1. When the old poet, Manuel Bandeira, returned to his apartment
before 4:00 p.m., three young poets were waiting for him at his
door. 2. Each one carried his little notebook of impeccably
typed poems. 3. They were thinking of publishing them in a book
but wanted his advice. 4. He told them that unless one is a genius or a semi-genius one cannot write good poetry before the age
of twenty. 5. Years of experience in living are necessary in order to write good poetry. 6. He said that it was possible that
they were poets, but he told them to publish their poems in magazines and newspapers, not in books. 7. Youth needs to err in
some way; it's preferable to do it by writing terrible poems. 8.
Bandeira had destroyed the poems that he had written when he was
fifteen; he told the young poets not to throw away the poems they
were writing. 9. The young men bore up bravely under the cold
shower, asked Bandeira for a memento, and left cheerfully. 10. They
had telephoned Rubem Braga before talking to Bandeira but he had
told them to look up Drummond or Bandeira and to leave him in peace

because he wasn't a poet.

G. Conte o episódio do ponto de vista (1) do rapaz de quinze anos e (2) do rapaz de dezoito anos.

XXIX

CARTA DE UM EDITOR PORTUGUÊS

-Rachel de Queiroz-

> "...A necessidade que se impõe pa-
> ra uma edição portuguêsa de obras de
> autores brasileiros, de certas e
> inofensivas alterações, como sejam
> a deslocação de pronomes[1] (em cer-
> tos casos), harmonização da orto-
> grafia com as determinações do
> Acôrdo Luso-Brasileiro[2]--que em
> Portugal é cumprido--e uma ou ou-
> tra substituição de têrmos pouco
> usados em Portugal ou que tenham
> sentido diferente daquele que o
> autor lhes quis dar."

O trecho que acima transcrevo são palavras de uma carta
em que ilustre editor[3] português me faz a gentileza de solici-
tar permissão para publicar livros meus; parece que só mediante tais condições é que autores brasileiros podem ser editados
no Portugal europeu e ultramarino.

Pois a resposta que tenho a dar ao prezado editor português é a mesma que já lhe deu, tempos atrás, meu editor e meu
amigo José Olympio:--Muito obrigada, mas assim, não.

A primeira interrogação que nos ocorre diante de tal projeto de "alterações", é esta: será verdade, realmente que o
público português não entende a língua portuguêsa do Brasil,
tal como a falamos?

Não haverá, na idéia dessas alterações, mais uma questão
de prestígio que de necessidade? Convivo com grande número de
portuguêses, tenho a felicidade de contar portuguêses entre
amigos e parentes, e nunca nos desentendemos por incompreensão
de palavras ou de modismos. E a língua falada, com as diferenças de sotaque e pronúncia, é muito mais difícil de entender
que a língua escrita.

O Brasil é grande, todos o sabemos. E os sessenta milhões
de brasileiros falamos e escrevemos[4] de inúmeras maneiras a
língua que nos deu Portugal. Compare-se um texto de Simões Lopes a outro de José Lins do Rêgo[5] e notar-se-ão as infinitas
diferenças que separam os dois, no vocabulário e na sintaxe.
Mas ousaria um editor do Norte ou do Sul propor alterações nas
páginas do paraibano para que o entendessem os gaúchos, ou nas
do gaúcho para que o entendessem os paraibanos?

Meu caro amigo português, talvez essa idéia o irrite, mas
a verdade é que, hoje, a sua língua é um patrimônio tanto nosso quanto seu. Sei que o trabalho de formá-la, assim bela e
nobre, foi dos portuguêses. Mas, também, já há quatrocentos
anos que a amamos e a apuramos ao nosso modo. Nem tinha ela

mais idade quando a usou Camões.[6] Vocês no-la deram, como nos
deram tudo o mais com que se fêz o Brasil. E hoje ela faz
parte essencial da nossa vida de povo, tal como faz parte da
sua. Por nós tem sido enriquecida e fecundada. Se em Portu-
50 gal acham que a maltratamos e a desfiguramos, é porque cada
um tem a sua maneira de amar e, nessas questões, o que é ortodoxia para uns é heresia espantosa para os outros.

Não, não me venha dizer que em Portugal não entendem o
que escrevemos. E, fôsse êsse o caso, bastaria a aposição de
55 um glossário no fim de cada livro para resolver as dúvidas.
Mas o que nos propõe é outra coisa: é correção, é consêrto
de pronomes, é a revisão do caçanje brasileiro que fere o
bom ouvido peninsular.

Acontece entretanto, meu caro amigo, que êsse caçanje,
60 que êsses pronomes mal postos, que essa língua que lhes revolta o ouvido, é a nossa língua, é o nosso modo normal de expressão, é--ouso dizer--a nossa língua literária e artística. Já
não temos outra e, voltar ao modêlo inflexível da fala de Portugal, seria para nós, a esta altura, uma contrafação impossí-
65 vel e ridícula.

Digo mais: não acredito de modo nenhum que êsse tal sistema de nos corrigir primeiro os livros para os entregar depois ao público português, represente um serviço à aproximação das duas culturas. Acho, ao contrário, que tal prática
70 serve apenas para cultivar diferenças e marcar distâncias. Pode acariciar o vosso orgulho, mas fere fundo as nossas susce-
tibilidades, sem falar no quanto afeta a integridade e harmonia da nossa obra literária. Pois o que Portugal fica conhecendo, assim, não é a literatura brasileira na sua forma es-
75 pontânea e genuína, mas obra mutilada e remendada, necessàriamente grotesca. Que sobrará de um texto meu, por exemplo, depois de ter os seus pronomes recolocados à portuguêsa, depois
de me trocarem as palavras próprias por outras "de mais fácil
compreensão"--mas alheias? Talvez os escritos daqueles cole-
80 gas muito mais importantes que me citou na sua carta, e que
se submeteram às correções, resistissem galhardamente à cirurgia. Êles são tão grandes, tão ricos que, por mais que lhes
tirem, sempre fica riqueza suficiente para encantar a qualquer
um. Mas, eu, coitadinha, que será feito de mim se me cortam
85 e me deturpam a pouca pobreza? Que restará? Não sou escritor de imaginação que componha bonitos enrêdos, nem traço o
retrato de uma época, nem sou capaz de profundezas de psicologia, nem criei nada de nôvo ou importante na ficção nacional.[7] A pequena graça que me podem achar é neste jeito des-
90 cansado de mulher do campo, que conta histórias do que conhece e do que ama. E como pode, de repente, essa sertaneja de
fala cantada, desandar a trocar língua em puro alfacinha?[8]

***

Portugal cometeu um êrro trágico quando, à vòlta de D.
João VI ao reino,[9] não quis reconhecer ao Brasil o seu estado
95 de adulto e tentou devolvê-lo à menoridade. Por culpa dêsse

êrro, rompeu-se a união luso-brasileira. De dois países irmãos e unidos que poderíamos ser, passamos a dois estranhos.
Atravessada a crise da Independência, restou-nos, o que não
é pouco, o patrimônio comum da cultura e da língua. Mas é
100 preciso que haja respeito e consideração recíprocos, para
que tal patrimônio se mantenha indiviso e perfeito. Que haja igualdade de tratamento, de parte a parte. Nunca a um de
nós ocorreria "adaptar" ao escrever e ao falar brasileiro, a
obra do mais humilde escritor português. Que Portugal faça
105 o mesmo conosco, procure nos entender e nos amar tais como
somos, como nos fêz o tempo e o gênio português transplanta-
do às terras da América.
        Afinal, o Brasil não é um filho bastardo de Portugal. É
seu filho legítimo e, mais que isso, é o seu morgado--com to-
110 dos os direitos e privilégios que estão inerentes à primogenitura.

                              (from 100 Crônicas Escolhidas)

---

1 como sejam a deslocação de pronomes - as, for example, shift-
   ing the position of pronouns (Just as British English and
   American English differ in various ways, so do Portuguese Portuguese and Brazilian Portuguese; one of the differences con-
   cerns the placing of object pronouns (before or after verbs),
   in which Brazilians, particularly in their speech, are much
   more permissive than the Portuguese.
2 o Acôrdo Luso-Brasileiro - the agreement between Portugal and
   Brazil to reform the spelling of the Portuguese language.
   Portugal adopted a simplified system of orthography in 1940
   (eliminating most silent letters and double consonants, drop-
   ping k, w, and y, replacing ph by f, etc.) and in 1943 Brazil
   adopted substantially the same system. Not all Brazilian
   writers and publishers, however, abide by all of the new rules;
   Rachel de Queiroz, e.g., prefers to retain that spelling of
   her name instead of "Raquel de Queirós," which would be the
   reformed spelling.
3 editor - Note that this word usually means "publisher"; to express the English word "editor," use redator.
4 os sessenta milhões de brasileiros falamos e escrevemos - we
   60 million Brazilians speak and write (This crônica was written in 1955; Brazil's estimated population in 1970 is 90 million.)
5 João Simões Lopes Neto (1865-1916) wrote regional stories a-
   bout his native state of Rio Grande do Sul (whose inhabitants
   are called "gaúchos"). José Lins do Rêgo (1901-57), born in
   Paraíba, is one of the most popular and important novelists of
   the Brazilian Northeast, particularly noted for his "Sugar-
   Cane Cycle" of novels.
6 Luís de Camões (1524-80), Portugal's greatest epic and lyric
   poet; his masterpiece is the epic poem Os Lusíadas (1572) which

centers on the voyage of Vasco de Gama to India as a basis for proudly relating the whole story of Portuguese exploits in navigating "por mares nunca de antes navegados" and in reaching all four corners of the earth ("e se mais mundo houvera, lá chegara" - i.e., if there had been any more world, Portugal would have reached there, too).

7   nem criei nada de nôvo ou importante na ficção nacional - (the author is too modest here; her four novels are important contributions to Brazilian literature dealing with the Northeast, particularly her first one, O Quinze (1930), written before she was 20, which treats of the effects of the calamitous drought of the year 1915 in her native state of Ceará).

8   essa sertaneja...puro alfacinha - "sertanejos" are the people of the "sertão," the backlands of Brazil, particularly of the Northeast; the speech of Northeasterners has a pleasant, lilting cadence that makes it seem a "fala" cantada"; "alfacinha" is a nickname for natives of Lisbon (and their speech).

9   à volta de D. João VI ao reino - The reference is to the following involved sequence of events: When Napoleon's troops invaded Portugal in late 1807 the Portuguese royal family fled to Brazil and established its court in Rio in early 1808; in 1815 Brazil was raised from the status of colony to that of kingdom on a par with Portugal in a "reino unido"; in 1820 a liberal revolution in Portugal established a constitutional monarchy and forced the return of the king, Dom João VI, to Portugal in 1821; the Portuguese attempted to reduce Brazil to the status of colony, but the king's older son, Dom Pedro, who had remained in Brazil, declared Brazil's independence on September 7, 1822, with his famous "Grito de Ipiranga". (See the crônica "Éramos mais unidos aos domingos.")

Exercícios

A. Para responder em português:

1.   Por que o editor português escreveu a carta à Sra. Rachel de Queiroz?
2.   O que é que êle diz na carta?
3.   Por que a autora acha que as "alterações" não são necessárias?
4.   Por que menciona Simões Lopes e José Lins do Rêgo?
5.   Quantos anos há que os brasileiros falam português?
6.   Quantos anos antes de Camões começaram os portugueses a falar português?
7.   O que você sabe sôbre Luís de Camões?
8.   Por que o sistema de "corrigir" os livros brasileiros antes de publicá-los em Portugal não representaria um serviço à aproximação das duas culturas?
9.   O que diz a autora sôbre as suas obras e a sua maneira de escrever?
10. Que êrro cometeu Portugal, segundo a autora?

B. Preencha os espaços em branco seguindo os exemplos:

Exemplo: Talvez essa idéia o irrite.
Talvez essa idéia o irritasse, se a considerasse.
Talvez tenham chegado na ausência de vocês.

1. Talvez êle (ter) _____ o trôco exato agora mesmo.
2. Se me fizesse a proposta, talvez eu (permitir) _____ a publicação do livro.
3. Talvez êle (ter) _____ vindo sem nós sabermos.
4. Se lhe pedissem o livro, talvez êle o (trazer) _____.
5. Se me dessem um ordenado maior, talvez nós (poder) _____ comprar uma casinha.

C. Junte os períodos como nos exemplos:

Exemplo: João fala muitas línguas. Maria fala um número igual.
João fala tantas línguas como Maria. (or: quanto Maria).

Exemplo: A língua escrita é difícil de entender. A língua falada é mais difícil de entender.
A língua falada é mais difícil de entender (do) que a língua escrita.

1. Simões Lopes tem muitos leitores. Lins do Rêgo tem mais leitores.
2. Fala-se japonês em um país. Fala-se português em dois países.
3. Cultiva-se muito açúcar no Brasil. Cultiva-se menos açúcar no México.
4. O Rafael tem uma biblioteca muito grande. Eu tenho um número igual de livros.
5. O Brasil tem 90 milhões de habitantes. Portugal tem 10 milhões.
6. Lena é muito jovem. Hilda é ainda mais jovem.
7. Êsse filme é fascinante. O que nós vimos ontem é mais fascinante.
8. A casa do Luís é velha. A casa de Gueda foi construída no mesmo ano.
9. O médico tem muitos cachorros. O advogado tem um número igual.
10. Esta sala é agradável. A outra é menos agradável.

D. Empregue em períodos originais as expressões sublinhadas:

1. O senhor pode levar o carro mediante pagamento imediato.
2. A idéia que me ocorreu foi genial.
3. A língua faz parte essencial da cultura dum povo.
4. Esse tal sistema não representa um favor para o cliente.
5. Já há quatrocentos anos que a falamos ao nosso modo.

E. Certo ou errado?

1. O editor português gostaria de publicar os livros da autora em

Portugal.

2. Êle procura impor umas alterações de gramática como condição de publicação.

3. A autora concorda que tais alterações são necessárias para que o público português entenda o português como se fala e escreve no Brasil.

4. Entre os escritores brasileiros não há muitas diferenças de vocabulário e sintaxe.

5. Segundo a escritora, uma língua pertence ao povo que a fala.

6. Uma língua falada por mais de um povo deve se desenvolver conforme o uso no país de origem.

7. Uma obra alterada não seria mais uma obra genuína, como o autor a compôs.

8. Para alguns escritores, o estilo vale tanto como os enredos.

9. Depois da Independência do Brasil não restou nada da antiga relação entre o Brasil e Portugal.

10. Igualdade de tratamento e patrimônio cultural em comum são ideais incompatíveis.

F. Traduza em português:

1. The spoken language is much more difficult to understand than the written language because there are so many differences in accents and pronunciations. 2. There are innumerable differences of vocabulary and syntax that separate the works of "gaúcho" writers and "paraibano" writers, but a publisher in the South of Brazil would not dare to propose alterations before publishing the works of a writer from the North. 3. Perhaps the Portuguese may not like the Brazilian way of speaking Portuguese, but the Brazilians have been speaking it for 400 years, and for 400 years they have loved the language and refined it in their own way. 4. Today it is an essential part of their lives, just as English is an essential part of American life, for Americans have been speaking English for more than 300 years. 5. It is possible that the Portuguese and the English may think that the Brazilians and the Americans have mistreated Portuguese and English, but the truth is that the Brazilians and the Americans have enriched those languages.

XXX

C I N E M A

-Rachel de Queiroz-

No Cinema Majestic, lá na minha terra,[1] tinha Sessão Colosso uma vez por semana com sete filmes, sem contar os trailers: nacional, desenho, jornal,[2] comédia, complemento musical e duas fitas de metragem grande que em linguagem de exibi-
5 dor se chamam "os dramas". Mas aqui na Ilha[3] tem sessão colosso todo dia útil ou feriado--e às vêzes com mais de sete
fitas. A gente entrando para a matinê à uma e meia só sai
quando é noite fechada; ou, se entra na sessão noturna que
começa às seis e meia, quando de nôvo enfrenta o ar frio da
10 praça Djalma Dutra, os galos já estão amiudando e a última
barca há muito que chegou no Rio...
     Além dos sete filmes temos o espetáculo da platéia, tão
divertido que parece que o cinema não é na tela, é no salão.
Ali, como no boteco vascaíno,[4] entra homem e entra menino, en-
15 tra velho, entra mulher. Entra criança de peito que aliás são
as melhores, pois a mãe, para ver a fita sossegada, desabotoa
o vestido assim que faz escuro, ou mesmo antes, e o garôto mama a sessão inteira; e, quando não mama, dorme, pois sempre no
gostoso, no aconchego do colo, não tem o que reclamar.[5] Cri-
20 anças danadas para incomodar[6] são as de entre um ano e cinco,
que se chateiam logo no nacional e pegam choramingando: "Mamãe, quero ir para casa...quero dormir na minha cama..." Outro
dia tinha um, sentado perto de mim, que juntava as mãozinhas
patèticamente e gemia: "Eu já não disse que tenho mêdo de ci-
25 nema?" E a mãe lhe dava um beliscão: "Cala a bôca, bôbo, o-
lha a fita". O pequeno, entretanto--evidentemente falando com
a verdade de Deus na bôca--insistia: "Mas eu já não lhe disse?
Não disse? Eu tôda a vida tive mêdo de cinema!" Razão tinha
êle, coitadinho. Nessa noite passaram, com detalhes medonhos,
30 todos os mortos vivos de Dachau,[7] em procissão. Mas no dia
em que apareceu o enforcamento de um criminoso de guerra, numa
cena tão realista que até se ouviu o estalar da corda quando o
pêso do condenado a esticou, a criançada em massa aplaudiu, en-
tusiasmada, aos urros. Reação de menino é sempre imprevisível.
35   Garôtos maiores, de cinco anos para cima, embora incomo-
dem menos, ainda amolam bastante. Gostam de estar mudando de
lugar, passar de uma fila para outra, dar pontapé na cadeira
defronte; tem alguns que fazem combinação e, num determinado
momento, certo como um piscar de farol, soltam um uivo inar-
40 ticulado, misto de Tarzan e Lobisomem. E como eu, certa vez,
tìmidamente reclamasse de um dêles contra o berro horrendo,
êle me retrucou muito sério: "Môça, quem não quer ouvir Tarzan não vem no cinema. Se na tela pode fazer, por que é que
eu não posso?" Garôto saliente dos diabos.
45   Namorado dá muito, mas respeitoso.[8] De modo geral os na-

morados cá da Ilha não se excedem em público. Amam devagar, com compostura; talvez achem que aqui o céu é perto e não adianta agonia.[9] Ou talvez porque ninguém ligue a êles e nessas beiras de praia haja muito escuro, muito esquisito,[10] onde podem desabafar quando o coração desadora. Noto entretanto que os namorados do Rio, por exemplo, podem ser escandalosos, mas por isso mesmo são calados. Os daqui ficam só de mãos dadas, feito uns santos,[11] mas escolhem o cinema para liquidar ciúmes, ajustar contas, romper e reatar de nôvo. Aliás, de modo geral, êste cinema da Ilha (não me refiro ao outro, o grã-fino) não é apenas um cinema em si, e ninguém o procura pròpriamente para ver a fita. É um local de reunião, de palestra, de encontro de ausentes; fuma-se à vontade, come-se amendoim, côco com rapadura, maçã, pêra e pêssego, e é muito chique em certos grupos de moleques atirar para cima as cascas de banana-ouro, que voltam revoluteando como falenas. É o lugar onde os meninos por demais fiscalizados em casa praticam no seu cigarro e até no seu charuto. Dá gôsto ver a gravidade com que êles pedem fogo ao espectador vizinho. Incidentemente, porque já se está ali, vê-se a fita; o bonde, contudo, é muito mais importante do que o filme e acontece muito camarada entrar do comêço para o meio de uma fita, sair do meio para o fim da outra, sem se importar com o início da primeira nem com o desenlace da segunda. Interessa-se apenas pelo letreiro de luz vermelha BONDE, que se acende a determinados momentos ao lado da tela. Às vêzes o drama está no seu clímax e a mocinha vai dizer ao detective o segrêdo mortal que gerou tôda a complicação, quando se dá uma debandada coletiva da assistência, como se o segrêdo da môça fôsse por demais horrível de se conhecer. Da primeira vez fiquei admirada e não entendi. Até assustei. O pessoal se despedindo, saindo rápido, não me deixava ver o que na tela se passava. Com o tempo, compreendi. Não era a tela: era o anúncio do bonde[12] que se acendera, sem ligar ao clímax. E todos saíram achando a fita ótima.

Como dois terços da platéia são compostos de pessoas de poucas letras,[13] os letrados presentes costumam declamar as legendas em voz alta, em auxílio do vizinho. Por isso, de certo modo, o cinema recorda também escola dos tempos de dantes. No dia em que levou O Sinal da Cruz, com o pessoal murmurando as deixas piedosas dos cristãos, quase chorei de saudade da aula de catecismo da escola de Dona Maria José, no Alagadiço.

Quem entra no escuro acende um fósforo ou faz um facho com o programa e procura lugar por seus próprios meios.

Guarda tem,[14] mas são homens de boa paz que não deixam haver morte, nem roubo, nem espancamento dentro do recinto, mas também não vão ligar a tolices, como seja fumante dentro do salão; às vêzes admoestam algum rapazinho mais saliente que diga falta de respeito na frente das familías. E,

para fazer justiça, as faltas de respeito são poucas. Nos metros[15] da cidade os moços ricos dizem muito mais indecência.
Porque aqui na Ilha os próprios espectadores fazem o policia-
100 mento e não agüentam nenhum atrevido sair com piada imoral na
cara da sua espôsa ou da sua pequena.
    Um dos costumes mais característicos da gurizada é contar
o escore--representado na fita pelos beijos que a mocinha dá
ou leva do mocinho. E ficam aos uivos[16]--dois a um, dois a ze-
105 ro, às vêzes se engalfinham, discutindo a contagem. Outro dia
houve um impasse. A môça já estava oito a cinco com o galã,
que era fuzileiro naval: de repente atracou-se com um paisano[17]
numa esquina. A garotada rompeu no berreiro habitual: "Nove
a cinco!"
110   Mas aí um maiorzinho ergueu-se, tocou um apito, calou os
outros:
      - Gol anulado! Gol anulado! Êste foi foul!

          (from 100 Crônicas Escolhidas)

---

1   lá na minha terra - i.e., in Ceará, where the author was born.
2   nacional, desenho, jornal - national news, cartoon, world news;
    metragem grande - full length (feature films)
3   na Ilha - i.e., the Ilha do Governador, a large island in Guana-
    bara Bay, just off Rio de Janeiro, where the author lived for
    many years; a bridge now connects the island to the mainland
    and the ferries ("barcas") the author refers to in the crônica
    no longer operate.
4   como no boteco vascaíno, entra homem e entra menino, entra ve-
    lho, entra mulher - men and children, old people and women en-
    ter, as in the little Portuguese-owned cafés ("vascaíno" refers
    to the Vasco da Gama Futebol Clube, the favorite soccer team of
    the Portuguese in Rio). (Note throughout this crônica the au-
    thor's colloquial use of singular nouns instead of plural.)
5   no gostoso, no aconchego do colo, não tem o que reclamar - in
    the enjoyment, in the comfort of (his mother's) lap, he has no-
    thing to complain about
6   Crianças danadas para incomodar - The children who really cause
    annoyance
7   todos os mortos vivos de Dachau - all the living dead of Dachau
    (infamous Nazi concentration camp, World War II)
8   Namorado dá muito, mas respeitoso - There are many lovers, but
    they act respectfully
9   aqui o céu é perto e não adianta agonia - here heaven is near
    and agony doesn't help (isn't necessary)
10 muito escuro, muito esquisito, onde podem desabafar quando o
    coração desadora - many dark places, many deserted places,
    where they can find relief for their suffering hearts
11 de mãos dadas, feito uns santos - holding hands, like saints
12 o anúncio do bonde - the announcement that the street-car was
    about to leave (To miss the street-car meant a long walk home.)

13 pessoas de poucas letras - persons with little education
14 Guarda tem - i.e., Há guardas
15 Nos metros - In the "Metros" (movie houses)
16 ficam aos uivos - they keep yelling out
17 atracou-se com um paisano - she went into a clinch with a civi-
    lian

Exercícios:

A. Para responder em português:

1.   O que havia no Cinema Majestic uma vez por semana?
2.   O que havia na Ilha todo dia útil ou feriado?
3.   Que espetáculo havia além dos sete filmes?
4.   Quais são as crianças que incomodam mais?
5.   Por que gemia um menino sentado perto da autora?
6.   O que gostam de fazer os garôtos de cinco anos para cima?
7.   O que disse um menino à autora quando ela reclamou contra um
     berro horrendo?
8.   Por que diz a autora que ninguém procura o cinema pròpriamente
     para ver a fita?
9.   Por que diz a autora que o bonde é muito mais importante do
     que o filme?
10. O que fazem os letrados em auxílio do vizinho?
11. Qual é um dos costumes mais característicos da gurizada?
12. Que impasse houve um dia?

B. Junte frases e períodos, utilizando o que, os que, os de, etc.,
    como se vê no exemplo:

Exemplo: Crianças para incomodar são...As crianças de entre um e
          cinco.
          Crianças para incomodar são as de entre um e cinco.

1.   Êstes homens são...Êles telefonaram.
2.   Esta tela é...Ela foi rasgada por um objeto que alguém jogou.
3.   Êste menino é...Êle me disse uma indecência.
4.   Êste é o tipo de drama...Eu gosto dêle.
5.   Aquela barca é...A barca que chegou no Rio.
6.   Estas fitas são...Elas são próprias para meninos.
7.   Êste filme é...Eu o recomendei para você.
8.   Esta môça é...Ela se atracou com um paisano.
9.   Os namorados do Rio...Êles são muito atrevidos.

C. Empregue em períodos originais as expressões sublinhadas:

1.   De modo geral a meninada é mais bem comportada na Ilha do que
     na cidade.
2.   Às vezes a garotada se excede no barulho que faz.
3.   Os namorados ficam calados, feito uns santos.
4.   Até dava gôsto ver as crianças esperando a sua vez na fila.
5.   Se ninguém liga a êles, os garôtos ficam mais sossegados.

6. No tempo da sêca dá-se uma fuga em massa para a costa.
7. Quando ouvi tanto menino berrando fiquei muito admirado.
8. Ó menino, eu já disse para você deixar de me amolar.
9. No inverno às 9:00 da noite já é noite fechada.

D. Certo ou errado?

1. O cinema que a autora descreve é o Majestic que fica lá na sua terra.
2. A sessão "colosso" é um nome muito certo para descrever o programa.
3. A autora acha que o espetáculo da platéia é tão divertido como o da tela.
4. As crianças de peito são as mais inquietas.
5. Os garôtos ficam calados nas cenas dramáticas.
6. O cinema serve para várias funções sociais.
7. Muita gente não vê nem o começo dum filme nem o fim de outro.
8. Só as crianças fazem barulho.
9. As fitas são geralmente estrangeiras.
10. Há certas diferenças entre o comportamento da gente da Ilha e o da gente da cidade.

E. Para traduzir em português:

1. Once a week at the Majestic Theater there used to be seven films, without counting the trailers. 2. At the theater on the Ilha there were more than seven every weekday or holiday. 3. The matinees began at 1:20 P.M.; the evening sessions began at 6:40. 4. The other day a child told his mother that he was afraid of movies, but she gave him a pinch and said: "Keep quiet, silly, look at the picture." 5. The bigger kids, from five up, used to annoy everybody by changing their places, moving from one row to another, and kicking the seats in front. 6. They ate peanuts, popcorn, peaches, apples, pears, and bananas; some of them smoked cigarettes and even cigars, asking their neighbors for a light. 7. Many people would come in after the beginning of one film and leave before the ending of the other one, in order to catch (apanhar) the last street-car. 8. The spectators wouldn't stand for any bold fellow coming out with an indecent joke in front of their wives or girl friends. 9. The young kids would count the kisses that the girl in the movie gave to or got from the leading man and would yell out the score: 1 to 0, 3 to 2, 9 to 5, etc. 10. When she kissed somebody else one night, one big kid stood up, blew a whistle, and yelled: "Foul! Goal annulled!"

XXXI

U M H O M E M L I V R E

-Rachel de Queiroz-

O rapaz é meu conhecido antigo. Estava de calção de banho e pescava siri na ponta da Ribeira,[1] no dia em que fui receber uma encomenda que deveria chegar pela lancha das onze.
Mas, como sempre, não houve lancha das onze, talvez chegasse
5   às onze e meia ou meio-dia, o papel era esperar. Fui me encos-
tando à amurada, espiando a pescaria e lá estava o conhecido
amarrando a isca no puçá. E êle, sentindo gente perto, levantou o rosto, viu-me, sorriu.
     Começamos a falar nas lanchas, na saudade do tempo das
10 barcas, depois na vida; perguntei notícias de certa namorada
dêle, minha conhecida também--e êle falou vago, o que me admi-
rou pois era namôro firme, já em conversas de casamento. Depois passou o pessoal da Shell[2] que ia almoçar, e aí se falou
em Ministério do Trabalho, indenização, essas coisas--e eu, a
15 propósito, disse uma brincadeira:--afinal, não fôsse a lei de
férias,[3] como é que tamanho homem poderia vir pescar siri, dia
de semana, ao meio-dia em ponto.
     O rapaz de repente me encarou, ficou calado um instante.
Depois, num desabafo,[4] disse que não estava de férias não, ti-
20 nha mesmo era largado o emprêgo.[5] E por causa disso rompera o
namôro.- Imagine que ela falou[6] que eu sou um louco.
     - Bem, se você largou o emprêgo sem motivo...
     Êle me olhou de nôvo, meio ressentido:
     - Tudo que se faz contra a opinião dos outros, chamam a
25 gente de louco.[7] Se bem que ela está repetindo as palavras da
mãe e da irmã. Mas o meu juízo quem sabe sou eu.[8] Quem me
quiser, é como eu sou.[9] Não posso pensar diferente para satisfazer ninguém. Vem logo alegando que eu joguei fora um rendimento de quatro contos e quinhentos! Rendimento! Que ren-
30 dimento era êsse, chupando as minhas horas de vida? E depois
nem eram quatro contos e quinhentos--era pouco mais de quatro
e trezentos, com os descontos. E--dizem elas--onde é que vou
arranjar emprêgo melhor, se não arranjo nem igual? Mas o negócio é que não estou pensando em arranjar emprêgo nenhum. Aí
35 elas falam que eu quero ser é vagabundo. Pode dizer, mas o
que eu não quero ser é escravo, não sou negro de ninguém. Êsse
pessoal não entende, um homem pode morrer explicando--se não
fôr ganhar dinheiro, abrir crediário, caderneta da Caixa Eco-
nômica, elas dizem que é loucura ou então é malandro. Não é
40 pelo trabalho. Pouco me importa de trabalhar até de estivador. Tenho músculo, a senhora não está vendo? Não é à toa
que fui sócio atleta do Fluminense[10] tantos anos. Mas esporte
também é uma espécie de emprêgo disfarçado, me chateei, lar-
guei. É pelo cativeiro; ficar tôda a vida pregado naquele es-
45 critório, acordando às sete, tomando condução, entrando às oi-

to e meia em ponto.   Isso tôda a vida, tôda a vida até o dia
do Juízo.   Enche.[11]

    Fêz uma pausa, atirou na água o puçá com a isca fresca,
ficou um instante quieto, a testa franzida.

50   Comentei com um suspiro:

    - É, é duro.   Mas a gente se sujeita à escravidão em tro-
ca de uma porção de coisas.   Segurança, estabilidade.

    - Isso é o que elas dizem.   Mas para que a gente quer es-
tabilidade?   Falam nisso como se fôsse um prêmio.   Mas o que
55   é estabilidade?   pode ver no dicionário.   Ficar parado, no mesmo lugar, sem movimento.   Estabilidade, no final de contas, é
o mesmo que cadeia.   Todo o mundo tem pena quando um cara vai
condenado a quinze, vinte anos.   Mas, a gente, condenam para
a vida inteira e ninguém tem pena.   De segunda a sábado, tra-
60   balho; sábado de noite faz uma farrinha, domingo tem ressaca
e banho de mar, cinema com a garôta, e lá entra a segunda-feira outra vez.

    O siri pegava.   Entrou na rêde.   O môço subiu o puçá, de-
vagarinho, capou o siri que era enorme, cada patola que pare-
65   cia uma tenaz.   Depois continuou:

    - Êsse negócio de emprêgo é uma coisa de doido.   A gente
entra aos pouquinhos, quando vê está perdido para o resto da
vida.   Pensando nos dois contos, nos cinco contos certos, todo mês, e acabou-se.   Ela não entende.   Mas a senhora já pen-
70   sou?   Passar o resto da minha vida fazendo a mesma coisa, sem
nunca poder mudar de profissão, senão perde tudo.   E se eu
quiser ser corredor de bicicleta, ou caçador de onça no Araguaia, ou fotógrafo de lambe-lambe na Quinta da Boa Vista?[12]
Posso?   Não, por causa do emprêgo.   Não hei de largar o emprê-
75   go.   Não posso nem ser comunista.   Não é que eu seja.   Acho
até êsses comunistas um bando de chatos.   Mas se eu quisesse
ser, podia?   Não podia.   O chefe achava ruim, dava parte, me
demitiam, me punham na rua sem nem ao menos indenização, e lá
iam embora a pensão, o instituto, a aposentadoria, tôdas as
80   vantagens.   Inclusive os descontos que já paguei.   Elas aí
dizem que eu não tenho é caráter.   Mas falta de caráter é fazer as coisas contra o juízo da gente.   Nem senso de responsabilidade, dizem que não tenho: responsabilidade com quê?   Quando eu nasci não tinha responsabilidade nenhuma.   Responsabili-
85   dade é mas é mêdo.[13]   Eu sou homem, não sou rato, não tenho
mêdo de responsabilidade nenhuma.   Se passar fome, que é que
tem?--Riu.--Tem tanta gente que passa fome para ficar elegante.   Ando mal vestido--e depois?   Acha que não vou ter com
que sustentar mulher e filho, se casar?   Pois então não se ca-
90   se comigo.   Não estou chorando por ninguém.   Uma cidade grande
como esta tem muita coisa bonita.   Mas eu posso apreciar?   Não
posso.   Passo o ano inteiro sem ver uma loja aberta, porque é
na hora do emprêgo.   Sem ver cinema vazio, sem ver o que é uma
praia durante a semana.   Outro dia quis acompanhar uma pro-
95   cissão.   Não sou religioso mas gosto de procissão desde menino.   Fiquei espiando da janela, e o chefe ainda reclamou.   Uma
uissa de sétimo dia, não vou, ao menos![14]   Missa de defunto só
se não fôr em dia útil...

- É, o cativeiro é o preço da segurança.

- Segurança? E se um automóvel me pegar de repente? Se
100 me der um nó na tripa, um apêndice estourado? Que é que eu
vou fazer da segurança? Para que me serviu a vida estragada?
Montepio, por exemplo: todo pai de família quer montepio para deixar. Mas se enviuvar? Se se desquitar? Se não nascer
filho? Não, é passar amarrado a vida tôda, esperando por uma
105 coisa que não ficou de aparecer. A irmã dela acha que eu falo
assim porque sou môço, não tenho experiência. Mas, eu sendo
môço, não posso pensar por cabeça de velho. Que só com emprêgo posso ter confôrto. Ora, cadeia também dá confôrto: célula na detenção é ver apartamento moderno--banheiro, pia, até
110 rádio tem. Comigo, não. Eu, sôlto, o mundo é meu.

- Mas, de que é que você vai viver? Por menos que gaste,
afinal tem que comer. Siri só não alimenta...

- Vou viver de biscate.[15] Êste siri, por exemplo, não é
pra comer, é pra vender. Turista de domingo é louco por siri.
115 A questão é não ter preconceito nem amor a luxo. Não se importar com posição, nem com qualidade de trabalho, pegar o que
fôr aparecendo. Eu hoje pesco. Amanhão posso lavar automóvel,
posso carregar cêsto na feira. Largar essas besteiras de trabalho intelectual. No braçal é que está a liberdade. Posso
120 ser casaca-de-couro, em circo. Sempre tive vontade. Sei lá
quanta coisa posso ser! Até me dá nervoso--fico feito criança
em loja de brinquedo. Nem sei o que escolha.

Fêz nova pausa, capturou mais um bicho, que espumava e
agitava frenético as oito patas peludas. Rematou:
125 - Jornal por aí fala muito em liberdade. Diz que papel
leva tudo,[16] mas está aí uma coisa em que eu acredito: é em
liberdade.. E por isso mesmo resolvi ser um homem livre.

Apelei para o último argumento. Lembrei-me da carinha da
namorada, miúda e ansiosa, as esperanças, o enxoval começado.
130 Suspirei:
- Coitadinha da Aparecida...
- Coitadinha? Sabe o que ela me disse? Disse que se
aqui no Brasil botassem uma lei para linchar vagabundo, eu es-
taria em primeiro lugar para ser linchado!
***
135 A lancha encostara; a encomenda não vinha. Fiz um aceno
de despedida ao homem livre. Mas êle nem me viu, mergulhado
na sua revolta, ou ocupado em imobilizar outro siri.

(from 100 Crônicas Escolhidas)

---

1 Estava de calção de banho e pescava siri na ponta da Ribeira--
He was wearing swimming trunks and fishing for crabs from Ribeira Point (on the Ilha do Governador)
2 o pessoal da Shell - the people who worked at the Shell oil re-
finery
3 não fôsse a lei de féria, como é que tamanho homem poderia

vir pescar - if it weren't for the law governing vacations (i.
e., providing for a certain number of days off), how could a
man like him go fishing
4 num desabafo - giving vent to his feelings
5 tinha mesmo era largado o emprêgo - what he had done was give
up his job
6 ela falou - she said ("falar" and "dizer" are used interchange-
ably by many Brazilians)
7 Tudo que se faz...chamam a gente de louco - If we do anything
that's contrary to the opinions of others, they call us crazy
8 Mas o meu juízo quem sabe sou eu - But I'm the one who knows
my own mind (Sou eu quem sabe o meu juízo.)
9 Quem me quiser, é como eu sou - If anyone wants me, they'll
have to take me the way I am
10 Fluminense - a sports club in Rio which sponsors one of the major "football" teams
11 Enche - It's a bore (It fills me up to here.)
12 fotógrafo de lambe-lambe na Quinta da Boa Vista - a sidewalk
photographer at the Quinta da Boa Vista (a large park in Rio,
the site of the Museu Nacional, formerly the palace of Dom Pedro II)
13 Responsabilidade é mas é mêdo.- Responsibility really is fear.
("mas é" reinforces the statement)
14 Uma missa...ao menos - I can't even go to a seventh day mass
15 Vou viver de biscate - I'll make my living by doing odd jobs
16 Diz que papel leva tudo - They say that paper takes everything
(i.e., newspapers print anything). ("Diz que" is often used
in the sense of "Diz-se que.")

Exercícios:

A. Para responder em português:

1. Por que é que a autora foi à ponta da Ribeira?
2. Por que ela teve que esperar?
3. O que estava fazendo o rapaz que era um amigo antigo dela?
4. Sôbre que começaram a falar?
5. Que brincadeira disse a autora?
6. Por que a namorada do rapaz tinha rompido o namôro?
7. Que palavras da mãe e da irmã repete a namorada?
8. Que emprêgo o rapaz vai arranjar?
9. De que cativeiro não gosta?
10. Segundo o rapaz, por que a estabilidade é o mesmo que cadeia?
11. O rapaz é comunista? Êle gostaria de ser comunista? Poderia
ser comunista?
12. Por que é que, sendo empregado, não se pode apreciar certas
coisas bonitas da cidade?
13. Por que a segurança não significa muito?
14. De que é que o rapaz vai viver?
15. Por que diz que fica "feito criança em loja de brinquedo"?
16. De que se lembrou a autora?

17. O que é que a Aparecida tinha dito a êle?

B. Note o uso do subjuntivo nos exemplos e preencha os espaços nos períodos que seguem:

Exemplo: Por menos (mais) que gaste, afinal tem que comer.
Por menos (mais) que gastasse, afinal tinha que comer.
Por menos (mais) que gastar, afinal terá que comer.

1. Por menos que a Hilda (comer) _____ ela sempre acha que está gorda.
2. Por mais que eu (reclamar) _____ êles nunca consertavam o relógio.
3. Por mais que o pai (insistir) _____ o filho nunca pegava num livro.
4. Por mais estabilidade que eu (ter) _____ sempre temerei que aconteça alguma coisa.
5. Por mais rico que (ser) _____ o João, Clara sempre prefere o Carlos.

Exemplo: Não há rotina que seja interessante.
Nunca conheci rotina que fôsse interessante.
Eu escolherei a rotina que fôr mais interessante.

1. Sempre serei como sou para quem me (querer) _____ .
2. Não conheço tamanho homem que (poder) _____ vir pescar em dia de semana.
3. Você tem aí um siri que (ser) _____ bonzinho para o jantar?
4. Êle nunca encontrou emprêgo que lhe (pagar) _____ o que precisava para viver.
5. Num caso dêsses, um chefe que não (dar) _____ parte seria demitido pela companhia.
6. Num caso dêsses um chefe que não (dar) _____ parte será demitido pela companhia.
7. Já viu uma cidade que (ter) _____ tanta coisa bonita?
8. No dia em que êsse chato (ser) _____ promovido, nesse dia eu procurarei outra colocação.
9. Não há pai de família que (rejeitar) _____ montepio para seus filhos.
10. Felizmente para o môço, não havia lei que (permitir) _____ linchar vagabundo.

C. Empregue em períodos originais:

1. Estava de calção e chapéu de palha.
2. Se não faço o que fazem todos, me chamam de louco.
3. Êsse negócio de se levantar às sete, entrar no ponto às nove, e voltar para casa às seis é para escravo.
4. Tôda vez que vou à cidade, ela me pede uma porção de encomendas.

5. Não entro mais na rotina...acabou-se.
6. Se você está cheio dêsse trabalho, porque não muda de colocação?
7. Se o chefe souber o que você pensa, êle vai dar parte à gerência.

D. Certo ou errado?

1. A autora tinha ido à ponta para comprar siri.
2. O môço ia casar-se com uma conhecida da autora.
3. Quando êle largou o emprêgo, a namorada desmanchou o namôro.
4. Na opinião da filha da namorada, o môço está passando vida de
vagabundo.
5. O môço deixou o emprêgo porque não o promoviam.
6. Para êle, com a exceção dos fins de semana, trabalhar é o mesmo que cativeiro.
7. Para viver de biscate, é só preciso ter músculo.
8. O mundo está cheio de coisas novas para quem não esteja prêso
a uma rotina.
9. Dos três valôres, a responsabilidade, a liberdade, e a estabilidade, o môço prefere o último.

E. Para traduzir em português:

1. The young man, an old friend of mine, was dressed in swimming
trunks and was fishing for crabs at noon on a weekday. 2. He
told me that he wasn't on vacation but that he had given up his
job and wasn't looking for another one. 3. His girl friend said
that he was crazy and she had broken off their affair. 4. He
didn't want to spend his life stuck in an office, doing the same
thing every day. 5. He was going to make his living by doing
odd jobs: fishing, washing cars, perhaps working in a circus.
6. Do you know what his girl friend said to him? 7. She said
that if they passed a law in Brazil to lynch loafers, he would be
the first to be lynched! 8. I waved goodbye to him, but, immersed
in his rebellion, he didn't even see me.

XXXII

O PADRE CÍCERO ROMÃO BATISTA

-Rachel de Queiroz-

Os jornais anunciam que será comemorado êste mês o centenário do santo do Juàzeiro[1]--o Padre Cícero Romão Batista--nascido na cidade do Crato, província do Ceará, a 24 de março de 1844.

***

5 Êle era feio, baixinho, corcunda. Parecia um dêsses santos de pau que a gente venera nas igrejas antigas, feitos grosseiramente pelo artista rústico, a poder de fé e engenho. A cabeça enorme descaía no ombro sungado e magro, a batina surrada acompanhava em dobras emplas o corpo diminuto. Só a
10 carne do rosto, muito alva, lhe dava aspecto de vivo; o rosto e os olhos azuis, límpidos e místicos, que se cravavam na gente, penetrantes como uma chama.

O artista que o fêz em bronze, na estátua erguida na praça principal do Juàzeiro, mostra-o diferente: está ali ereto,
15 acadêmico--uma estátua como há muitas. Quem sabe apanhar a semelhança é mesmo o santeiro anônimo que lhe esculpe religiosamente o vulto num palmo de raiz de cajàzeira.

Megalomaníaco, paranóico, gerador de fanatismo, protetor de cangaceiros, explorador da credulidade sertaneja--de tudo
20 isso foi êle acusado por teólogos, médicos e sociólogos que juntos lhe fizeram o diagnóstico. Senhores teólogos, senhores médicos, quão longe já andais dos belos tempos da fé antiga! Pois quem poderá ser um bom santo sem ser ao mesmo tempo um bom doido--e a melhor definição de um santo não será "um doido
25 de Nosso Senhor"? Tanto o santo como o doido despe a roupa na rua, abandona casa e família, vai comer raízes bravas e pregar à turba ignara qualquer ardente mensagem que lhe consome o coração. E só a essência dessa mensagem e a extensão do seu êxito é que estabelecem a diferença.

30 Por mim, quero crer que o padre Cícero, "Meu Padrinho" como o chamávamos todos, foi um santo. Como santo obrava milagres, dava luz aos cegos, matava as pragas das roças, achava coisas perdidas, valia os navegantes no mar.

Houve gente que sarou ferida tocando na chaga uma medalha
35 benta com a efígie de Meu Padrinho. Há até o caso de uma moça roubada, perdida três dias no mato. Ela se valeu do Padre Cícero, que a batizara, e depois dos três dias o homem que lhe fizera mal veio chorando se ajoelhar aos pés do padre, pedindo confissão e casamento.

40 Tudo isso anda na bôca do povo, nos versos dos cantadores, na lembrança de cada um--afinal, não é nessas mesmas fontes que se colhem os feitos ilustres, contados mais tarde nos florilégios? E em que outro lugar se abebera a história? Em

132

documentos? Mas há tanta carta narrando os milagres de Meu
45   Padrinho! Daqui a alguns anos essas cartas estarão amarelas
e roídas de traça, e os estudiosos as manusearão nas biblio-
tecas, e serão também chamadas documentos...Até estas linhas
que escrevo, ou outras que escrevi sôbre o mesmo assunto, há
uns oito anos, não serão consideradas documentos, lidas em
50   velhos jornais pelos pesquisadores de 1970 ou 80?
                              ***
O Padre Cícero começou sua vida de sacerdote lá mesmo no
Juàzeiro, recém-saido do seminário. Aliás, custou-lhe muito
ser padre; quase o não ordenam. Os mestres alegavam que o
rapaz era esquisito e mentia. Mas quem sabe se mentia real-
55   mente? As histórias do céu sempre parecem mentiras a quem
só pensa na terra. E depois, dentro da alma de um homem,
quem tem poder para traçar o limite entre a verdade e a mentira?
De qualquer modo êle foi para o Juàzeiro, assim menino,
60   mentiroso e angélico. Tão precário era o seu rebanho que aos
domingos cabia todo na capelinha da fazenda e vivia inteiro
em seis casas de taipa e alguns casebres.
Lá o encontrou a sêca de 77--e então nesse tempo de dor
e miséria começaram os seus milagres. Inteligência, altruís-
65   mo, astúcia (ou, quem sabe, apenas o singelo, o humílimo e
sempre miraculoso amor?)--foram as suas armas. "Socorrer
quem padece, alumiar quem pede luz, perdoar quem erra..."
Da fazenda humilde nasceu a cidade. As seis casas se
multiplicaram, e cinqüenta anos depois já abrigavam sessenta
70   mil almas.
Lá por 1890, a meio do seu apostolado, sucedeu o caso
de Maria de Araújo--uma das suas ovelhas: quando a beata recebia a hóstia das mãos do oficiante, tinha um êxtase, e na
sua bôca a partícula se cobria de sangue.^{2} O Padre Cícero
75   curvou-se ante o milagre: não fôra criado e ensinado na crença dos prodígios, na fé cega nos poderes do Alto? E na mesma fé o acompanhou a multidão já imensa dos seus devotos.
Logo chegou a comissão de teólogos e médicos a fim de
pesquisar: e--é estranho, mas é verdade--no primeiro momento
80   confessaram todos o milagre. Depois, tornando à capital, ad-
moestados pelos superiores, os padres se desdisseram. Mas
não contavam com os poderes de Meu Padrinho e da beata Maria
de Araújo. Monsenhor Monteiro, que dissera batendo no peito:
"Se eu negar o que vi, ceguem meus olhos!"^{3}--ficou cego, e?
85   cego morreu. E sina triste e morte aflita tiveram tôdas as
testemunhas do prodígio que mais tarde o renegaram.
Punindo a rebeldia do Padre Cícero, que a despeito da
opinião das autoridades continuava a ver na beata uma santa,
o bispo o proibiu de ministrar sacramentos na freguesia do
90   Juàzeiro, exceto em artigo de morte. E imediatamente, na cidade inteira, quem casava estava sempre <u>in extremis</u>, menino
só se batizava para não morrer pagão, comunhão só a pediam
os agonizantes. A verdade é que na sua totalidade os moribundos saravam. Mas que admirava isso?^{4} Eram apenas novos

95   milagres obrados por Meu Padrinho.

      Nem missa podia êle celebrar dentro dos limites do Juà-
zeiro. Então o padre e seu povo resolveram construir a igreja do Hôrto, situada fora da zona interdita, num alto de pe-
dregulhos nus iguais aos do Calvário. E quando as paredes do
100   Hôrto já se erguiam grandes e espêssas como muralhas de fortaleza, o bispo também interditou a obra. O padre era humilde
e crente, submeteu-se e abandonou a igreja. Mas não a abandonaram os romeiros, devotos apenas de seu padrinho. E ainda
hoje os pés feridos dos peregrinos deixam nas lajes do adro
105   os seus rastros sangrentos; alguns, de fé mais heróica, so-
bem de joelhos o morro, e é o sinal dos seus joelhos chagados
que marca dois círculos de sangue no pavimento de pedra. Ao
lado da igreja inacabada, a "Casa dos Milagres" vivia cheia
de ex-votos. Viam-se lá cabeças de doido, pulmões roídos de
110   tísico, ventres enormes de hidrópicos, pernas e braços aber-
tos em chagas, olhos cegos, corações feridos--feitos de madeira, de cêra, atestando curas miraculosas operadas por intercessão de Meu Padrinho e Nossa Senhora das Dores. Ainda
devem existir êsses milagres, acrescidos de muitos outros de-
115   pois do tempo em que os vi, enchendo paredes e prateleiras,
pendendo do teto, atulhando o chão, pois o galpão imenso já
não os comportava. Ou possìvelmente foram destruídos como
objetos de idolatria pelos salesianos herdeiros do sítio. Não
sei.

***

120   Quando o conheci, Meu Padrinho tinha mais de oitenta
anos; já não parecia um ente humano, mas uma imagem animada,
com aquela "fala diferente" a que se refere um cantador; ex-
primia-se numa linguagem arcaica, preciosa--a mesma linguagem que aprendera no seminário, que deveria ter falado em
125   Roma quando lá foi justificar perante os Doutôres da Lei a
sua crença nos milagres de Maria de Araújo.

Viva o santo Juàzeiro
Que é o nosso Jerusalém!

diz o cantador que já citei.

130   Realmente--Meca, Jerusalém, Benares, a tôdas essas cidades foi Juàzeiro comparada; e a elas se assemelhava, pois era
a capital de um culto, a residência permanente de um santo,
e em tôrno dêsse santo girava tôda a vida daqueles milhares
de homens. Nem a cidade era outra coisa senão um imenso ar-
135   raial de romeiros, de peregrinos, vindos dos quatro cantos
do sertão, de todos os Estados do Nordeste, e até de Goiás,
até do Amazonas e do Acre.

      Dizem que os paroaras ricos, nos bons tempos da borra-
cha,[5] davam esmolas de dez, vinte contos, para as caridades
140   do padre. Davam-lhe sítios, casas, roçados; os pobres, que
nada tinham, davam-lhe o seu trabalho. E depois da bênção
matinal, Meu Padrinho fazia a distribuição dos voluntários,
que se agrupavam aos centos à sua porta: "Os José vão para
a roça de Logradouro, os Antônio vão trabalhar com Casimiro,
145   os Francisco se apresentem a José Inácio nas Porteiras, os

de outro nome vão para as obras do orfanato..." E a turba
de homens se trançava, cada José, cada Antônio, cada Francisco, procurando disciplinadamente o seu grupo homônimo, para
dar de esmola ao santo o seu dia de serviço.

150   E recebendo tanto dinheiro--sendo tão rico que o seu testamento transcrito num livro enche vinte e cinco páginas--Meu
Padrinho nada possuía de seu. Usava uma batina que de tão velha já era verde, recortada de remendos, curta e humilde como
o burel dos beatos esmoleres. Comia apenas leite e arroz,
155 dormia numa rêde, morava numa casa de telha-vã. Era ùnicamente o intermediário das esmolas, o traço entre a mão do doador e a mão do socorrido. Ainda há muita gente viva que disso
pode servir de testemunha e não me há de deixar mentir.

***

    Quando era a hora da bênção, êle surgia à janela de sua
160 casa, defronte da turba que enchia mais de um quarteirão. Cada um lhe contava aos gritos as suas mágoas, os seus erros,
os pavores. Um criminoso lhe atirava aos pés o punhal com
que matara e confessava o pecado, banhado em pranto. E o Padre escutava, consolava, dava absolvição e remédio. Depois,
165 fazendo o sinal-da-cruz num gesto largo, com a mão trêmula,
abençoava a multidão enorme que, ajoelhada, batia nos peitos.
E sôbre o silêncio, sôbre a contrição dos romeiros, ouvia-se
a voz do velho, quebrada e lenta:
    --Quem matou não mate mais,[6] quem roubou não roube mais,
170 quem tomou mulher alheia entregue a mulher alheia e faça penitência... Não briguem, não bebam, não façam desordem, meus
filhos, que a Luz de Nosso Senhor não gosta de assassinos nem
de desordeiros...
    Ouvindo isso foi que Luís Padre e Sinhô Pereira, crimi-
175 nosos de muitas mortes, gente que bebia sangue como os outros
bebem água, "viram a Luz de Meu Padrinho", resolveram mudar
de vida e foram esconder seus pecados e seus arrependimentos
nas campinas distantes de Goiás, lá vivendo em penitência.

***

180   Quando o Padre Cícero morreu,[7] muita gente pensou que
chegara o fim do mundo. Houve quem ficasse doido varrido,[8]
e saísse para a rua, uivando como cachorro danado--loucos de
mêdo, de desamparo. Lampião,[9] que adorava o Padre, e jamais
atacara casa que tivesse quadro com a imagem de Meu Padrinho,
185 ou cristão que usasse no peito a sua medalha, obrigou tôda
criatura que encontrava a pôr um crepe na roupa, de luto pelo santo. Mais de oitenta mil pessoas acompanharam o entêrro.
O caixão, arrancado ao carro, foi conduzido nos braços da multidão que se carpia aos gritos, como uns órfãos.
190   Alguns dizem, que o Padre está debaixo do chão: os in-
créus, os materialistas. Porque a gente que tem fé conta que
Meu Padrinho, vendo a choradeira do povo, ressuscitou ali
mesmo, sentou-se no caixão, sorriu, deu bênção, depois dei-
tou-se outra vez e seguiu viagem dormindo, até à igreja do
195 Perpétuo Socorro. Ficou morando lá, naquela igreja que os
padres nunca quiseram benzer. De noite sai de casa em casa,

197 curando os doentes, consolando os aflitos. E se ninguém o vê,
na rua ou na igreja, é porque as asas dos anjos, rodeando-o
todo, o encobrem dos olhos dos viventes.[10]

(from A Donzela e a Moura Torta)

---

1 Juàzeiro - i.e., Juàzeiro do Norte, city in the interior of Ceará.
2 tinha um êxtase, e na sua bôca a partícula se cobria de sangue -
she fell into an ecstatic trance and in her mouth the particle
(small host distributed to the laity at communion) became covered with blood
3 "Se eu negar o que vi, ceguem meus olhos!" - "If I deny what I
saw, may my eyes go blind!"
4 Mas que admirava isso? - But what was surprising about that?
5 os paroaras ricos, nos bons tempos da borracha - the men who
became rich recruiting rubber workers, in the good days of rubber (i.e., during the rubber boom in the Amazon area when Brazil was the chief world source of rubber, until around 1913).
6 Quem matou não mate mais - Let him who has killed kill no more
7 Quando o Padre Cícero morreu - i.e., in 1934, at the age of 90
8 Houve quem ficasse doido varrido - There were some who went
stark raving mad
9 Lampião - nickname of Virgolino Ferreira da Silva, the most famous of the cangaceiros of the Northeast; along with ten of his
outlaw band, including his girl friend, Maria Bonita, he was
shot to death and then beheaded in 1938. Rachel de Queiroz
wrote a play, Lampião, in 1953, dealing with his last days.
10 The extraordinary hold that Padre Cícero still has over his
followers is evident in the fact that in late 1969 a gigantic
new statue of him was inaugurated in Juàzeiro do Norte. It is
the second largest monument in Brazil, exceeded in size only by
the statue of Christ the Redeemer in Rio de Janeiro.

Exercícios:

A. Para responder em português:

1. Onde e quando nasceu o Padre Cícero?
2. Como era êle? (Descreva-o.)
3. De que foi acusado por teólogos, médicos e sociólogos?
4. Que semelhanças há entre um santo e um doido, segundo a autora?
5. Por que a autora quer crer que "Meu Padrinho" foi um santo?
6. Que documentos vão ler os pesquisadores de 1970 e 80?
7. Qual é a importância da sêca de 1877 na vida do Padre Cícero?
8. Descreva o caso da beata Maria de Araújo que sucedeu lá por 1890.
9. Descreva o caso da comissão de teólogos e médicos que foram ao Juàzeiro a fim de pesquisar o caso da beata Maria de Araújo.
10. Qual foi a rebeldia do Padre Cícero e como a puniu o bispo?
11. Por que o padre e seu povo resolveram construir a igreja do Hôrto, e por que a abandonou o Padre Cícero?
12. Quem não abandonaram a igreja do Hôrto? O que fazem ainda hoje?
13. O que é a "Casa dos Milagres"?
14. Como era "Meu Padrinho" quando a autora o conheceu?
15. Como é que Juàzeiro se assemelhava a Jerusalém, Meca e Benares?
16. Era rico o Padre Cícero? Explique isto.
17. O que dizia êle à multidão na hora da bênção?
18. O que pensou muita gente quando o Padre Cícero morreu? Descreva o entêrro dêle.
19. Como mostrava Lampião que adorava "Meu Padrinho"?
20. Onde está agora o Padre Cícero, segundo a gente que tem fé nêle? E segundo a gente que não tem essa fé?

B. Dê a forma dos imperativos como nos exemplos:

Exemplo: Quem matou, não mate mais.
          Quem roubou, não roube mais.

1. Quem tomou mulher alheia, (entregar) _____ a mulher.
2. Para ser absolvido, (fazer) _____ penitência.
3. (Pedir) _____ a ajuda do Padre Cícero.
4. Juca, (abrir) _____ a porta!
5. (Chegar) _____ o mais cedo possível.
6. (Vir) _____ me ver quando tiver um momentinho.
7. Edson, (ver) _____ só, é o cúmulo!
8. (Esperar) _____ a sua vez; eu estava aqui primeiro.
9. (Vender) _____ a casa velha e (comprar) _____ outra nova.
10. (Fechar) _____ a caixa, Zélia, antes que saia a borboleta.

C. Note o uso do subjuntivo nos exemplos, depois preencha os espaços em branco:

Exemplo: Há quem fique doido varrido em momentos como êsse.
Houve quem ficasse doido varrido em momentos como êsse.

1. Há quem (dizer) _____ isso, mas eu não acredito.
2. Há quem (poder) _____ fazê-lo sem aprender primeiro.
3. Havia quem o (desmentir) _____, porém, não convencia os crentes.
4. Havia quem (desconfiar) _____ dêle.

D. Empregue em períodos originais:

1. Para vencer é preciso <u>valer-se</u> do próprio esfôrço.
2. <u>Daqui a</u> cinco dias a casa estará pronta.
3. <u>Custou-me</u> muito acabar o curso sem reprovação.
4. Logo chegou a comissão <u>a fim de</u> pesquisar.
5. <u>A despeito da</u> opinião das autoridades, o povo continuava a venerá-lo.
6. Em tôrno <u>dêsse</u> santo girava a vida de toda a cidade.
7. A batina <u>de tão</u> velha já era verde.
8. Há muita <u>gente</u> que pode <u>servir de</u> testemunha.
9. O Padre aparecia <u>defronte da</u> turba.
10. Ele só sai <u>de noite</u> <u>(de dia)</u>.
11. Esta roupa <u>não</u> me custou nada; foi dada <u>de esmola</u>.

E. Certo ou errado?

1. A <u>crônica</u> foi escrita em Março de 1944.
2. O Padre Cícero era alto e ereto como a estátua dêle que se vê no Juàzeiro.
3. Nestes tempos de diagnósticos científicos o Padre é considerado um doido mesmo pelos teólogos.
4. A môça roubada ficou internada num convento.
5. As lendas de hoje se transformam nos documentos históricos de amanhã.
6. A fama do Padre data desde uma grande sêca quando o Padre valeu os pobres.
7. Foi muito fácil para o Padre Cícero fazer-se padre.
8. O bispo decidiu auxiliar o Padre Cícero na sua obra espiritual.
9. No fim da sua vida o padre estava riquíssimo.
10. O povo pensa que o Padre foi transportado ao céu logo depois de morrer.

F. Para traduzir em português:

1. Padre Cícero was born in 1844 and died in 1934 when he was 90 years old. 2. He was ugly, short, and hunchbacked, with an enormous head and a diminutive body, but his blue eyes, limpid and mystical, were penetrating like a flame. 3. The <u>sertanejos</u> consider

him a saint who worked miracles. 4. Lampião, the most famous of
the bandits of the Northeast, adored Padre Cícero and never attacked
any house that had his picture or any person who wore his medal.
5. When Padre Cícero died many people thought the end of the world
had come; there were some who went stark raving mad and rushed out
into the street, howling like mad dogs. 6. More than 80,000 persons accompanied his funeral. 7. The faithful (those who have
faith) say that he still dwells in the church and that at night he
goes from house to house, consoling the afflicted and curing the
sick. 8. Others--theologians, doctors, sociologists, materialists,
and unbelievers--say that he was a megolomaniac, a paranoid, a gen-
erator of fanaticism, a protector of bandits, and an exploiter of
the credulity of the people of the sertão.

XXXIII

A REVOLUÇÃO DE 1930

-Eneida-

Realmente quase eu ia esquecendo aquela noite. Não fôsse uma enquête de jornal, a pergunta feita por um repórter, e eu jamais ressuscitaria êsse episódio de minha vida: uma noite com tantas tintas de tragédia e tão vistosas côres de comédia.

5   Éramos um bando alegre de criaturas irresponsáveis, porque jovens. Morávamos numa casa muito bela, de dois andares, florida e elegante, a única elegante e florida de uma rua triste, com um capim rebelde crescendo até o meio-fio. A Prefeitura de minha terra,--como de muitas e várias terras--nunca se preocupou com a limpeza das ruas; sempre deixou que o capim crescesse em liberdade e que o sujo tomasse conta das estátuas.

De nossa casa víamos o grande terreno do Quartel-General do Exército, seu palácio imponente dominando uma praça, seus campos destinados a não sei que treinamentos, pois nunca fui entendida nem entusiasta de assuntos militares. Éramos, por assim dizer, vizinhos, o Quartel-General e nós. Não será necessário dizer que tudo isso e o que ainda vai ser narrado, ocorreu em Belém do Pará,[1] a minha tão e sempre amada cidade natal.

Antes, numa manhã--ah! as maravilhosas manhãs de Amazônia, tão claras, tão claras--tinham vindo prender em nossa casa meu irmão mais velho, que me contara, sob promessa de absoluto e total silêncio, sob terrível juramento de guardar segrêdo, que estava conspirando contra a govêrno Washington Luís e aderira à Aliança Liberal.[2] Expusera longamente as razões de sua atitude tão inesperada num mocinho gostando de dançar, namorar e fazer esporte. Analisou para meus ouvidos atônitos a situação política local e do país inteiro. Falou demoradamente em assuntos que pensei não entendesse, contou casos de opressão e de desregramentos governamentais. Ouvi tudo sem proferir palavra e--confesso--naquele momento, conhecendo a família de moleques que éramos, o fato não me causou a menor emoção, apenas sentida depois, quando o jovem querido foi prêso.

35   Prêso meu irmão, comecei a sentir muita aflição, principalmente porque criados em pleno sol e alegria da Liberdade, nunca suportamos jugos, cerceamentos, escravizações e, por isso mesmo, cadeia. Os dias corriam agora dando-nos obrigações novas: visitávamos fielmente o prêso, que se comportava com bravura e dignidade, se bem que sempre se declarasse faminto, exigindo comidas feitas em casa, especiais quitutes. Mantinha, porém, seu bom humor constante, contava ou inventava estórias engraçadíssimas da prisão, de tudo se aproveitando, como até hoja o faz, para criar anedotas e piadas.

45   Uma noite--creio que dois ou três de outubro--saíra o chefe da família, e dentro de nossa casa bonita estávamos apenas
quatro crianças, duas empregadas e eu. Já estávamos preparados
para dormir quando sentimos estranho movimento na rua, geralmente silenciosa e triste: gente correndo, cornetas tocando,
50 nosso vizinho fardado num vaivém agitadíssimo, automóveis indo
e vindo, ordens dadas em vozes altas e ríspidas. Que teria
havido?[3] Chegamos todos à janela. Estava acontecendo alguma
coisa importante, isso não havia dúvida, mas que seria? Apenas eu sabia--sempre gostei de saber coisas da política--que
55 se esperava um movimento insurrecional em todo o país, que
aqui e ali muitos focos da revolução haviam já explodido. Sabia da existência da Aliança Liberal e de seus desejos.

      Achei mais prudente fecharmos a casa, esperar a volta do
ausente, mas um tiro soou. O primeiro, outro mais, e então
60 recolhemo-nos a um dos compartimentos da casa, aquêle onde se
enfileiravam meus livros, minha mesa e usava o título pomposo
de escritório. Ali, principalmente, eu construía ingênuos sonhos literários.

      Reunimo-nos no escritório, pequenina peça que até hoje,
65 tantos anos decorridos, posso descrever ainda e rever em detalhe: numa parede o grande retrato de minha mãe sorria.

      Os tiros se sucediam, secos a princípio, parecendo sem
direção, mas localizados em cima de nossa casa, quebrando vi-
draças e vidros, espelhos e louças, furando móveis e paredes.
70 De todos os sêres agasalhados naquela saleta, apenas eu sentia
a gravidade da situação. Para as crianças, aquilo parecia um
grande e maravilhoso espetáculo. Meu filho pequenino se en-
carregara da classificação de cada um dos tiros:

      - Viram como êsse foi gordo? Coitadinho dêste, magrinho,
75 feio! Ih! que beleza êsse grandão!

      Era um menino que jamais imaginara fôssem tão bonitinhos
os tiroteios. A menina, minha filha, sempre agarrada aos livros, já com um bruto sentido de responsabilidade pelas coisas
da vida, perguntava a todo momento:
80   - O que é que êles querem?

      Minha irmã, nos seus maravilhosos dez anos de idade, muito
ponderada--guardou êsse tom até morrer--protestava:

      - Não vejo por que tu ris; o caso é muito sério, precisa-
mos fazer alguma coisa. Pensa! E se puséssemos um lenço bran-
85 co?

      As empregadas, tristes, mudas, esmagadas, não compreendiam
que eu ria para não causar perturbação às suas inconsciências,
para não preocupar as crianças, esforçando-me para ficar ao nível destas últimas,[4] tão corajosas, tão ingênuas, desconhecendo
90 a realidade da situação. Não lembro se as empregadas rezavam;
creio que sim, mas recordo que não causaram o menor atropêlo
ao nosso heroísmo, inconsciente nas crianças, forçado em mim.

      Estávamos bloqueados. O dono da casa não pudera voltar
porque no momento em que tentara alcançar a rua fôra impedido
95 pelo "não se passa" de soldados armados de carabinas e baione-
tas. O tiroteio continuava. Uma coisa eu sentia: tôdas as

vêzes que acendíamos as luzes, êle se tornava mais intenso. Mas
como não acendê-las muitas vêzes, se as crianças queriam água,
leite ou ir ao toilette? Na escuridão, apenas minorada pelo
100 clarão dos tiros (haviam sido apagados os tristes lampiões da
rua) não poderíamos continuar por muito tempo, tínhamos sempre
que recorrer à luz.

Percebi que o tiroteio era dirigido contra nossa casa;
pensei que todo aquêle ódio era devido a meu irmão, "revolucio-
105 nário". (Que êle me perdoe as aspas.)

- Sabes--dissera-me êle no momento da confidência--vamos
ficar na História neste ano de 1930. Eu sou um "revolucionário".
Meu pai, pensava eu, um revolucionário com um coração daquele
tamanho, será que pode?^{5} Depois mudei de opinião, mas naquele
110 momento eu era uma mocinha cheia da alegria de viver. Queria
ter apenas direito a sonhar.

O tiroteio continuava, as horas corriam e meu irmão mais
môço sofria: estava com treze anos e depois de muita luta con-
seguira me convencer que devia sair das roupas infantis para
115 usar calças compridas. O terno--a primeira indumentária adulta--
chegara naquele tarde; houvera uma verdadeira festa. Aquêle
menino, tão amigo, lançava sua proclamação adulta. Com que orgulho exibira suas calças compridas, com que alegria comunica-
ra a todas que agora, sim, agora era um homem!
120 Dono de uma alegria contagiante, enquanto as balas choviam,
êle ia declarando:

- Fizeram esta revolução só por causa de minhas calças novas. Gente ruim, acontecer isso no dia em que o alfaiate mandou minha roupa de gente.^{6} Ah! se êles furarem minhas cal-
125 ças...

E saía de gatinhas a todo momento para ir ao quarto onde,
no guarda-roupa se perfilava, solene, aquêle terno que iria
marcar uma nova fase na sua vida.

Às seis da manhã a campainha da porta de entrada vibrou
130 fortemente. As crianças depois de uma noite tão cruel de vigília, dormitavam no grande divã da saleta. Com a campainha e
cessado o tiroteio, descemos todos. Agora batiam à porta com
as coronhas de carabinas. Abri.

Não posso lembrar quantos homens fardados entraram no pe-
135 quenino "hall", mas sei que o mais graduado (perdoai, jamais
soube intitular homens pelos galões que trazem no braço ou no
quepe) perguntou por meu irmão. Naturalmente tive um espanto:
--então não sabiam que êle estava prêso havia uns quinze dias?

- Pois o senhor não sabia?
140 Mas nisso êle viu um quepe na chapeleira. Avançou sôbre
o pobre chapéu militar, agitando-o no ar. Gritou:

- Onde está êle?
- Êle quem?
- O Magalhães Barata.
145 Aí compreendi tudo. Com as proezas de meu irmão mais velho nascera o boato de que em nossa casa estava instalado o
quartel-general dos revolucionários de 1930 em Belém do Pará,
e que o chefe do movimento estava escondido naquele palacete

tão calmo. O homem avançou para o cabide; meu irmão mais mô-
150 ço declarou forte:
          - Cuidado, não suje o meu quepe do Ginásio...
       Expliquei que jamais vira o chefe revolucionário, o que
não impediu que a casa fôsse vasculhada, invadida, numa busca
infrutífera.
155   - Sairão daqui com a escolta.
       Ordem sêca, que julguei de grande ridículo: aquêle ser
fardado e soberbo estava prendendo quatro crianças, o mais velho com treze anos, duas esmagadas domésticas e eu em plena
juventude. Que mal poderíamos estar causando?
160   Saímos para a rua. Espanto geral, protestos, à medida
que atravessávamos a cidade como heróis, achando tudo engraça-
díssimo. Pessoas amigas ou apenas conhecidas vinham para as
janelas, enquanto aquela escolta ladeava os terríveis prisioneiros. Sùbitamente fomos deixados numa rua. Atrás de nós
165 dezenas de curiosos vinham naturalmente querendo saber o nosso
destino. Depois um amigo recolheu-nos, abrigou-nos, pois tínhamos ordem de não voltar para a casa bombardeada, o que não
poderíamos fazer mesmo que quiséssemos: as balas haviam deixado marcas terríveis.
170   Mas o dia quatro de outubro--creio--foi uma festa: meu irmão em liberdade, aplaudido como líder, nós também saudados como se heróis fôssemos. Dias mais tarde naquele querido "Estado do Pará", jornal que abrigou meus primeiros trabalhos, eu
escrevia arrogantemente um artigo, declarando: "essa revolução
175 não é a minha". (Até hoje me espanto como naquele momento--
tão jovem--eu pude ver longe ou melhor prever o futuro.)[7]
       É essa a lembrança que tenho da revolução de 1930, se bem
que guarde, como o melhor dela, o terem sido respeitadas as
calças compridas de meu irmão. Quando êle afinal as vestiu,
180 bem merecia, pois defendeu-as como um herói na noite trágica.
       A revolução de 1930 para mim é a estória das primeiras
calças compridas do mais amado e do melhor irmão do mundo.

                                        (from Aruanda)

---

1 Belém do Pará - Belém, capital of the state of Pará, is the
   chief port of the geographic region known as Amazônia.
2 Washington Luís...Aliança Liberal - The "Liberal Alliance" was
   a coalition that opposed Washington Luís Pereira de Sousa (1870-
   1957), tenth president of Brazil, who had been elected for the
   term 1926-30 but was deposed in October 1930 by the revolution
   led by Getúlio Vargas (see note in the crônica "Vende a Casa").
   (Brazilians often refer to their public figures by their first
   names only; thus, "Getúlio," "Washington Luís," "Juscelino"
   (Kubitschek), "Jânio" (Quadros), "Rui" (Barbosa),   etc.   The
   "patriarch of Brazilian independence" is known as "José Bonifá-
   cio" (de Andrada e Silva).)
3 Que teria havido? - What could have happened?

4   destas últimas - of the latter (i.e., the "crianças")
5   Meu pai, pensava eu...será que pode? - My goodness, I thought
    to myself, a revolutionary with a heart that size (i.e., so
    young a revolutionary), can it be possible?
6   roupa de gente - adult clothes
7   prever o futuro - The author means that she "foresaw" that the
    revolution was not the one she was hoping for, because Vargas
    eventually assumed dictatorial powers and his government be-
    came more oppressive than the one it had replaced.   Eneida was
    herself imprisoned at various times between 1932 and 1945 for
    political reasons.

Exercícios:

A. Responda em português:

 1. Onde morava a autora e a sua família?
 2. O que podiam ver de sua casa?
 3. Que tinha contado o irmão mais velho à autora sob promessa
     de silêncio?
 4. Por que a atitude dêle era inesperada?
 5. Como se portava o irmão na cadeia?
 6. Quantas pessoas estavam na casa na noite de dois ou três de
     outubro?
 7. O que sentiram na rua quando já estavam preparados para dor-
     mir?
 8. Ao ouvirem os tiroteios, qual foi a reação das crianças?
 9. Por que ria a autora?
10. Por que o dono da casa não pôde voltar?
11. Por que era um dia muito importante para o irmão mais môço?
12. O que aconteceu às seis da manhã?
13. Que boato tinha nascido com as proezas do irmão mais velho?
14. Quem eram "os terríveis prisioneiros" e onde foram deixados?
     Por que não puderam voltar para a casa?
15. Por que o dia quatro de outubro foi uma festa?
16. O que a autora escreveu dias mais tarde no jornal?
17. Por que o irmão mais môço bem merecia vestir as calças com-
     pridas?
18. Para a autora, o que é a revolução de 1930?

B. Substitua o verbo nas cláusulas (clauses) sublinhadas pelo
    infinitivo pessoal:

Exemplo: Achei mais prudente que fechássemos a casa.
           Achei mais prudente fecharmos a casa.
           Vou fazer o jantar antes que venham.
           Vou fazer o janter antes de virem.

 1. A lembrança que guardo é que as calças compridas de meu ir-
     mão foram respeitadas.
 2. É recomendável que se recolham no escritório.

3. <u>Antes que fôssem anunciadas as notícias</u>, o irmão foi prêso.
4. A irmã pediu aos meninos <u>que apagassem as luzes</u>.
5. Sinto <u>que não tenhamos chamado a polícia</u>.
6. A empregada arranjou um sofá para <u>que os outros se deitassem</u>.
7. O ataque foi planeado sem <u>que soubéssemos nada</u>.
8. Só depois <u>que saíram</u> ela viu que a casa estava terrìvelmente marcada.
9. Temo <u>que sejam os soldados do quartel</u>.
10. O mais bonito foi <u>que as alunas cantaram o hino escolar</u>.

<u>C</u>. Empregue em períodos originais:

1. O irmão <u>se comportava</u> com dignidade.
2. Êle <u>se aproveitava de</u> tudo para criar piadas.
3. Aos sábados <u>nos reuníamos</u> às seis da tarde no Colombo.
4. Eu <u>encarreguei</u>-o <u>de</u> classificar os tiros.
5. <u>À medida que</u> andávamos pelas ruas, as pessoas vinham correndo para nos ver.

<u>D</u>. Certo ou errado?

1. A autora escreveu a crônica para satisfazer um pedido de jornal.
2. O episódio ocorreu num subúrbio de uma pequena cidade do Sul.
3. Os tempos eram de muita inquietação devido a discórdias por todo o país.
4. Uma noite, estando só mulheres e meninos, a casa foi atacada pelos habitantes do edifício vizinho.
5. Vai sem dizer que ficaram todos aflitíssimos.
6. Um dos bloqueados temia que entre os prejuízos causados pelos tiros se contassem umas calças furadas.
7. Os tiros começaram a chover ainda mais quando ficou dia.
8. Os soldados vinham prender o irmão da autora o qual tinha escapado da cadeia.
9. Quando o equívoco foi resolvido, os soldados pediram desculpa e se foram embora.
10. Por tôda a crônica vê-se que a autora é uma mulher que acha romântica a vida militar.

<u>E</u>. Traduza em português:

1. In October 1930 Eneida was living in her native city of Belém in an elegant two-story house. 2. One bright morning some soldiers came to arrest the older of her two brothers who was conspiring against the government. 3. She visited him in jail and brought him home-cooked food; he told her funny stories about the prison. 4. One night when she was at home with her two children, her ten-year old sister, her thirteen-year old brother, and two servants, they heard strange movements in the street: people running, bugles blowing, automobiles coming and going. Something important was happening. 5. Some shots began to sound; many of them pierced the walls and furniture of the house, breaking win-

dow panes, mirrors, and china. 6. Her younger brother was worried (preocupado) about his new suit that was in the wardrobe in
the bedroom. 7. It was his first adult suit, with long pants,
and he was afraid that one of the bullets might put a hole in
them (might pierce them). 8. Two days later everybody was happy.
The older brother was free and the younger brother was able to
wear his first long pants, and for Eneida that is the story of the
revolution of 1930.

View of Downtown São Paulo

courtesy of Varig Airlines

Old Salvador (Bahia)

XXXIV

A B Í L I O   E   S C H O P E N H A U E R

-Machado de Assis-[1]

    Guimarães chama-se êle; ela Cristina. Tinham um filho,
a quem puseram o nome de Abílio. Cansados de lhe dar maus
tratos, pegaram do filho, meteram-no dentro de um caixão e foram pô-lo em uma estrebaria, onde o pequeno passou três dias,
5   sem comer nem beber, coberto de chagas, recebendo bicadas de
galinhas, até que veio a falecer. Contava dous anos de idade.
Sucedeu êste caso em Pôrto Alegre, segundo as últimas fôlhas,
que acrescentam terem sido os pais recolhidos à cadeia, e
aberto o inquérito. A dor do pequeno foi naturalmente gran-
10   díssima, não só pela tenra idade, como porque bicada de galinha dói muito, mormente em cima de chaga aberta. Tudo isto,
com fome e sêde, fê-lo passar "um mau quarto de hora", como
dizem os franceses, mas um quarto de hora de três dias; donde se pode inferir que o organismo do menino Abílio era apro-
15   priado aos tormentos. Se chegasse a homem, dava um lutador
resistente; mas a prova de que não iria até lá, é que morreu.
    Se não fôsse Schopenhauer,[2] é provável que eu não tratas-
se dêste caso diminuto, simples notícia de gazetilha. Mas há
na principal das obras daquele filósofo um capítulo destinado
20   a explicar as causas transcendentes do amor. Êle, que não
era modesto, afirma que êsse estudo é um pérola. A explicação é que dous namorados não se escolhem um ao outro pelas
causas individuais que presumem, mas porque um ser, que só
pode vir dêles, os incita e conjuga. Apliquemos esta teoria
25   ao caso Abílio.
    Um dia Guimarães viu Cristina, e Cristina viu Guimarães.
Os olhos de um e de outro trocaram-se, e o coração de ambos
bateu fortemente. Guimarães achou em Cristina uma graça particular, alguma cousa que nenhuma outra mulher possuía. Cris-
30   tina gostou da figura de Guimarães, reconhecendo que entre todos os homens era um homem único. E cada um disse consigo:
"Bom consorte para mim!" O resto foi o namôro mais ou menos
longo, o pedido da mão da môça, as formalidades, as bodas. Se
havia sol ou chuva, quando êles casaram, não sei; mas, supon-
35   do um céu escuro e o vento minuano, valeram tanto como a mais
fresca das brisas debaixo de um céu claro. Bem-aventurados
os que se possuem, porque êles possuirão a terra. Assim pen-
saram êles. Mas o autor de tudo, segundo o nosso filósofo,
foi ùnicamente Abílio. O menino, que ainda não era menino
40   nem nada, disse consigo logo que os dous se encontraram: "Guimarães há de ser meu pai, e Cristina há de ser minha mãe; não
quero outro pai nem outra mãe; é preciso que nasça dêles, levando comigo, em resumo, as qualidades que estão separadas
nos dous". As entrevistas dos namorados era o futuro Abílio
45   que as preparava; se eram difíceis, êle dava coragem a Gui-

marães para afrontar os riscos, e paciência a Cristina para
esperá-lo. As cartas eram ditadas por êle. Abílio andava no
pensamento de ambos, mascarado com o rosto dela, quando estava
no dêle, e com o dêle, se era no pensamento dela. E fazia
50 isso a um tempo,como pessoa que, não tendo figura própria, não
sendo mais que uma idéia específica, podia viver inteiro em
dous lugares, sem quebra de identidade nem de integridade. Falava nos sonhos de Cristina com a voz de Guimarães, e nos de
Guimarães com a de Cristina, e ambos sentiam que nenhuma outra
55 voz era tão doce, tão pura, tão deleitosa.
        Enfim, nasceu Abílio. Não contam as fôlhas cousa alguma
acêrca dos primeiros dias daquele menino. Podiam ser bons.
Há dias bons debaixo do sol. Também não se sabe quando começaram os castigos,--refiro-me aos castigos duros, os que ab-
60 riram as primeiras chagas, não as pancadinhas do princípio,
visto que tôdas as cousas têm um princípio, e muito provável
é que nos primeiros tempos da criança os golpes fôssem apli-
cados diminutivamente. Se chorava, é porque a lágrima é o suco da dor. Demais, é livre,--mais livre ainda nas crianças
65 que mamam, que nos homens que não mamam.
        Chagado, encaixotado, foi levado à estrebaria, onde, por
um desconcêrto das cousas humanas, em vez de cavalos, havia
galinhas. Sabeis já que estas, mariscando, comiam ou arranca-
vam sòmente pedaços da carne de Abílio. Aí, nesses três dias,
70 podemos imaginar que Abílio, inclinado aos monólogos, recitas-
se êste outro de sua invenção: "Quem mandou aquêles dous casa-
rem-se para me trazerem a êste mundo? Estava tão sossegado,
tão fora dêle, que bem podiam fazer-me o pequeno favor de me
deixarem lá. Que mal lhes fiz eu antes, se não era nascido?
75 Que banquete é êste em que o convidado é que é comido?"
        Nesse ponto do discurso é que o filósofo de Dantzig, se
fôsse vivo e estivesse em Pôrto Alegre, bradaria com a sua velha irritação: "Cala a bôca, Abílio. Tu não só ignoras a verdade, mas até esqueces o passado. Que culpa podem ter essas
80 duas criaturas humanas, se tu mesmo é que os ligaste? Não te
lembras que, quando Guimarães passava e olhava para Cristina,
e Cristina para êle, cada um cuidando de si, tu é que os fi-
zeste atraídos e namorados? Foi a tua ânsia de vir a êste mundo que os ligou sob a forma de paixão e de escolha pessoal.
85 Êles cuidaram fazer o seu negócio, e fizeram o teu. Se te
saiu mal o negócio, a culpa não é dêles, mas tua, e não sei se
tua sòmente...Sôbre isto, é melhor que aproveites o tempo que
ainda te sobrar das galinhas, para ler o trecho da minha grande obra, em que explico as cousas pelo miúdo. É uma pérola.
90 Está no tomo II, livro IV, capítulo XLIV...Anda, Abílio, a verdade é verdade ainda à hora da morte. Não creias nos profes-
sôres de filosofia, nem na peste de Hegel..."3
        E Abílio, entre duas bicadas:
        - Será verdade o que dizes, Artur; mas é também verdade
95 que, antes de cá vir, não me doía nada, e se eu soubesse que
teria de acabar assim, às mãos dos meus próprios autores, não

teria vindo cá. Ui! ai!⁴

--16 de junho de 1895

1 Joaquim Maria Machado de Assis (1839-1908) is Brazil's foremost
   man of letters of all time. A mulatto of humble origin, and
   largely self-taught, his novels, short stories, crônicas, and
   other writings brought him fame and honor in his lifetime and
   he was elected the first president of the Academia Brasileira
   de Letras in 1897. The two startlingly different crônicas of
   his that we have selected for this volume exemplify the diversity of themes in his work and reflect two fundamental aspects
   of his attitude: his tragic view of life, made bearable only by
   his ironic wit. This attitude is further seen in the novels
   and stories that are his masterpieces, particularly Memórias
   Póstumas de Brás Cubas, Quincas Borba, Dom Casmurro, and "O
   Alienista" (translated into English with considerable success as,
   respectively, Epitaph of a Small Winner, Philosopher or Dog?,
   Dom Casmurro, and "The Psychiatrist").
2 Arthur Schopenhauer (1788-1860), German philosopher, born in
   Danzig. Chapter 44 of Volume II of Book IV of Schopenhauer's
   The World as Will and Representation is entitled "The Metaphysics of Sexual Love." In this chapter we read: "All amorous-
   ness is rooted in sexual impulse alone .." and "The true end
   of the whole love story, though the parties are unaware of it is
   (that) this particular child may be begotten; the method and manner by which this end is attained is of secondary importance."
   Further on in the same passage we read: "In the meeting and
   fixation of their longing glance there arises the first germ of
   the new being..." (cf. "To be a gleam in one's father's eye").
   See the Falcon Wing Press edition, trans. E. F. J. Payne (Col-
   orado, 1958), pp. 535-36.
3 nem na peste de Hegel - nor in that nuisance of a Hegel. (Georg
   Friedrich Wilhelm Hegel (1770-1831). German philosopher.)
4 Ui! ai! - Ow! Ouch!

XXXV

QUE HÁ DE NÔVO?

-Machado de Assis-

Há na comédia Verso e Reverso, de José de Alencar,[1] um personagem que não vê ninguém entrar em cena, que não lhe pergunte:--Que há de nôvo? Êsse personagem cresceu com os trinta e tantos anos que lá vão, engrossou, bracejou por todos os cantos da cidade, onde ora ressoa a cada instante:--Que há de nôvo? Ninguém sai de casa que não ouça a infalível pergunta, primeiro ao vizinho, depois aos companheiros de bond.[2] Se ainda não a ouvimos ao próprio condutor do bond, não é por falta de familiaridade, mas porque os cuidados políticos ainda o não distraíram da cobrança das passagens e da troca de idéias com o cocheiro. Tudo, porém, chega a seu tempo e compensa o perdido.

Confesso que esta semana entrei a aborrecer semelhante interrogação. Não digo o número de vêzes que a ouvi, na segunda-feira, para não parecer inverossímil. Na têrça-feira, cuidei lê-la impressa nas paredes, nas caras, no chão, no céu e no mar. Todos a repetiam em tôrno de mim. Em casa, à tarde, foi a primeira cousa que me perguntaram. Jantei mal; tive um pesadelo; trezentas mil vozes bradaram do seio do infinito:--Que há de nôvo? Os ventos, as marés, a burra de Balaão,[3] as locomotivas, as bôcas de fogo, os profetas, tôdas as vozes celestes e terrestres formavam êste grito uníssono:--Que há de nôvo?

Quis vingar-me; mas onde há tal ação que nos vingue de uma cidade inteira? Não podendo queimá-la, adotei um processo delicado e amigo. Na quarta-feira, mal saí à rua, dei com um conhecido que me disse, depois dos bons dias costumados:

- Que há de nôvo?
- O terremoto.
- Que terremoto? Verdade é que esta noite ouvi grandes estrondos, tanto que supus serem as fortalezas tôdas juntas. Mas há de ser isso, um terremoto; as paredes da minha casa estremeceram; eu saltei da cama; estou ainda surdo...Houve algum desastre?
- Ruínas, senhor, e grandes ruínas.
- Não me diga isso! A Rua do Ouvidor,[4] ao menos...
- A Rua do Ouvidor está intacta, e com ela a Gazeta de Notícias.
- Mas onde foi?
- Foi em Lisboa.[5]
- Em Lisboa?
- No dia de hoje, 1 de novembro, há século e meio. Uma calamidade, senhor! A cidade inteira em ruínas. Imagine por um instante, que não havia o Marquês de Pombal,--ainda o não era,--Sebastião José de Carvalho, um grande homem, que pôs

45 ordem a tudo, enterrando os mortos, salvando os vivos, enfor-
cando os ladrões, e restaurando a cidade. Fala-se da reconstrução de Chicago; eu creio que não lhe fica abaixo o caso
de Lisboa, visto a diferença dos tempos, e a distância que
vai de um povo a um homem. Grande homem, senhor! Uma cala-
50 midade! uma terrível calamidade!

Meio embaçado, o meu interlocutor seguiu caminho, a buscar notícias mais frescas. Peguei em mim e fui por aí fora
distribuindo o terremoto a tôdas as curiosidades insaciáveis.
Tornei satisfeito a casa; tinha o dia ganho.

55 Na quinta-feira, dous de novembro, era minha intenção
ir tão-sòmente ao cemitério; mas não há cemitério que valha
contra o personagem do Verso e Reverso. Pouco depois de
transpor o portão da lúgubre morada, veio a mim um amigo vestido de prêto, que me apertou a mão. Tinha ido visitar os
60 restos da espôsa (uma santa!), suspirou e concluiu:

- Que há de nôvo?
- Foram executados.
- Quem?
- A coragem, porém, com que morreram, compensou os des-
65 varios da ação, se ela os teve; mas eu creio que não. Real-
mente, era um escândalo. Depois, a traição do pupilo e afilhado foi indigna; pagou-se-lhe o prêmio, mas a indignação
pública vingou a morte do traído.
- De acôrdo; um pupilo..Mas quem é o pupilo?
70 - Um miserável, Lázaro de Melo.
- Não conheço. Então, foram executados todos?
- Todos; isto é, dous. Um dos cabeças foi degredado por
dez anos.
- Quais foram os executados?
75 - Sampaio...
- Não conheço.
- Nem eu; mas tanto êle, como o Manuel Beckman,[6] executados neste triste dia de mortos...Lá vão dous séculos! Em verdade, passaram mais de duzentos anos, e a memória dêles ain-
80 da vive. Nobre Maranhão!

O viúvo mordeu os beiços; depois, com um toque de ironia
triste, murmurou:
- Quando lhe perguntei o que havia de nôvo, esperava alguma cousa mais recente.
85 - Mais recente só a morte de Rocha Pita,[7] neste mesmo
dia, em 1738. Note como a história se entrelaça com os historiadores; morreram no mesmo dia, talvez à mesma hora, os
que a fazem e os que a escrevem.

O viúvo sumiu-se; eu deixei-me ir costeando aquelas ca-
90 sas derradeiras, cujos moradores não perguntaram nada, naturalmente, porque já tiveram resposta a tudo. Neocrópole da
minha alma, aí é que eu quisera residir e não nesta cidade
inquieta e curiosa, que não se farta de perscrutar, nem de
saber. Se aí estivesse de uma vez, não ouviria como no dia
95 seguinte, sexta-feira, a mesma eterna pergunta. Era já cêr-

ca de 11 horas quando saí de casa, armado de um naufrágio, um
terrível naufrágio, meu amigo.

    - Onde? Que naufrágio?

    - O cadáver da principal vítima não se achou; o mar ser-
100 viu-lhe de sepultura. Natural sepultura; êle cantou o mar, o
mar pagou-lhe o canto arrebatando-o à terra e guardando-o para
si. Mas vá que se perdesse o homem; o poema, porém, êsse poema, cujos quatro primeiros cantos aí ficaram para mostrar o
que valiam os outros...Pobre Brasil! pobre Gonçalves Dias![8]
105 Três de novembro, dia horrível; 1864, ano detestável! Lembro-
me como se fôsse hoje. A notícia chegou muitos dias depois do
desastre. O poeta voltava ao Maranhão...

    Raros ouviam o resto. Os que ouviam, mandavam-me inte-
riormente a todos os diabos. Eu, sereno, ia contando, con-
110 tando, e recitava versos, e dizia a impressão que tive a primeira vez que vi o poeta. Estava na sala de redação do Diário
do Rio, quando ali entrou um homem pequenino, magro, ligeiro.
Não foi preciso que me dissessem o nome; adivinhei quem era.
Gonçalves Dias! Fiquei a olhar, pasmado, com tôdas as minhas
115 sensações e entusiasmos da adolescência. Ouvia cantar em mim
a famosa "Canção do Exílio". E toca a repetir a canção, e a
recitar versos sôbre versos. Os intrépidos, se me agüentavam
até o fim, marcavam-me; eu só os deixava moribundos.

    No sábado, notei que os perguntadores fugiam de mim, com
120 receio, talvez, de ouvir a queda do império romano ou a conquista do Peru. Eu, por não fiar dos tempos, saí com a morte de Tôrres Homem[9] no bôlso; era recentíssima, podia enganar
o estômago. Creio, porém, que a explosão da véspera bastou
às curiosidades vadias. Não me argúam de impiedade. Se é
125 certo, como já se disse, que os mortos governam os vivos, não
é muito que os vivos se defendam com os mortos. Dá-se assim
uma confederação tácita para a boa marcha das cousas humanas.

    Hoje não saio de casa; ninguém me perguntará nada. Não
me perguntes tu também, leitor indiscreto, para que eu te não
130 responda como na comédia, após o desenlace:--Que há de nôvo?
inquiriu o curioso, entrando. E um dos rapazes:--Que vamos
almoçar.

                                   --5 de novembro de 1893

---

1 José de Alencar (1829-77), Brazil's outstanding prose writer of
the Romantic period. Noted primarily for such novels as O Gua-
rani, Iracema, As Minas de Prata, and Senhora, he also wrote
several plays, including Verso e Reverso, published in 1857,
thirty-six years before this crônica by Machado de Assis, who
was a great admirer of Alencar.
2 bond (or bonde) - streetcar. As bonds (securities) were used
to finance the first streetcars in Brazil, the English word
came to be used for the streetcars themselves.

3 a burra de Balaão - reference to the Biblical prophet Balaam whose ass, given the power of speech, reproached him for his cruelty (Numbers 22).

4 Rua do Ouvidor - one of Rio's most famous streets, located in the heart of the downtown area

5 The disastrous Lisbon earthquake of 1755 caused the death of thousands of people and destroyed much of the city. Lisbon was rebuilt under the energetic direction of the king's prime minister, Sebastião José de Carvalho e Melo, who later became the Marquis of Pombal and is famous as one of the "enlightened despots" of the 18th century.

6 Manuel Beckman, a Brazilian political figure born in Portugal who led a temporarily successful revolt against the Jesuits and the monopolistic economic practices of the local government in the province of Maranhão in northern Brazil. Forced later to flee, he was captured as a result of betrayal by his godson, Lázaro de Melo, and, along with another revolutionary leader, Jorge de Sampaio, was put to death on Nov. 2, 1685.

7 Sebastião da Rocha Pita (1660-1738), author of História da América Portuguêsa (1730), died on Nov. 2, 1738.

8 Gonçalves Dias, one of Brazil's outstanding Romantic poets (see note in the crônica "Brasileiro, Homem do Amanhã"), died in a shipwreck off the coast of Maranhão on Nov. 3, 1864. He had published the first four cantos of an epic poem, Os Timbiras, in 1857; the manuscript of the remaining cantos was lost in the shipwreck.

9 Francisco de Sales Tôrres Homem (1812-76), notable Brazilian orator, journalist, and statesman, an ardent abolitionist.

XXXVI

UM GÊNERO BRASILEIRO: A CRÔNICA

-Paulo Rónai-

Para qualquer brasileiro a palavra de "crônica" tem sentido claro e inequívoco, embora ainda não dicionarizado; designa uma composição breve, relacionada com a atualidade, publicada em jornal ou revista. De tal forma êsse significado está generalizado que só mesmo os especialistas em historiografia se lembram de outro, bem mais antigo, o de narração histórica por ordem cronológica.

Se não pode haver dúvida quanto ao sentido generalizado da palavra, nota-se alguma hesitação quanto à classificação técnica da noção designada por ela. É ou não é a crônica um gênero literário? Críticos de valor negam-lhe essa categoria. A sua oposição fundamenta-se na ambigüidade dêsse tipo de composição que, segundo o pendor natural de quem o maneja, tende ora para o poema em prosa ora para o conto, ora para o ensaio ora para o comentário, e que, devido ao caráter passageiro dos próprios periódicos que o abrigam, parece irremediàvelmente condenado à transitoriedade.

Acontece, porém, de algum tempo para cá, que essas obrinhas indefiníveis estão sendo reunidas em volumes com freqüência cada vez maior e encontram grande aceitação por parte do público. Algumas destas coletâneas chegaram a ter várias edições e há mesmo umas que estão sendo adotadas em escolas.

O que talvez explique a ojeriza de parte dos críticos é que a crônica escraviza alguns dos melhores escritores, desviando-os dos gêneros nobres da literatura em que se notabilizaram. Logo depois de um precioso romance de estréia, O Encontro Marcado, Fernando Sabino se deixou devorar pela crônica; Rachel de Queiroz, autora festejada de O Quinze, João Miguel, Caminho de Pedras, e As Três Marias parece ter abandonado de vez o gênero que lhe deu fama, arrebatada pela crônica ela também. Há nessas críticas alguma censura aos próprios escritores que teriam preferido a facilidade ao esfôrço, o efêmero ao duradouro.

Censura-se ainda, na crônica, a desigualdade da produção. É claro que um escritor obrigado a entregar suas duas laudas tôda semana (quando não dia sim dia não, no caso de jornais diários) não pode produzir outras tantas obras-primas. Mesmo êsse gênero leve, que talvez nem seja um gênero, depende, com efeito, de inspiração. Mas as coletâneas que representam uma seleção feita pelos próprios autores, remedeiam em certa medida êsse inconveniente.

Dito isto, tentemos distinguir algumas características comuns a tôdas as crônicas. Não serão muitas, mas existem.

O ponto de partida da crônica é sempre um aspecto da atualidade. Dentro dêsse critério poderá ser um evento de interêsse geral ou um acontecimento estritamente particular, tanto uma revolução que vira tudo pelo avêsso quanto uma ponta de conversa apanhada na rua. Quer dizer que o passado, assunto por excelência da crônica antiga, está por definição excluído da crônica moderna. Não que não encontremos, de vez em quando, crônicas evocativas; mas em tôdas elas, obrigatòriamente, as reminiscências são provocadas por alguma contingência do momento.

O tamanho da crônica é fixo: varia entre uma ou duas laudas datilografadas. Como no Brasil não se adotou ainda o sistema da contagem por palavras, fixa-se o número de linhas: de 30 a 60. É inimaginável uma crônica de dez páginas. Observese ainda que as crônicas de um autor possuem em regra geral o mesmo tamanho. Compreende-se: êle tem à sua disposição um cantinho de jornal que é sempre o mesmo, sempre a mesma superfície de papel branco a encher de prêto. Nesse sentido a crônica é um verdadeiro exercício de estilo. As dimensões reduzidas do espaço disponível forçam o autor a conter-se, impedem o derramamento e a tautologia, constituem um antídoto da oratória patética e tropical.

Uma lei não escrita da crônica proibe terminantemente o uso do jargão jornalístico. Orgânicamente ligado ao jornal, a crônica é como que um oasis de onde os chavões da imprensa, os clichés, as frases feitas, tôdas as características do estilo impresso, solene e empolado são rigorosamente excluídos. Embora ela mesma constitua por definição um gênero impresso, a crônica paradoxalmente é sempre uma amostra da língua falada, um repositório da linguagem coloquial e, por isso mesmo, uma verdadeira mina para os estudantes de português de outra nacionalidade.

Dentro de seus limites restritos a crônica não admite a tensão dramática. Nem por isso o seu tom há de ser necessàriamente frívolo, ou alegre sequer, já que muitas vêzes o seu pretexto é a morte de alguém. Ainda nestes casos, será uma despedida antes que um necrológio, procurando evocar o falecido em suas atitudes características de todos os dias, seus gestos familiares, seus ditos chistosos.

Como outra marca distintiva da crônica assinalemos o seu caráter inconclusivo. Ela não deve ter nem conclusão prática nem lição moral, a não ser pilhérica. Uma crônica moralizante condenaria o seu autor à pena máxima; a de ser jogada com enfado na mesa.

Não é a crônica um fenômeno inteiramente moderno; desde o fim do século passado ela foi praticada com espírito e graça por Machado de Assis, João Ribeiro, e alguns outros. Mas alcançou o seu florescimento completo graças ao desenvolvimento recente dos jornais, e mais ainda das revistas de tipo magazine. Uma de suas sub-espécies é a crônica radiofônica, praticada com brilho por Dinah Silveira de Queiroz e Genolino Amado; mas em suas variantes essenciais continua ligada ao periodismo impresso.

Por estarem os jornais e as revistas mais importantes lo-

calizados no Rio de Janeiro, a crônica é necessàriamente me-
tropolitana, mais particularmente carioca. Pode o autor não
100 ser do Rio de Janeiro: Carlos Drummond de Andrade e Fernando
Sabino são mineiros, Rachel de Queiroz cearense, Rubem Braga
capixaba, Eneida paraense, Lêdo Ivo alagoano--mas a sua página reflete forçosamente o momento carioca. Existem alguns
cronistas excelentes em São Paulo, tais como Luís Martins ou
105 Helena Silveira; há outros bons espalhados pelo Brasil (Mauro
Mota, Milton Dias, Mariazinha Congílio, etc.)--mas, graças à
obra dos citados em primeiro lugar, e mais de Paulo Mendes
Campos, Sérgio Pôrto, Manuel Bandeira, Ribeiro Couto (os três
últimos já falecidos) e vários outros, ela revela sobretudo o
110 Rio de Janeiro visto por brasileiros de todos os Estados.

Acrescentemos outro predicado da crônica, completamente
involuntário, que é o seu valor de documento sociológico. Enquanto o nôvo romance carioca vive voltado para os problemas
psicológicos, focalizando as mais das vêzes aspectos patológi-
115 cos com particular ênfase no sexo, a crônica abrange a totalidade da vida: os costumes, as modas, os <u>slogans</u>, os problemas
do momento, as preocupações urbanas, o tempo que faz, os assuntos mais corriqueiros. Sem dúvida alguma os historiadores
do futuro hão de recorrer às crônicas para reconstituírem a
120 fisionomia do Brasil do nosso tempo.

Já pensei em compilar com duas ou três dúzias de crônicas
escolhidas a dedo uma antologia que formasse uma <u>Introdução ao
Brasil</u> para turistas interessados e imigrantes alfabetizados.
Só não cheguei a apresentar a idéia a nenhum editor amigo foi
125 por convencer-me em tempo de que a sua realização seria obsta-
da por um obstáculo sério. Com efeito, os viajantes sentimentais que deveriam ler essa coletânea com o maior proveito não
sabem o português. Pois uma das características inconfundí-
veis da crônica é precisamente a sua quase intraduzibilidade.
130 Tão enraizada está ela na terra de que brota, tão ligada às
sugestões sentimentais do ambiente, aos hábitos lingüísticos
do meio, à realidade social circundante que, vertida em qualquer idioma estrangeiro, precisaria de um sem-número de erudi-
tas notas de pé de página destinadas a esclarecer alusões e
135 subentendidos, o que contrastaria profundamente com outra característica fundamental do gênero, a leveza.

Pode eventualmente a crônica conter informações e divul-
gar noções, porém só de maneira acessória, displicentemente,
como quem não quer nada, mas nunca num tom informativo.
140 Agora a última exigência da crônica, e talvez a mais importante: para não sair do tom, o cronista deve ter talento,
muito talento. Nada demonstra melhor a presença ou a ausência
dêsse ingrediente indispensável do que a leitura das
crônicas reunidas em volume por um autor: se lhe falta talento,
145 aquelas páginas supostamente leves tornam-se pesadas que nem as
de um tratado de Estatística, a sua atualidade metamorfoseia-
se em anacronismo, os seus chistes caem no vácuo.

Feitas as contas, não hesitamos em considerar a crônica como um nôvo gênero da literatura brasileira, merecedor de inte-
150 rêsse e de estudo.

The Presidential Palace (Palácio da Alvorada), Brasília

Jangadas, in Ceará

A P P E N D I X

BIO-BIBLIOGRAPHICAL NOTES
Authors and Texts

Carlos Drummond de Andrade, poet, cronista, short story writer;
born in Itabira, Minas Gerais, 1902. "A Abobrinha," "Vende a
Casa," "Caso de Almôço," "Caso de Rencenseamento," and "Caso
Segundo de Recenseamento," all appear in the first edition of
his Cadeira de Balanço (Rio de Janeiro: José Olympio, 1966).

Joaquim Maria Machado de Assis, novelist, short story writer, cronista, poet, literary critic, dramatist; born in Rio de Janeiro,
1839, died in Rio de Janeiro, 1908. The two crônicas in this
book, to which we have given the titles "Abílio e Schopenhauer"
and "Que Há de Nôvo?," appeared originally in his column, which
had the general title of "A Semana," in the Gazeta de Notícias
(Rio de Janeiro) on June 16, 1895, and November 5, 1893, respectively, and have been reprinted in several modern editions of
his works by such publishers as Aguilar, Agir, Jackson, and Cultrix.

Manuel Bandeira, poet, literary critic and historian, professor of
literature, cronista; born in Recife, Pernambuco, 1886, died in
Rio de Janeiro, 1968. "Visita" appears in Quadrante 2 (Rio de
Janeiro: Editôra do Autor, 1963).

Rubem Braga, cronista, journalist, diplomat; born in Cachoeiro de
Itapemirim, Espírito Santo, 1913. "O Pessoal," "O Padeiro," "É
Domingo e Anoiteceu," and "Os Portuguêses e o Navio," appear in
his Ai de Ti, Copacabana! (3rd. ed., Rio de Janeiro: Editôra do
Autor, 1960). "Os Jornais" appears in his A Borboleta Amarela
(2nd ed., Rio de Janeiro: José Olympio, 1956). "Aula de Inglês"
is from his Um Pé de Milho (2nd ed., Rio de Janeiro: Editôra do
Autor, 1964).

Paulo Mendes Campos, poet, cronista, journalist; born in Belo Hori-
zonte, Minas Gerais, 1922. "Férias Conjugais" is from Quadrante
(Rio de Janeiro: Editôra do Autor, 1962). "Brasileiro, Homem do
Amanhã," and "Dar um Jeitinho" are from his O Colunista do Morro
(Rio de Janeiro: Editôra do Autor, 1965).

Mariazinha Congílio, popular cronista of Jundiaí, São Paulo. "Não
Exagere, Lúcia" is from her Môço de Recado (São Paulo: Brusco,
n.d.)

Eneida (Costa de Morais), short story writer, poet, journalist, cronista; born in Belém, Pará, 1903. "A Revolução de 1930" appears
in her Aruanda (Rio de Janeiro: José Olympio, 1957).

Luís Martins, journalist, cronista, novelist; born in Rio de Janeiro, 1907. "O Telefone," "Tempo Perdido," "Espírito Esportivo,"
"Pai, Filho, Neto," and "Política Internacional" are all from
his Futebol da Madrugada (São Paulo: Martins, 1957).

Vinícius de Moraes, poet, lyricist, dramatist, literary critic, diplomat, cronista, born in Rio de Janeiro, 1913. "Um Abraço em
Pelé" appears in his Para uma Menina com uma Flor (Rio de Janeiro: Editôra, 1966).

Sérgio Pôrto, cronista, journalist, humorist (wrote also under the
name of Stanislaw Ponte Preta); born in Rio de Janeiro, 1923,
died in Rio de Janeiro, 1968. "Éramos Mais Unidos aos Domingos"
is from his A Casa Demolida (Rio de Janeiro: Editôra do Autor,
1963).

Paulo Rónai, essayist, professor of languages and literatures, literary critic, scholar, translator, editor; born in Budapest,
Hungary 1907, a naturalized Brazilian since 1945. "Um Gênero
Brasileiro: a Crônica" is a shortened version of a lecture deli-
vered at the University of Florida in the spring of 1967.

Dinah Silveira de Queiroz, novelist, short story writer, cronista;
born in São Paulo, 1910. "Crônica do Mandiocal" is from her
Café da Manhã (Rio de Janeiro: Olivé, 1969).

Rachel de Queiroz, novelist, cronista, journalist, born in Fortaleza,
Ceará, 1910. "Carta de um Editor Português," "Cinema," and "Um
Homem Livre" are from her 100 Crônicas Escolhidas (Rio de Janeiro: José Olympio, 1958). "O Padre Cícero Romão Batista" appears
in her A Donzela e a Moura Torta (Rio de Janeiro: José Olympio,
1948).

Fernando Sabino, cronista, novelist, short story writer, journalist;
born in Belo Horizonte, Minas Gerais, 1923. "Cem Cruzeiros a
Mais," "A Companheira de Viagem," and "A Mulher Vestida" all
appear in his A Companheira de Viagem (Rio de Janeiro: Editôra
do Autor, 1965); the revised version of "A Mulher Vestida" utilized in this book was supplied to us by the author.

Helena Silveira, cronista, short story writer, journalist, dramatist;
born in São Paulo, 1911. "Raconto de Natividade" is from her
Sombra Azul e Carneiro Branco (São Paulo: Cultrix, 1960).

SE EU MORRESSE AMANHÃ

-Álvares de Azevedo-

Se eu morresse amanhã viria ao menos
Fechar meus olhos minha triste irmã;
Minha mãe de saudades morreria,
    Se eu morresse amanhã!

Quanta glória pressinto em meu futuro!
Que aurora de porvir e que manhã!
Eu perdera[1] chorando essas coroas,
    Se eu morresse amanhã!

Que sol! que céu azul! que doce n'alva[2]
Acorda a natureza mais louçã!
Não me batera tanto amor no peito,
    Se eu morresse amanhã!

Mas essa dor da vida que devora
A ânsia de glória, o dolorido afã...
A dor no peito emudecera ao menos,
    Se eu morresse amanhã!

---

1 perdera - translate as conditional (similarly, in later lines,
  batera and emudecera)
2 n'alva - na alva

C A N Ç Ã O   D O   E X Í L I O

-Gonçalves Dias-

Minha terra tem palmeiras,
Onde canta o Sabiá;
As aves que aqui gorjeiam,
Não gorjeiam como lá. [1]

Nosso céu tem mais estrêlas,
Nossas várzeas têm mais flôres,
Nossos bosques têm mais vida,
Nossa vida mais amôres.

Em cismar, sòzinho, à noite,
Mais prazer encontro eu lá;
Minha terra tem palmeiras
Onde canta o Sabiá.

Minha terra tem primores,
Que tais não encontro eu cá;
Em cismar--sòzinho, à noite--
Mais prazer encontro eu lá;
Minha terra tem palmeiras,
Onde canta o Sabiá.

Não permita Deus que eu morra,
Sem que eu volte para lá;
Sem que desfrute os primores
Que não encontro por cá:
Sem qu'inda aviste as palmeiras
Onde canta o Sabiá.

---

1 See p. 63, note 9

VOCABULARY

The following types of words have been omitted, as a rule, from this Vocabulary: (a) exact or easily recognizable cognates and geographical names, such as central, colossal, cruel, cultural, envelope, magazine, tropical, Chile, Peru, Índia, Jerusalém, etc.; (b) regularly formed feminine adjectives, regularly formed diminutives, regularly formed superlatives, and regularly formed adverbs ending in -mente; (c) regular past participles used as adjectives, unless they appear with a special meaning. Certain irregular verb forms have been included as a guide for the first-year student of Portuguese.

The following abbreviations are used: (a.)--adjective; (adv.)--adverb; (aug.)--augmentative; (colloq.)--colloquial; (conj.)--conjunction; (contr.)--contraction; (dim.)--diminutive; (f.)--feminine; (fig.)--figurative; (fut.)--future; (imperf.)--imperfect; (indic.)--indicative; (inf.)--infinitive; (interj.)--interjection; (m.)--masculine; (m. and a.)--masculine noun and adjective; (mf.)--masculine and feminine; (pl.)--plural; (pluperf.)--pluperfect; (pop.)--popular; (pres.)--present; (pret.)--preterit; (pron.)--pronoun; (pp.)--past participle; (sing.)--singular; (subj.)--subjunctive; (superl.)--superlative; (v.)--verb.

A

a--to, at, in, on, by, for, with; the; it, you, her, that, the one

à--contr. of a plus a; to the, etc.

abaixo--below, down, under; inferior

abanar--to shake, wave, agitate, waggle, flick

abancar-se--to sit down

abandonar--to abandon

abarrotar--to fill up, crowd, cram, overload

abatido--weakened, run-down, worn down

abeberar-se--to imbibe, soak, steep

abençoar--to bless

aberto (pp. of abrir)--open(ed)

ablução (f.)--ablution

abóbora (f.)--gourd, squash, pumpkin; (dim.) abobrinha-- (slang) 1,000 cruzeiro bill

aborrecer--to abhor, detest, annoy; bore

aborrecido--bored, weary, annoyed; tedious, bothersome

abraçar--to embrace

abraço (m.)--embrace, hug um abraço em--an embrace to

abranger--to encircle, cover, include

abrigar--to shelter

abrir--to open, unfold

absoluto--absolute

absolvição (f.)--absolution

abusar--to abuse

acabar--to end, finish acabar de plus inf.--to have just... acabou-se--that's all, it's all over, that's that

acaboclado--of mixed blood, of caboclo stock; rustic

acadêmico--academic

ação (f.)--action

acariciar--to caress, fondle, cherish, foster

acaso (m.)--chance, hazard por acaso--by chance

aceitação (f.)--acceptance, approval

aceitar--to accept

acender--to light (up), switch on

aceno (m.)--gesture

acêrca (de)--about, concerning

acessório--accessory, additional

achar--to find, to think, to consider

acima--above

acolher--to receive, to greet, to listen to

acompanhar--to accompany, go along with

 acompanhar-se de--to have as companions

aconchego (m.)--cuddle, coziness, warmth, comfort

aconselhar--to advise

aconselhável--advisable

acontecer--to happen, be a fact

acontecimento (m.)--event, happening

acordar--to awaken

acôrdo (m.)--agreement

 estar de acôrdo--to agree

 De acôrdo--I agree

acotovelar-se--to elbow, jostle

Acre (m.)--state in northwestern Brazil (capital Rio Branco)

acreditar--to believe, accredit

acrescentar--to add, increase

acrescer--to augment, increase, grow

acréscimo (m.)--increase, addition

açúcar (m.)--sugar

adaptar--to adapt

aderir--to adhere, agree, to approve

adiamento (m.)--postponement, deferment

adiantar--to advance, improve

 não adianta--it's no use

adiar--to postpone, defer, procrastinate, put off

adivinhar--to guess

adjacência (f.)--neighborhood, proximity

adjetivo (m.)--adjective

administrar--to administer, administrate

admiração (f.)--admiration

admirado--surprised, amazed

admirador (m.)--admirer

admirar(-se)--to admire, be surprised, be astonished, be surprising

admirável--admirable

admitir--to admit, allow, let in, tolerate

admoestar--to admonish, to caution

adolescência (f.)--adolescence

adorar--to adore, worship

adornar--to adorn, decorate

adotar--to adopt, approve, accept

adquirir--to acquire

adro (m.)--churchyard, church plaza

adulto (m.)--adult

advérbio (m.)--adverb

adversário (m.)--adversary, opponent, enemy

advertir--to warn, to call attention to

advogado (m.)--lawyer

afã (m.)--toil, effort, anxiety

afastar--to withdraw, draw away

afazeres (mpl.)--affairs, tasks, chores

afilhado (m.)--godson, protégé

afinal--after all, finally

 afinal de contas--at last

afirmar--to affirm, state

aflição (f.)--affliction, distress, anxiety

aflito--afflicted, worried, distressed, anguished

afoito--bold, courageous, daring

afrontar--to affront, confront, face, brave

agarrado--clinging, inseparable

agarrar--to grab, seize, catch

agasalhar--to shelter, cover

agastado--irritated, annoyed

agência (f.)--agency

agente (m.)--agent

agilidade (f.)--agility

agitado--agitated, excited, hectic

agitar--to agitate, shake,

struggle
agonia (f.)--agony
agonizante (mf.)--dying, moribund
agora--now
  agora mesmo--right now
agôsto (m.)--August
agradabilíssimo--superl. of
  agradável
agradecido--grateful, thankful
agradável--pleasant, agreeable
agrário--agrarian
agregar--to aggregate, accumulate
agressivo--aggressive
agrupar-se--to gather, assemble, cluster
água (f.)--water
aguardar--to wait for, look for, look forward to
aguentar--to tolerate, withstand, bear
ai (interj.)--oh! ah! ouch!
ai de mim--woe is me
aí--there, at that moment, then
  por aí--around, near by
ainda--still, yet
  ainda há pouco--just a little while ago
  ainda que--even if, although
  ainda outro dia--just the other day
ajantarado--dining
ajoelhado--kneeling
ajoelhar-se--to kneel
ajuda (f.)--help,aid
ajudar--to help
ajuntar-se--to join together, congregate
ajustar--to adjust, adapt, settle, agree upon
Alagadiço (m.)--section of Fortaleza, Ceará
alagoano (m.)--native of Alagoas
Alagoas (m.)--state in northeastern Brazil (capital Maceió)
alcançar--to reach
alcoólico--alcoholic
alcoolizado--saturated with alcohol, drunk
alegar--to allege, claim, assert

alegre--happy, gay
alegria (f.)--joy, happiness, cheerfulness
além (de)--besides, beyond, in addition to
Alemanha (f.)--Germany
alemão (m.); alemã (f.); alemães (mpl.); alemãs (fpl.)--German
alfabetizado--literate, able to read
alfabeto (m.)--alphabet
alfacinha (mf.), dim. of alface (lettuce)--nickname for natives of Lisbon
alfaiate (m.)--tailor
alfândega (f.)--customhouse, customs
algarismo (m.)--numeral, cipher, figure
algo (pron.)--something, anything
  (adv.)--something, rather, to some extent, quite
alguém--someone
algum, alguma--some
alheio--alien, remote, distant; foreign, strange; someone else's
ali--there
aliança (f.)--alliance, coalition
aliás--incidentally, as a matter of fact, otherwise, rather, that is
alimentar--to feed, nourish
alimento (m.)--food, nutrition
alinhamento (m.)--alignment
  fora de alinhamento--out of alignment
alinhar--to align, line
alisar--to smooth
alma (f.)--soul, mind; heart
almoçar--to have lunch
almôço (m.)--lunch
alô--Hello!
alteração (f.)--alteration, change
alterar--to alter, change
alto--(adj.) high, tall, lofty great, superior, loud
  (m.)--height, top; heaven

de alto a baixo--from top to
  bottom
altruísmo (m.)--altruism
altura (f.)--height, altitude,
  moment
  a essa altura--at that point,
    then
alumiar--to illuminate, bright-
  en, give light to
aluno (m.)--pupil, student
alusão (f.)--allusion
alva (f.)--dawn (n'alva-- poet-
  ic for na alva
alvo (adj.)--white, pure
  (m.) target, aim; object
amabilíssimo--superl. of amável
amador (m.)--amateur
amanhã (m.)--tomorrow
  depois de amanhã--day after
    tomorrow
amanuense (mf.)--scribe, clerk,
  secretary
amar--to love
amarelo--yellow
amargo--bitter
amarrar--to tie, fasten
amável--amiable, lovable, kind,
  pleasant, affable, friendly
Amazonas (m.)--state in north-
  west Brazil (capital Manaus)
Amazônia (f.)--the Amazon River
  region
ambição (f.)--ambition
ambiente (m.)--atmosphere, air,
  environment
ambigüidade (f.)--ambiguity
ambíguo--ambiguous
ambos--both
ameaça (f.)--threat
ameaçar--to threaten
amendoim (m.)--peanut
americano--American
amigo, -a--friend
  (adj.) friendly
  (dim.) amiguinho
amiudar--to happen frequently;
  to crow at dawn
amizade (f.)--friendship
amolar--to hone, grind; annoy,
  pester
amor (m.)--love
  amor a--love for

amostra (f.)--sample, model,
  example
amplo--wide, ample
amurada (f.)--rail, wall
anacronismo (m.)--anachronism
analisar--to analyze
andar--to go, walk, be
  (m.)--floor of a building
anedota (f.)--anecdote, joke
angélico--angelic
angústia (f.)--anguish, anxiety
animado--animated, lively
animal (m.) (pl. animais)--ani-
  mal
animar--to animate, stimulate,
  encourage
ânimo (m.)--spirit, soul, tem-
  perament, courage
aniversário (m.)--birthday, an-
  niversary
anjo (m.)--angel
ano (m.)--year
  o ano que vem--next year
anoitecer--to grow dark, fall
  (night)
anônimo--anonymous
anormalidade (f.)--abnormality
ânsia (f.)--anxiety, eagerness
ansioso--anxious
anteontem--day before yesterday
anterior--former, before
antes--before, formerly, rather,
  preferably
antibiótico (m.)--antibiotic
antídoto (m.)--antidote
antigamente--formerly
antigo--old, ancient, former,
  by-gone
antipático--antipathetic, un-
  pleasant, obnoxious
antiquado--antiquated, out-of-
  date
antologia (f.)--anthology
anular--to annul, become null,
  void; cancel
anunciar--to announce
anúncio (m.)--announcement
aonde--where, to where
ao(s)--contr. of a plus o(s)
apagar--to extinguish, put out
apaixonado--passionate, amorous,
  in love

apanhar--to catch, grab, pick up

aparecer--to appear, seem

aparência (f.)--appearance

aparente--apparent

apartamento (m.)--apartment

apelar--to call, appeal

apenas--only, just, scarcely, hardly

apêndice (m.)--appendix

apertar--to press, tighten
apertar a mão--to shake hands
apertar a campainha--to ring the bell

apesar de--in spite of, despite
apesar dos pesares--in spite of all

apetite (m.)--appetite

apinhado--crowded, jammed

apito (m.)--whistle

aplaudir--to applaud

aplicar--to apply, employ, inflict

apodrecer--to rot, decay

apontar--to point out, appear

após--after, since

aposentadoria (f.)--retirement, pensioning

aposição (f.)--apposition, juxtaposition

aposta (f.)--bet, wager

apostar--to bet

apostolado (m.)--apostolate, apostleship

apreciar--to appreciate

apreensivo--apprehensive, fearful

apregoar--to announce, proclaim, herald

aprender--to learn

apresentar--to present, bring out, introduce, exhibit, offer

apressado--hurried, rushed, pressed

apropriado--appropriate, fit

aproveitar (-se de)--to take advantage (of)

aproximação (f.)--approximation, approach, drawing near

aproximado--approximate, near

aproximar-se--to approach, draw near

aptidão (f.)--aptitude, capacity

apurar--to refine, perfect, learn, ascertain

aquêle, aquela--that, that one, the former

àquêle(s)--contr. of a plus aquêle(s)

aqui--here
por aqui--this way

aquilo--that, that thing

ar (m.)--air, look, appearance
ar condicionado--air conditioning

Araguaia (m.)--river in central Brazil

arbitragem (f.)--arbitration, refereeing

arcaico--archaic

ardente--ardent, burning

área (f.)--area, space, yard, court

areia (f.)--sand

argüir--to accuse, to censure, to argue, to reason

argumento (m.)--argument, plot

aristocracia (f.)--aristocracy

arma (f.)--arm, weapon

armamento (m.)--armament, arm

armar--to arm, load, set up, arrange

arquitetura (f.)--architecture

arraial (m.)--hamlet, settlement, camp

arrancar--to pull (off, up, out), snatch, tear up or away

arranjar--to arrange, manage, obtain

arrastar--to drag, haul, pull, induce

arrebanhar--to gather, round up

arrebatar--to carry off, pull; snatch (from); enchant

arrebentar--to burst, blast, break

arredor(es) (m.)--environs, surroundings

arregaçado--rolled up

arrematar--to end, finish, yell, shout

arrependimento (m.)--regret, repentance, sorrow

arrogante--arrogant

arrojado--bold, daring

arrombar--to break in or down,
to crash through

arroz (m.)--rice

arrumadinho--nice and neat

arrumar--to arrange, to fix up,
to tidy

artigo (m.)--article
artigo de morte--at the point
of death, in extremis

artista (mf.)--artist, actor,
actress

artístico--artistic

árvore (f.)--tree

as--the, you, those

às--contr. of a plus as

asa (f.)--wing

aspas (fpl.)--quotation marks

aspecto (m.)--aspect, appearance,
look

assanhar-se--to rage, get angry

assassinato (m.)--murder, assas-
ination

assassino (m.)--assassin, murderer

assemelhar-se (a)--to resemble,
to be like

assíduo--assiduous, diligent

assim--thus, so, like this, like
that

assinalado--marked, notable, illustrious

assinalar--to mark, distinguish,
designate

assinar--to sign

assistência (f.)--attendance,
assistance, care, assembly,
audience

assistir--to attend, be present
at; assist

assobiar (also assoviar)--to
whistle

assunto (m.)--subject, matter,
argument, plot

assustadoramente--frighteningly

assustar--to frighten, to startle
é de assustar--it's startling

astúcia (f.)--astuteness, cunning,
guile

astuto--astute, shrewd

atacar--to attack

ataque (m.)--attack

até--until, to, even

atenção (f.)--attention

atencioso--thoughtful, attentive, courteous

atender--to attend, answer,
notice

atento--attentive

atestado (m.)--certificate,
written evidence

atestar--to attest, certify,
prove

atingir--to touch, reach, hit

atirar--to throw, hurl; shout

atitude (f.)--attitude

atividade (f.)--activity

atleta (mf.)--athlete

atletismo (m.)--athletics

ato (m.)--act

atômico--atomic

atônito--astonished

atração (f.)--attraction

atrair--to attract

atrás--back, behind, before

atrasado--behind, late

através de--through, across

atravessar--to cross, traverse,
cross over or through

atrevido--bold, daring, inso-
lent

atribuir--to attribute

atriz (f.)--actress

atropelar--to trample, run
down or over, knock or ride
down

atropêlo (m.)--trampling, up-
setting, overturning; bustle

atuação (f.)--action, performance

atual--present-day, current,
actual

atualidade (f.)--the present,
today, nowadays; modernness,
state of being current

atualizar--to modernize, to
bring up-to-date

atuar--to actuate, put into action; act, perform

atulhar--to fill up, cram

au! au!--bow-wow!(or arf! arf!)

aula (f.)--class

aumentar--to augment, increase,
magnify

aurora (f.)--aurora, dawn

ausência (f.)--absence
ausente--(adj.) absent
  (mf.)--absentee
austero--austere
autarquia (f.)--autarchy, auton-
  omy
autóctone--autochthonous, native
automóvel (m.) (pl. automóveis)
  --automobile
autor (m.), autora (f.)--author
autoridade (f.)--authority
auxiliar--to help, aid
auxílio (m.)--help, aid
avaliar--to appraise, evaluate
avançar--to advance, move forward
ave (f.)--bird, fowl
aventar--to circulate, state,
  spend (time), make manifest
averiguar(-se)--to ascertain,
  find out
avêsso--contrary, averse, back
avestruz (f.)--ostrich
aviação (f.)--aviation
avião (m.)--airplane
avião a jacto--jet plane
avisar--to warn, to advise, to
  notify
aviso (m.)--notice, warning
avistar--to sight, see
avô (m.) (pl. avós)--grandfather
avó (f.) (pl. avós)--grandmother
azar (m.)--chance, luck; bad luck,
  adversity
azul (pl. azuis)--blue

B

bacalhau (m.)--codfish
bacana--(slang) great, wonderful, elegant, beautiful
bacanérrimo--superl. of bacana
bacia (f.)--basin, bowl
bagana (f.)--cigar or cigarette
  butt
bagunça (f.)--(slang)--mess, confusion
Bahia (Baía)--state in the eastern part of Brazil whose capital, Salvador, is also popularly called Bahia
baioneta (f.)--bayonet
bairro (m.)--district, neighbor-

hood, part of town
baixo--(a.) low, short
  (adv.) softly, quietly
  (dim.) baixinho--quite short;
  in a low voice
bala (f.)--bullet; ball; hard
  candy
balançar--to swing, sway; roll
  back and forth, shake
balanço (m.)--balancing, sway-
  ing, rocking
balão (m.)--balloon
banal--banal
banana-ouro (f.)--small, yel-
  low, and sweet banana
banco (m.)--bank; bench
bandeirinha (m.)--linesman (in
  soccer)
bando (m.)--band, faction,
  crowd, side, gang
banhar--to bathe
banheiro (m.)--bathroom
banho (m.)--bath
banquete (m.)--banquet
bar (m.)--bar, tavern
barão (m.)--baron
barata (f.)--cockroach
barato--inexpensive, cheap
bárbaro--barbaric; (slang)
  wild, great
barca (f.)--ferryboat, barge
barco (m.)--boat, ship, vessel
barganha (f.)--exchange, swap
barra (f.)--bar, band, channel,
  straits
barriga (f.)--stomach, belly
barrigudo--potbellied, paunchy
barulho (m.)--noise
base (f.)--base, foundation
basear--to base, to ground,
  to establish
bastante--enough, rather, quite
bastar--to be enough
bastardo--bastard
batalha (f.)--battle
bateção (f.)--knocking, hitting,
  beating, pounding
bate-papo (m.)--(colloq.) a
  friendly conversation
bater--to strike, to tap,
  knock beat
  bater a campainha--to ring

the bell
bater para--to hurry off to
batina (f.)--cassock
batista--Baptist
batizar--to baptize
beata (f.)--pious woman; sancti-
monious woman, hypocrite; bi-
got
beato (m.)--beatified person;
pious fraud; fanatic
bêbedo--drunk
beber--to drink
bebericar--to sip, drink, tipple
bebida (f.)--drink
beiço (m.)--lip
beija-flor (m.)--hummingbird
beijar--to kiss
beijo (m.)--kiss
beira (f.)--edge, border, rim
beleza (f.)--beauty
Que beleza!--how beautiful!
how wonderful!
bélico--warlike, martial
beliscão (m.)--pinch, nip
beliscar--to pinch, nip; nibble
at, take small drinks of
belo--beautiful
Belo-Horizonte--capital of the
state of Minas Gerais
bem--(m.) a good, that which is
good, right
(mpl.) bens--goods, wealth
(adv.)--well, quite, very
se bem que--even if, although
bem-aventurado--blessed, very
fortunate, very happy, bliss-
ful
bem-estar (m.)--well-being, wel-
fare
Benares--(holy city of the Hin-
dus, in India)
benção (f.)--blessing, benedic-
tion
beneficial--beneficial
benevolência (f.)--benevolence,
kindness
bento (pp. of benzer)--blessed,
holy
benzer--to bless, to sanctify,
to consecrate
benzinho (m.) (dim. of bem)--
dear, beloved, darling, sweet-

heart
berrar--to shout, bellow, roar
berreiro (m.)--screeching, wailing, screaming, yells
berro (m.)--bellow, shout, yell,
roar
bêsta (f.)--beast; imbecile,
fool, jackass
besteira (f.)--foolishness, non-
sense
biblioteca (f.)--library
bicada (f.)--peck or blow with
the beak (bico)
bicho (m.)--animal, bug, insect,
worm; an unsociable person; a
daring person; an expert
bicicleta (f.)--bicycle
bigode (m.)--moustache
de bigodinho--with a little
moustache
bigodudo--moustached
bilheteira (f.)--ticket seller
biquíni (m.)--bikini
biscate (m.)--odd job
biscoito (m.)--cookie, biscuit
bispo (m.)--bishop
bloquear--to block, to blockade
boato (m.)--rumor, gossip
bobagem (f.)--nonsense, foolish-
ness, drivel
boa (f. of bom)--good, well
bôbo--(adj.) foolish, simple,
silly
(m.)--fool, idiot, dope
bôca (f.)--mouth
bôca de fogo--cannon
bocado (m.)--mouthful, bit;
short time, little while
bocejar--to yawn
bocejo (m.)--yawn
boda (f.) (often plural)--
wedding, marriage
boiada (f.)--herd of cattle
boîte (f.)--night club
bola (f.)--ball, sphere, globe
bôlo (m.)--cake; wad of bills;
(colloq.) kitty, pot
bolinho--cupcake, small cake
bôlsa (f.)--purse, handbag
bôlso (m.)--pocket
bom(m.); boa (f.); (pl. bons,
boas)--good; well

(dim.) bonzinho, boazinha
bomba (f.)--bomb, pump
bombardear--to bombard, bomb
bombeiro (m.)--fireman
bonde (or bond) (m.)--street-
car
boneco (m.), boneca (f.)--doll
bonito--beautiful, pretty
boquiaberto--open-mouthed, astonished, amazed
borboleta (f.)--butterfuly
borda (f.)--edge, border
bordo (m.) (naut.)--board, side,
a bordo--on board, aboard
borracha (f.)--rubber
bosque (m.)--forest
botar--to put, place, throw, set
botar abaixo--to break down
boteco (m.)--saloon, café
botequim (m.)--saloon, bar,
"joint"
boxe (m.)--boxing
boxeador (m.)--boxer
braçal--manual
bracejar--to stretch, branch out,
fling out (arms)
braço (m.)--arm
bradar--to shout, cry out, roar
branco--white, blank
brandir--to brandish, to wave
brasileiro--Brazilian
brasilidade (f.)--distinctively
Brazilian character or quality; Brazilianism
bravo--brave; wild; furious
Bravo(s)!--Bravo! Wonderful!
bravura (f.)--bravery, courage
breve--brief
briga (f.)--fight, quarrel,
spat
brigar--to fight, quarrel
brilhante--bright, brilliant,
shiny
brilhar--to shine
brilho (m.)--brilliance
brincadeira (f.)--joke
brincar--to play, jump, joke
brinde (m.)--toast, offering
brinquedo (m.)--toy
brisa (f.)--breeze
britânico (m.)--British
bronze (m.)--bronze

brotar--to bud, to sprout
brôto (m.)--bud; (colloq.) teen-
age girl
bruto--brute, rough, strong
buganvília (f.)--bougainvillea
buraco (m.)--hole
burel (m.)--monk's habit of
coarse woolen cloth
burrada (f.)--foolish act
burro (m.)--donkey, ass, dolt
busca (f.)--search
buscar--to look for, search
buzina (f.)--horn

C

cá--here
de__para cá--from __ to the
present
cabeça (f.)--head; (m.) chief,
leader
cabelo (m.)--hair
cabeleireiro (m.)--hairdresser
caber--to fit in or inside
cabide (m.)--hatrack, coat-hang-
er
cabimento (m.)--propriety, fit-
ness
ter cabimento--to be right,
make sense
caboclo (m.)--Brazilian half-
breed of Indian and white
blood; backwoodsman
cabral (m.)--(colloq.) 1,000
cruzeiro bill
caça (f.)--hunting, hunt, chase
caçador (m.)--hunter
caçanje (m.)--"broken" Portuguese (badly written or spoken)
cacête--bothersome, annoying,
dull, boring
cachaça (f.)--(white) rum,
sugar-cane brandy; booze,
firewater
cachimbo (m.)--pipe
cachoeira (f.)--waterfall
cachorro (m.)--dog, puppy
caçula (mf.)--youngest child
cada--each
cadáver (m.)--cadaver, body
cadeia (f.)--jail, prison

cadeira (f.)--chair

caderneta (f.)--notebook, account
book

caderno (m.)--notebook

café (m.)--coffee
café da manhã--breakfast
cafèzinho (m.)--small cup of
coffee, usually drunk black
and with lots of sugar

cair--to fall
cair fora (slang)--to scram,
walk out, leave

cais (m.)--quay, dock, pier

caixa (f.)--box; safe
caixa econômica--savings bank

caixão (m.)--large box, chest;
coffin

cajàzeira (f.)--hog-plum tree

calado--quiet, silent

calamidade (f.)--calamity

calar--to silence, hush
calar-se--to keep quiet, fall
silent
calar a bôca--to shut up, hold
one's tongue

calçada (f.)--sidewalk, pavement;
shoe

calção (f.)--shorts, trunks
calção de banho--swimming trunks

calças (fpl.)--trousers, pants

calma (f.)--calm

calmo (a.)--calm, quiet, still

calor (m.)--heat, warmth
fazer calor--to be hot

caloria (f.)--calorie

Calvário (m.)--Calvary

cama (f.)--bed

camarada (mf.)--comrade, friend,
pal

camelô (m.)--street vendor, peddler

caminhar--to walk, march, travel

caminho (m.)--way, road, highway

camisa (f.)--shirt

campainha (f.)--bell

campina (f.)--field, meadow

campo (m.)--field, country

canário-da-terra (m.)--finch

canção (f.)--song

candidato (m.)--candidate

cangaceiro (m.)--outlaw, bandit

cansado--tired, weary; worn-out

cansar-se--to become tired

cantador (m.)--singer of popular songs, folk singer

cantar--to sing; sing about;
call out

cantarolar--to hum, croon

canteiro (m.)--bed of flowers
or vegetables

canto (m.)--corner, nook; song,
chant

cão (m.) (pl. cães)--dog

capacidade (f.)--capacity,
ability

capar--to prune, trim

capaz--capable, able
ser capaz--to be possible or
probable; to be capable

capela (f.)--chapel

capeta (m.)--imp, mischievous
child

capim (m.)--grass

capital (f.)--capital city
(a.)--capital

capítulo (m.)--chapter

capixaba (mf.)--native of the
state of Espírito Santo

capturar--to capture

cara (f.)--face
(m.)--(slang) guy

carabina (f.)--carbine, rifle

característica (f.)--character-
istic

característico (a.)--character-
istic

caracterizar--to characterize

caramanchão (m.)--bower, arbor,
summerhouse, pergola

caráter (m.)--character

cardápio (m.)--menu, bill of
fare

caridade (f.)--charity

carinho (m.)--affection, kindness

carioca (mf.)--native of or pertaining to the city of Rio de
Janeiro

carnaval (m.)--Carnival

carne (f.)--meat, flesh

carneiro (m.)--sheep

carniceiro--bloodthirsty

caro--expensive; dear

carpir--to lament, wail

carregar--to carry off, load, transport

carro (m.)--car, automobile

carta (f.)--letter

carteira (f.)--wallet

carteiro (m.)--mailman

casa (f.)--house, home
  casa comercial--firm, business establishment
  de casa em casa--from house to house

casaca-de-couro (m.)--cowboy

casaco (m.)--coat

casal (m.)--couple, pair

casamento (m.)--marriage, wedding

casar(-se)--to marry, wed
  casado com--married to

casarão (m.)--mansion, edifice

casca (f.)--peel, rind, shell

casebre (m.)--shack, hut

casmurro (m.)--obstinate or moody person

caso (m)--case, instance, event, story
  em caso de--in the event of
  em todo caso--in any case

cassetete (m.)--billy club, night stick

castanha (f)--chestnut

castigar--to punish

castigo (m.)--punishment

catástrofe (f.)--catastrophe, disaster

catecismo (m.)--catechism

categoria (f.)--category, rank, distinction

cativeiro (m.)--captivity, bondage, servitude

causa (f.)--cause
  por causa de--because of

causar--to cause

cavaleiro (m.)--horseman, knight, cavalier

cavalheiro (m.)--gentleman

cavalo (m.)--horse

Ceará--state in northeastern part of Brazil

cearense (mf.)--of the state of Ceará

cedinho (dim. of cedo)--quite early

bem cedinho--bright and early

cedo--early

cédula (f.)--bank note, bill

cegar--to blind, become blind

cego--blind

celebrar--to celebrate

celeste--celestial

célula (f.)--cell

celulóide (m.)--celluloid

cem, cento--one hundred
  cem por cento--one hundred per cent

cemitério (m.)--cemetery

cena (f.)--scene, sight, stage

censo (m.)--census

censura (f.)--censure, criticism

censurar--to censure, criticize

centenário (m.)--centennial

centímetro (m.)--centimeter

cento (m.)--one hundred
  aos centos--by the hundreds

centro (m.)--center

cêra (f.)--wax

cerâmica (f.)--ceramics

cêrca--near, about

cercar--to fence in, enclose, surround

cerceamento (m.)--pruning; restriction

cereja (f.)--cherry

cerimônia (f.)--ceremony

cerimonioso--ceremonious, formal

certa (f.)--certainty
  na certa--surely, certainly

certeza (f.)--certainty
  com certeza--surely
  ter certeza--to be certain

certidão (f.)--certificate

certo--correct, certain, true
  ao certo--for certain

cerveja (f.)--beer

cessar--to cease, stop

cêsto (m.)--basket

céu (m.)--sky, heaven

chaga (f.)--sore, wound

chagado--covered with sores; ulcerated

chaleira (f.)--kettle, pot

chama (f.)--flame

chamar--to call
  chamar-se--to be called, be

named
champanha (m.)--champagne
  (dim.) champanhota
chance (f.)--chance, opportunity
chão (m.)--ground; floor
chapa (m.)--(slang) pal, buddy,
  friend
chapeleira (f.)--hatbox
chapéu (m.)--hat
charme (m.)--charm
charuto (m.)--cigar
chatear--to bore, tire out,
  weary, bother, annoy
chato (m.)--(colloq.) pest,
  nuisance, bore
chavão (m.)--model, cliché, pla-
  titude
chave (f.)--key
chefe (m.)--boss, chief, head
chegar--to arrive, be enough,
  bring near, reach
  Chega!--That's enough!
  chegar a ser--to get to be,
    become
cheio--full
cheiro (m.)--smell, aroma
cheque (m.)--check
chique--chic, elegant
chispar--to spark, flash; (colloq)
  to burn up the road, race
chiste (m.)--witticism, wit,
  jest, joke
chistoso--funny, witty
chocolate (m.)--chocolate candy
chofer (m.)--chauffeur, driver
choque (m.)--shock
choradeira (f.)--prolonged crying,
  wailing
choramingar--to cry, whine, whim-
  per
chorar--to cry, weep
choroso--tearful, sad, weepy
chover--to rain, pour
chuchu (m.)--chayote (vegetable
  of the cucumber family)
  pra chuchu--(slang) very, aw-
    fully, plenty
chupar--to suck, draw, drain;
  (slang) to guzzle
chuva (f.)--rain
chuveiro (m.)--shower
cidadão (m.)--citizen

cidade (f.)--city
  (dim.) cidadezinha
ciência (f.)--science
científico--scientific
cigarro (m.)--cigarette
cima (f.)--top
  ainda por cima--in addition,
    moreover
  em cima de--on, on top of,
    over
  para cima--up, upward
  por cima de--over, above
cinco--five
cinema (m.)--cinema, movies,
  motion-picture theater
cinqüenta--fifty
cinza (f.)--ash
cinzeiro (m.)--ashtray
circo (m.)--circus
circular--to circulate
círculo (m.)--circle
circundante--surrounding
circunstância (f.)--circumstan-
  ce
circunstante (m.)--bystander
cirurgia (f.)--surgery
cismar--to dwell on, meditate,
  muse, dream
citar--to cite, quote
ciúme (m.)--jealousy, envy
  ter ciúmes--to be jealous
cívico--civic
civilização (f.)--civilization
civilizar--to civilize
clarão (m.)--glare, flash
claro (a.)--clear, bright
  (interj.)--of course!
  claro que--of course
classe (f.)--class
classificação (f.)--classifica-
  tion
classificar--to classify
cláusula (f.)--clause
cliché (m.)--cliché
cliente (mf.)--client, customer,
  patient
clientela (f.)--clientele, customers
clímax (m.)--climax
clube (m.)--club; clubhouse;
  team
coar--to filter, percolate

coberto--pp. of <u>cobrir</u>

cobertor (m.)--blanket, bed cover

cobrador (m.)--collector, ticket taker

cobrança (f.)--charge, collection

cobrir--to cover

coçar--to scratch, rub

cocheiro (m.)--coachman, driver

cochichar--to whisper, murmur, buzz

côco (m.)--coconut

coincidência (f.)--coincidence

coisa (f.)--thing
  coisa alguma--nothing
  coisa nenhuma--nothing, by no means, not at all

coitado--poor, miserable, unfortunate
  (dim.) coitadinho--poor thing
  coitadinha da Aparecida--poor Aparecida

coleção (f.)--collection

colecionador (m.)--collector

colecionar--to collect

colega (mf.)--colleague, co-worker; pal, crony

colégio (m.)--school

coletânea (f.)--anthology, collection of writings

coletividade (f.)--group, community, collectivity

coletivo-collective

colheita (f.)--harvest

colhêr--to gather, pick

colo (m.)--neck, lap

colocação (f.)--placement, position, job

colocar--to place, put

colonista (mf.)--columnist

coloquial--colloquial

colorido--colored, colorful

colosso (m.)--colossus; (colloq.) great quantity

coluna (f.)--column, mainstay

com--with

comandante (m.)--commander; captain of a ship

combate (m.)--combat, battle

combater--to combat, fight

combinação (f.)--combination

começar--to begin, start

comêço (m.)--beginning, start

comédia (f.)--comedy

comenda (f.)--badge, insignia

comemoração (f.)--commemoration

comemorar--to commemorate

comentar--to comment on, discuss

comentário (m.)--comment, commentary

comer--to eat

comercial--commercial

comerciante (m.)--merchant

comerciário (m.)--tradesperson; clerk

cometer--to commit

comida (f.)--food; meal

comigo--with me, with myself

comissão (f.)--commission; committee

comissário (m.)--commissioner

comitiva (f.)--retinue, entourage, party

como--how; as, as if, like

comovente--moving, touching

comover--to move, touch, affect

companheiro (m.)--companion, mate

companhia (f.)--company

comparação (f.)--comparison

comparar--to compare

comparecer--to appear, attend

compartimento (m.)--compartment, room

compensação (f.)--compensation

compensar--to compensate (for), make amends (for)

competente--competent, proper

competição (f.)--competition

competir--to compete; be one's duty, be due

compilar--to compile

complemento (m.)--complement

completar--to complete, fill

completo--complete

complexo (m.)--complex

complicação (f.)--complication

complicar--to complicate

componha--pres. subj. of <u>compor</u>

compor--to compose, make up

comportado--behaved

comportamento (m.)--behavior, comportment

comportar--to allow, bear, take
  comportar-se--to behave oneself
compôs--pret. of compor
composição (f.)--composition
composto--pp. of compor
compostura (f.)--composure
compra (f.)--purchase, buy
  fazer compras--to go shopping
comprar--to buy
compreender--to understand
compreensão (f.)--comprehension,
  understanding
compreensivo--understanding, comprehensive, including
comprido--long, lengthy
comprimento (m.)--length
compromisso (m.)--commitment,
  appointment, settlement
computador (m.)--computer
comum (p. comuns)--common
comungar--to take communion
comunhão (f.)--communion
comunicar--to communicate
comunidade (f.)--community
comunista (mf.)--Communist
conceder--to concede, grant, give
concêrto (m.)--harmony, concert
concluir--to conclude
conclusão (f.)--conclusion
concordar--to agree
concreto--concrete
condecoração (f.)--decoration,
  medal
condecorar--to decorate, give a
  medal
condenar--to condemn
condição (f.)--condition, cir-
  cumstance
  em condições--able, in condi-
    tion (to)
condicionar--to condition
condoer(-se)--to pity, sympathize
  with
condução (f.)--transportation;
  (colloq.) bus
conduta (f.)--conduct
condutor (m.)--conductor, driver
conduzir--to conduct, lead, carry
confabular--to chat, converse
confederação (f.)--confederation,
  alliance

conferir--to confer
confessar--to confess
confiança (f.)--confidence,
  trust, faith
confiar--to trust, have confi-
  dence, entrust
confidência (f.)--confidence,
  trust, secret
confirmar--to confirm
confissão (f.)--confession
conforme--according to, as
confortável--comfortable
confôrto (m.)--comfort
confrade (m.)--colleague, associate
confundir--to confuse
confusão (f.)--confusion
confuso--confused, doubtful
conhaque (m.)--cognac, brandy
conhecer--to know, be acquainted
  with
conhecido (m.)--acquaintance
conhecimento (m.)--knowledge,
  acquaintance, cognizance
  tomar conhecimento de--to no-
    tice, pay attention to
conjugal--conjugal, matrimonial
conjugar--(gram.) to conjugate;
  join, unite
conosco--with us
conquista (f.)--conquest
conquistar--to conquer, win
  over
conseguir--to succeed (in),
  manage, get, obtain
conselheiro (m.)--an honorary
  title used during the time of
  the Brazilian Empire; counse-
  lor
conselho (m.)--advice
consequência (f.)--consequence
consertar--to repair
consêrto (m.)--repair, mending,
  fixing
conservador, -a--conservative
conservar--to preserve, keep
consideração (f.)--consideration
considerar--to consider
consigo--(pron.) with him, her,
  you, or them; to himself,
  herself, etc.
  (v.) pres. indic. of conseguir

consolar--to console
consome--pres. ind. of <u>consumir</u>
consorte (mf.)--consort, spouse
conspiração (f.)--conspiracy
conspirar--to conspire, plot
constante (f.)--constant, something invariable or unchanging
constituir--to constitute
construção (f.)--construction
construir--to construct, build
construtor (m.)--constructor,
  builder
consulado (m.)--consulate
consulta (f.)--consultation
consultar--to consult
consumir--to consume, take up,
  eat
conta (f.)--account, bill, tab
  fazer de conta--to pretend
  fazer uma conta--to make out
    an account
  feitas as contas--taking every-
    thing into account
  no final de contas--in the
    long run, after all is said
    and done
  saldar contas--to settle ac-
    counts
  tomar conta de--to take care
    of, take over
contacto (m.)--contact
contagem (f.)--count, score,
  reckoning
contagiante--contagious
contanto (que)--if, provided that
contar--to tell, relate, count
  contar com--to count on, ex-
    pect
contemplar--to contemplate
contemporâneo--contemporary
contente--happy, content
conter--to contain, restrain
conteúdo (m.)--content
contingência (f.)--contingency
continuar--to continue
conto (m.)--tale, short story;
  1,000 cruzeiros
contôrno (m.)--contour, circuit
contra--against
contrabandista (mf.)--contraban-
  dist, smuggler
contração (f.)--contraction

contrafação (f.)--counterfeiting
contrariar--to oppose, contradict, refute, disprove
contrário--contrary
contrastar--to contrast
contratar--to contract, make a
  contract, engage, hire
contratempo (m.)--contretemps,
  mishap
contribuição (f.)--contribution
contribuinte (mf.)--contributor,
  taxpayer
contribuir--to contribute
contrição (f.)--contrition
controvérsia (f.)--controversy
contudo--nevertheless, however
contundir--to bruise
convencer--to convince
conveniência (f.)--convenience
convento (m.)--convent
conversa (f.)--conversation,
  chat
  conversa fiada--idle talk
  conversa mole--idle talk
conversação (f.)--conversation
conversar--to converse, talk,
  chat
convictamente--with conviction
convidado (m.)--guest
convidar--to invite
convir--to agree, suit, be con-
  venient, be fit
conviver--to live together; to
  be on familiar terms with
copa (f.)--pantry
Copacabana (f.)--busy, chic section of Rio de Janeiro with a
  world-famous beach
copeira (f.)--serving maid
cópia--copy; abundancy
copo (m.)--drinking glass
côr (f.)--color
coração (m.)--heart
coragem (f.)--courage
corajoso--courageous
corcunda (mf. and a.)--hunch-
  back(ed)
corda (f.)--rope, string;
  spring
  automóvel de corda--wind-up
    car
cordial--cordial

corneta (f.)--bugle, trumpet

coroa (f.)--crown, wreath, gar-
land

coronel (m.)--colonel

coronha (f.)--gunstock, butt (of
a rifle)

corpo (m.)--body; corps
  corpo de bombeiros--fire department
  corpo diplomático--diplomatic
corps

corporal--corporal, pertaining
to the body

correção (f.)--correction

corredor (m.)--corridor; runner,
racer

correio (m.)--mail, post office

correligionário (m.)--correligion-
ist; member of the same party

corrente--current
  do corrente--of the current
month

correr--to run

corresponder--to correspond

correto--correct

corrida (f.)--race; running, run;
trip, ride
  corrida de cavalos--horse race

corrigir--to correct

corrija--pres. subj. of corrigir

corriqueiro--commonplace, current

cortar--to cut, cut off, shut
off
  cortar caminho--to take a short
cut

côrte (f.)--court

cortês--courteous

cortesia (f.)--courtesy

costa (f.)--coast

costear--to coast, skirt

costumado--accustomed, customary

costumar--to be used to, be ac-
customed to

costume (m.)--custom

costumeiro--customary, usual

cotidiano--everyday, daily

cotovêlo (m.)--elbow

cousa (f.)--variant of coisa

cozinha (f.)--kitchen

cozinheira (f.)--cook

cravar--to rivet, fasten
  cravar-se--to penetrate, hold

fast
  cravar os olhos em--to stare
at

crediário (m.)--installment-
payment plan

credulidade (f.)--credulity,
gullibility

crença (f.)--belief

crente (mf.)--believer

crepe (m.)--crepe; mourning
band

crepúsculo (m.)--twilight,
dusk; (fig.) decline

crer--to believe, suppose

crescer--to grow

crescimento (m.)--growth

criado (m.)--servant

criança (f.)--child
  criança de peito--nursing
child, infant in arms

criançada (f.)--group of children; small fry

criar--to create; foster, rear,
raise

criatura (f.)--creature, being,
person

crime (m.)--crime

criminoso (m.)--criminal

crise (f.)--crisis

cristão (m.)--Christian

critério (m.)--criterion

crítica (f.)--critique, review;
criticism

crítico (m.)--critic

crônica (f.)--chronicle; a type
of newspaper or magazine article or column that has become popular in Brazil (see
the Introduction and the essay by Paulo Rónai for a ful-
ler discussion of this word

cronista (mf.)--writer of crônicas

cronológico--chronological

cruz (f.)--cross

cruzeiro (m.)--monetary unit of
Brazil
  (a.)--crossed; marked with a
cross

cuidado (m.)--care, caution,
worry, concern

cuidadoso--careful, attentive,

diligent
cuidar--to care, attend to, look
to, think, reflect, consider,
imagine; take care (of)
cujo--whose
culinário--culinary
culminar--to culminate
culpa (f.)--fault, blame
ter a culpa--to be to blame
cultivar--to cultivate
culto (m.)--religion, cult
cultura (f.)--culture
cumpridor (m.)--executor (of a
commission, will, etc.); one
who fulfills (duties)
cumprimentar--to greet; compliment
cumprir--to accomplish, fulfill,
comply with
cúmulo (m.)--height, culmination,
top
é o cúmulo!--that's the limit!
cura (f.)--cure
curar--to cure
curiosidade (f.)--curiosity
curioso--curious
curso (m.)--course
curso de ginástica --health studio
curto--short
curumim (m.)--boy, urchin, yong-
ster
curvar(-se)--to bend, bow; to
humble oneself
curvo--curved
custar--to cost; to be difficult
or troublesome
custo (m.)--price; difficulty,
trouble

D

da--contr. of de plus a
dactilografar--to typewrite
dados (mpl.)--dice; data
daí--contr. of de plus aí; hence,
thence, therefore, for that
reason
E daí?--So what? What difference does that make?
dali--contr. of de plus ali; from
there; from then

dama (f.)--lady, dame
damas--(game) checkers
danado--damned, ruined; spoiled;
clever; courageous; bothersome; rabid, mad
dançar--to dance
dano (m.)--damage, injury ;
mischief
dantes (de antes)--formerly,
before
daquela(s)--contr. of de plus
aquela(s)
daquele(s)--contr. of de plus
aquêle(s)
daqui--contr. of de plus aqui
daqui a um mês--a month
from today
daquilo--contr. of de plus
aquilo
dar--to give; produce; strike
(the hour); reveal, show
dar com--to run across, run
into
dar o fora--(slang) to shove
off, hit the road
dar-se--to occur
dar-se com--to get along with,
be on good terms with (each
other)
dar em--to hit; come to be,
become
das--contr. of de plus as
data (f.)--date
de longa data--for a long
time
datar--to date
datilografar--to typewrite
de--of, from, by, than, with,
in, as
dê--Pres. subj. of dar
debaixo--under, underneath
debandada (f.)--rout, flight
debelar--to conquer, overcome
débito (m.)--debt; debit
debruçar-se--to lean forward,
lean on the elbows
decente--decent
decerto--certainly, surely
decidir--to decide
decisão (f.)--decision
decisivo--decisive, definite
declamar--to declaim, call out

declaração (f.)--declaration
declarar--to declare, state
decorar--to decorate; memorize, learn by heart
decorrer--to pass; run; happen, occur; elapse (time)
decreto (m.)--decree
dedetizar--to spray with DDT
dedicar--to dedicate
dedo (m.)--finger
defeito (m.)--defect
defender--to defend; manage to get, wangle
deficiente--deficient
deficit (m.)--deficit
definitivo--definitive, conclusive
definição (f.)--definition
defronte--facing, in front
defunto (m.)--dead person; the deceased
degrau (m.)--step (of a stairway)
degredar--to exile, banish
degustar--to taste
dei--pret of dar
deitar-se--to lie down, go to bed
deixa (f.)--actor's cue, cue word
deixar--to leave, allow; stop, cease
  deixar de--to fail to, stop, abstain from
dela(s)--contr. of de plus ela(s)
dêle(s)--contr. of de plus êle(s)
delegar--to delegate
deleitoso--delightful, pleasant
deliberado--deliberate
deliberar--to deliberate
delicado--delicate; polite
delícia (f.)--delight, pleasure
delicioso--delicious, delightful
delimitar--to restrict, limit
delonga (f.)--delay, procrastination
demais--too much, too many; also, besides
  até demais--to excess
  os demais--the rest, the other(s), the remaining
demitir--to dismiss, fire

demolir--to demolish, destroy; tear down
demonstração (f.)--demonstration
demonstrar--to demonstrate, prove
demora (f.)--delay
demorado--slow, leisurely, long drawn-out; late, tardy
demorar--to delay
  demorar-se--to linger, be delayed
dente (m.)--tooth
dentista (mf.)--dentist
dentro--inside
  para dentro--to someone inside
dependente--dependent
depender--to depend
  depender de--to depend on
depois--after, afterwards, later, then
  depois de--following
depressa--fast, quickly, rapidly
depressão (f.)--depression
der, derem--fut. subj. of dar
derradeiro--last, final
derramamento (m.)--spilling; diffuseness
derretir--to melt, thaw, liquefy
derrotar--to defeat
derrubar--to tear, knock down, overthrow, overturn
desabafar--to free; express freely, give vent to feelings
desabafo (m.)--relief, release
desabotoar--to unbutton; unfasten
desabrochar--to open, bloom, blossom, sprout
desadorar--to suffer pain
desafio (m.)--defiance; challenge
desajeitado--awkward, clumsy, stupid
desamparo (m.)--abandonment; helplessness; distress
desandar--to turn back, cause to regress; worsen, result in
desaparecer--to disappear
desastre (m.)--disaster; accident

desatento--negligent, thought-
less, absent-minded

descair--to drop, droop, sag

descalço--barefoot

descansar--to rest; set at ease

descendente (mf.)--descendent

descer--to descend; lower; come
down, step down from

descoberta (f.)--discovery

descobrir--to discover

desconcêrto (m.)--disharmony,
derangement

desconfiança (f.)--suspicion,
distrust

desconfiar--to suspect; be dis-
trustful

desconhecer--to be ignorant of,
be unaware of

desconto (m.)--discount; deduction

desconversar--to change the subject

descortinar--to reveal, disclose;
expose to view

descrever--to describe

descuidado--careless, negligent

descuidar(-se)--to forget, be
heedless, be careless, be negligent

desculpa (f.)--apology; excuse,
pardon
pedir desculpas--to apolo-
gize, beg pardon

desculpar--to excuse, forgive

desde--from, since

desdisseram--pret. of desdizer

desdizer(-se)--to contradict
oneself, retract one's statement

desejar--to want, desire

desejo (m.)--desire, wish

desembaraçado--free and easy,
unembarrassed

desembrulhar--to unwrap, unfold

desemparelhar--to separate, dis-
unite

desenho (m.)--design, drawing;
cartoon

desenlace (m.)--untying; outcome,
dénouement

desentender--to misunderstand

desenvolto--forward; at ease;
uninhibited

desenvolver--to develop, grow

desenvolvimento (m.)--develop-
ment

desesperado--desperate

desestímulo (m.)--discourage-
ment

desfigurar--to disfigure

desfile (m.)--parade

desfrutar--to enjoy, relish

desgraça (f.)--misfortune

designar--to designate

desigual--unequal, uneven, lopsided

desigualdade (f.)--inequality,
unevenness; variation; ir-
regularity

desistir--to desist; give up,
renounce

desligar--to disconnect, separate

deslocação (f.)--dislocation,
displacement

deslumbrante--dazzling; marvelous

desmanchar--to undo
desmanchar um noivado--to
break an engagement

desmantelar--to demolish, ruin;
dismantle

desmentir--to contradict, deny

desordeiro--disorderly, rowdy

desordem (f.)--disorganization;
disorder

desorientado--confused, be-
wildered, disoriented, per-
plexed

despachar--to dispatch, send
off

despedida (f.)--farewell

despedir-se--to say good-bye

despeito (m.)--sorrow, grief,
spite
a despeito de--in spite of, in
defiance of

despencar--to fall, drop (from
a height), rush down

desperdício (m.)--waste, extra-
vagance, loss

despertar--to awake, arouse;
stimulate

despertador (m.)--alarm clock

despesa (f.)--expense, cost

despir--to undress, take off

desprendido--unselfish

deprezar--to despise, disdain, scorn

desproporcional--out of proportion, disproportionate

desquitar--(Braz. law) to effect a modified form of divorce precluding remarriage; to separate legally (see note in the crônica "Caso de Almôço")

desregramento (m.)--irregularity; excess

dessa(s)--contr. of de plus essa(s)

dêsse(s)--contr. of de plus ıs êsse(s)

desta(s)--contr. of de plus ıs esta(s)

destacar--outstanding

dêste(s)--contr. of de plus êste(s)

destinar--to destine, reserve

destinatário (m.)--addressee

destino (m.)--destiny; destination

destruir--to destroy

desvario (m.)--madness, craziness, delirium, folly

desviar--to divert, turn; separate

detalhe (m.)--detail

detenção (f.)--detention, arrest, confinement

deter--to detain

determinação (f.)--determination; purpose; decision

determinado--determined, certain, given

detestável--detestable

deturpar--to defile, disfigure, distort

deu--pret. of dar

Deus--God

devagar--slow, slowly

dever (v.)--to owe, be obligated; followed by infinitive: indicates intention, supposition, an indeterminate future, necessity (m.)--duty

devido (m.)--debt, right

(a.)--due, owing

devolução (f.)--refund

devolver--to give back, return

devorar--to devour

devoto (m.)--devotee, churchgoer (a.)--devout

dez--ten

dezasseis--sixteen

dezena (f.)--ten, group of ten

dezoito--eighteen

dia (m.)--day
Bom dia!--Good morning!
dia de semana--weekday
dia feriado--holiday
dia sim dia não--every other day
dia útil--weekday, workday

diabo (m.)--devil
que diabo!--What the devil!
o diabo era--the devil of it was

diagnóstico (m.)--diagnosis

diálogo (m.)--dialog

diante--before, in front

diária (f.)--daily rate

diário--daily

diciónario (m.)--dictionary

dicionarizar--to include in a dictionary

didático--didactic, fitted or intended to teach

diferença (f.)--difference

diferente--different

difícil (pl. difíceis)--difficult

dificílimo--superl. of difícil

dificuldade (f.)--difficulty

difundir--to diffuse, disperse

diga--pres. subj. of dizer

dignar-se--to deign, condescend

dignidade (f.)--dignity

digno--worthy
(superl.) digníssimo--most worthy, honorable

digo--pres. ind. of dizer

dilema (m.)--dilemma

dileto--dear; favorite

dimensão (f.)--dimension

diminuir--to diminish

diminutivo--diminutive

diminuto--dimminutive, little,

tiny
dinheiro (m.)--money
diploma (m.)--diploma
diplomacia (f.)--diplomacy
diplomático--diplomatic
direção (f.)--direction;
  (volante de) direção--steering
  wheel
direito (m.)--right
  (a.)--right, straight, direct,
  rightful
  à direita--on the right
  (dim.) direitinho--exactly,
  just right
direto--direct, directly
diretor (m.)--director
diretriz (f.)--directive
diria--cond. of dizer
dirigente (mf.)--director, mana-
ger
dirigir--to drive; direct
  dirigir-se--to direct oneself,
  address; to head
disciplina (f.)--discipline
disciplinar--to discipline
discípulo (m.)--disciple
disco (m.)--phonograph record
discordar--to disagree
discórdia (f.)--discord, conten-
tion, strife
discreto--discreet
discrição (f.)--discretion, cir-
cumspection
discurso (m.)--speech
discussão (f.)--discussion
discutir--to discuss; debate,
argue (about)
disfarçar--to disguise, conceal
dispensar--to dispense, distribute; exempt; do without
displicente--indifferent, lacka-
daisical
disponham--pres. subj. of dispor
  (interj.)--at your service!
disponível--disposable, available
dispor--to dispose; arrange
  dispor-se--to get ready
disposição (f.)--disposition,
inclination, tendency; dispo-
sal
disposto--pp. of dispor; inclined,

willing
dispunham--imperf. of dispor
disputa (f.)--dispute, argument
disputar--to dispute
disse--pret. of dizer
disser--fut. subj. of dizer
dissera--simple pluperf. of
  dizer
disseram--pret. of dizer
dissessem--imperf. subj. of
  dizer
disso--contr. of de plus isso
distância (f.)--distance
distante--distant
distinção (f.)--distinction;
good breeding, discreetness
distinguir--to distinguish
distintivo--distinctive
distinto--distinct, different;
distinguished, illustrious
disto--contr. of de plus isto
distração (f.)--distraction,
inattention; absent-minded-
ness; amusement
distraído--absentminded, in-
attentive
distrair--to distract, divert
distribuição (f.)--distribution,
allotment, arrangement
distribuir--to distribute
distrito (m.)--district
ditador (m.)--dictator
ditar--to dictate
dito (m.)--saying
  pp. of dizer
divã (m.)--divan, couch
divertido--funny, amusing
divertimento (m.)--amusement
divertir-se--to be amused,
enjoy oneself, have a good
time
dívida (f.)--debt
divino--divine
divisar--to espy, perceive
divulgação (f.)--divulgence,
disclosure
divulgar--to divulge; publicize,
propagate
dizer--to say, tell
  querer dizer--to mean, to
  mean to say

por assim dizer--so to speak

do--contr. of de plus o

do que--than

doador (m.)--donor

dobra (f.)--fold, pleat

doce--sweet

dócil--docile, meek

documentação (f.)--documentation

documento (m.)--document

doença (f.)--illness

doente--sick, ill

doer--to ache, hurt, pain; to
be ill

dói--pres. ind. of doer

doido--crazy, mad, wild
doido varrido--stark raving
mad
(m.)--madman, crackpot

dois (m.)--two

dolorido--painful, aching

doméstica (f.)--maidservant, domestic

doméstico (a.)--domestic

dominante--dominant, dominating

dominar--to dominate

domingo--Sunday

domingueira (f.)--Sunday affair
domingueiro (a.)--of or pertaining to Sunday; festive

dominical--dominical, (of) Sunday

dona (f.)--lady; proprietress;
title of respect prefixed to
the first name of a woman

dono (m.)--owner, master

donzela (f.)--damsel

dor (f.)--pain, ache; suffering;
sorrow, grief
dor de cabeça--headache

dormir--to sleep
pão dormido--stale bread

dormitar--to doze, drowze

dos--contr. of de plus os

dose (f.)--dose, portion

dotado--gifted

dous--variant of dois

doutor (m.), doutora (f.)--doc-
tor; title of courtesy

drama (m.)--drama

dramático--dramatic

drenagem (f.)--drainage

duas--fem. of dois
umas duas--a couple of

ducha--shower

duplo--double

duradouro--durable, lasting

durante--during

durar--to last, endure

durmo--pres. indic. of dormir

duro--hard, difficult

dúvida (f.)--doubt
sem dúvida--without doubt

duvidar--to doubt

duzentos--two hundred

dúzia (f.)--dozen

E

e--and

é--pres. indic. of ser

econômico--economic

edição (f.)--edition

edificação (f.)--building;
edification

edifício (m.)--building

editar--to publish

editor (m.)--publisher

efeito (m.)--effect; result
com efeito--in fact

efêmero--ephemeral, short-lived

eficiente--efficient

efígie (f.)--effigy

efusão (f.)--effusion

eis--here is, here are; behold
eis tudo--that is all

ela(s) (f.)--she, her, it; they,
them

êle(s) (m.)--he, him, it; they,
them

elefante (m.)--elephant

elegante--elegant, graceful;
fashionable; trim

elétrico--electrical

electrônica (f.)--electronics

eletrônico--electronic

elevador (m.)--elevator

elevar--to elevate, raise

elogiar--to eulogize, praise

elogio (m.)--eulogy, praise,
compliment

em--in, at, on, into

embaçado--amazed, stupefied;
deceived

embaixada (f.)--embassy

embaixador (m.)--ambassador

embaixo--below, under, down

embalar--to rock or lull to sleep; to sway

embora (adv.)--away; at once
ir-se embora--to go away
(conj.)--although

emitir--to emit, issue

emoção (f.)--emotion

empenado--warped, crooked

empoeirado--dusty

empolado-- puffed up; bombastic

empregada (f.)--maid, servant girl

empregado (m.)--employee

empregar--to use, employ

emprêgo (m.)--employment, job; use

empurrar--to push, shove; impose upon

emudecer--to grow mute, become silent, to silence

encabulado--abashed, shy, embarrassed

encadernar--to bind (a book)

encaixotado--packed in a box

encantar--to enchant, charm

encarar--to face, confront

encargo (m.)--duty, charge, task, commission

encarregar-se--to undertake, take upon oneself

encerrar--to close, enclose; conclude, finish
encerrar-se--to shut oneself up, be closed

encher--to fill; (slang) to be fed up; be a bore

encobrir--to cover; hide, conceal

encomenda (f.)--order; charge, commission; an article that is ordered

encomendar--to order something to be made, to commission; charge with

encontrar--to find, encounter, meet

encontro (m.)--encounter; meeting; appointment
marcar um encontro--to make a date, agree to meet

encostar--to lean on; place against; dock (against); park

encôsto (m.)--support, prop

enderêço (m.)--address

endomingado--dressed in Sunday best

energia (f.)--energy

enérgico--energetic

enfado (m.)--displeasure; boredom

ênfase (f.)--enfasis

enfileirar-se--to line up, be aligned

enfim--finally, at last

enforcamento (m.)--hanging

enforcar--to hang

enfrentar--to face, confront

engalfinhar-se--to grapple, wrestle, tangle (with another person)

engambelar--to cajole, wheedle

enganar--to deceive, mislead, delude
enganar-se--to be mistaken
enganar a fome--to stay one's hunger

engenho (m.)--ingenuity, inventiveness; talent

engraçado--amusing, funny

engrossar--to enlarge, swell; thicken; become corpulent

enguiçar--to break down, stall, be out of order

enigmático--enigmatic

enjoado--nauseated, seasick

enorme--enormous

enquanto--while

enquête (French, f.)--inquiry, investigation

enraizar--to root; be fastened

enrêdo (m.)--plot; entanglement; intrigue

enriquecer--to enrich

enrolado--rolled up; complicated

ensaio (m.)--essay

ensinar--to teach, instruct

ensino (m.)--teaching, instruction

ensurdecer--to deafen; grow deaf

entabular--to begin; undertake; strike up (a conversation)

entanto--meanwhile
no entanto--however, nevertheless

então--so; then
ente (m.)--being; person
entender--to understand
  entender-se--to understand
    one another; to declare
    oneself
entendido (m.)--expert, author-
  ity
enterrar--to bury
entêrro (m.)--burial; funeral
entrada (f.)--entrance
  dar entrada--to enter, have
    something entered
entrar--to enter
  entrar a--to begin to
entre--between, among, amid, in
  the midst of
entregar--to hand over; deliver
  entregar-se--to give oneself
    up, abandon oneself to
entrelaçar--to interlace, inter-
  weave
entreolhar-se--to eye one another
entretanto--meanwhile; however,
  on the other hand
entrevista (f.)--interview; meeting
entrevistar--to interview
entupigaitar--to confuse, mix
  up, tangle up
entusiasmado--enthusiastic,
  excited
entusiasmar--to excite, thrill,
  fill with enthusiasm; become
  enthusiastic
entusiasmo (m.)--enthusiasm
entusiasta (mf.)--enthusiast,
  fan
envergonhado--ashamed, embarrassed
enviado (m.)--envoy
enviar--to send
enviuvar--become a widow or wi-
  dower
envolver--to envelop, wrap; surround, encircle
enxaqueca (f.)--migraine
enxoval (m.)--trosseau
enxugar--to dry
episódio (m.)--episode, story
época (f.)--epoch, age; period,
  time
equilibrado--balanced, sane
equipar--to equip, outfit

equipe (f.)--team
equívoco (m.)--misunderstanding,
  mistake
era--imperf. of <u>ser</u>
ereto--erect
erguer--to lift, raise
  erguer-se--to get up, rise
errado--erroneous, wrong, in-
  correct, mistaken, false
errar--to err, wander; be mistaken
êrro (m.)--error, mistake
erudito--erudite
esbaforido--breathless, panting
escada (f.)--stairs, steps
escandalizar--to scandalize;
  shock
escândalo (m.)--scandal
escandaloso--scandalous
escapar--to escape
escasso--scarce
esclarecedor--clarifying, en-
  lightening
esclarecer--to clarify, enlighten
escola (f.)--school
escolar--school, scholastic
escolha (f.)--choice
escolher--to choose, select
  escolher a dedo--to pick and
    choose carefully
escolta (f.)--escort; guard
esconder--to hide, conceal
escore (m.)--score
escravidão (f.)--slavery
escravização (f.)--enslavement
escravizar--to enslave, capti-
  vate
escravo (m.)--slave
escrever--to write
escrito (m.)--writing; (pl.)
  writings, works
  pp. of <u>escrever</u>
escritor (m.)--writer
escritório (m.)--office, study
escritura (f.)--writing, legal
  document
escrúpulo (m.)--scruple; zeal
escrupuloso--scrupulous
esculpir--to sculpture, carve
escuridão (f.)--darkness
escuro (m.)--darkness
  (a.)--dark, obscure

escutar--to listen, hear; pay
attention

esforçar-se--to make an effort,
strive

esfôrço (m.)--effort, endeavor;
strength

esgotar-se--to be exhausted, de-
pleted; to peter out

esmagado--crushed, broken, over-
whelmed

esmola (f.)--alms

esmoler--mendicant

espacial--of or pertaining to
space

espaço (m.)--space
espaço em branco--blank space

espalhar(-se)--to spread (out)

espancamento (m.)--beating,
thrashing

espanhol--Spanish

espantar--to frighten; astonish,
amaze

espanto (m.)--astonishment; scare,
fright

espantoso--frightening, dreadful

esparso--sparse, scattered

especial--special

especialista (mf.)--specialist

especializar--to specialize

espécie (f.)--species, kind

específico--specific

espectador (m.)--spectator

espelho (m.)--mirror

espera (f.)--hope, expectation

esperança (f.)--hope

esperar--to wait; hope; expect

espêsso--thick, dense

espetacular--spectacular

espetáculo (m.)--spectacle,
show, performance

espiar--to spy, look, peek

espírito (m.)--spirit
espírito esportivo--sporting
spirit, sportsmanship

espiritual--spiritual

espontâneo--spontaneous

esporte (m.)--sports, athletics
fazer esporte--to engage in
sports

esportivo--sporting, pertaining
to sports

espôsa (f.)--wife

espreitar--to observe, peek,
look

espumar--to foam, froth

esquadrão (m.)--squadron, squad

esquecer(-se de)--to forget

esquerdo--left

esquina (f.)--street corner

esquisito (m.)--wilderness, de-
serted area
(a.)--odd, eccentric

êsse(s) (m.), essa(s) (f.)--
that (one), those; he, she,
it, they

essência (f.)--essence

essencial--essential

estabelecer--to establish

estabelecimento (m.)--establish-
ment

estabilidade (f.)--stability

estacar--to stop, check; exhaust

estacionamento (m.)--parking;
state of being stationary

estacionar--to park; stop, remain stationary

estado (m.)--state

estalar--to crack, snap; break

estar--to be
estar de mal com--not to be
on speaking terms with

estatística (f.)--statistics

estátua (f.)--statue

estatueta (f.)--statuette, fi-
gurine

êste(s) (m.), esta(s) (f.)--this
(one), these; he, she, it,
they; the latter

esteja--pres. subj. of estar

estender--to extend; give;
spread; hold out

esticar--to stretch tight; pull
out; stretch out

estilo (m.)--style

estímulo (m.)--stimulus

estipular-se--to stipulate

estivador (m.)--stevedore, long-
shoreman

estive--pret. of estar

estiveram--pret. of estar

estivesse--imperf. subj. of estar

estômago (m.)--stomach

estória (f.)--story, tale

estourar--to burst; explode

estouro (m.)--blast, explosion;
burst

estragar--to spoil; damage;
ruin, destroy

estrangeiro (m.)--foreigner;
stranger
no estrangeiro--abroad, over-
seas
(a.)--foreign; strange, alien

estranhar--to find strange; to
wonder at

estranho--strange

estrebaria (f.)--stable

estréia (f.)--premiere, first
work (of an artist or author)

estrêla (f.)--star

estremecer--to shake; tremble

estrito--strict

estrondo (m.)--roar, noise, rum-
ble

estudante (mf.)--student

estudar--to study

estudioso--studious; scholarly

estudo (m.)--study

estupefação (f.)--stupefaction,
bewilderment

esvaziar--to empty; drain

eterno--eternal

etiqueta (f.)--etiquette

eu--I

Europa (f.)--Europe

europeu (m.), europeia (f.)--
European

Eva--Eve

evento (m.)--event

eventualmente--occasionally

evidência (f.)--evidence

evidente--evident

evitar--to avoid

evocar--to evoke

evocativo--evocative

exagerar--to exaggerate

exagêro (m.)--exaggeration

exame (m.)--examination

examinar--to examine

exato--exact

exceção (f.)--exception

exceder--to exceed, surpass
exceder-se--to overdo; behave improperly

excelência (f.)--excellence
por excelência--par excellence

excelente--excellent

excessivo--excessive

exeto--except

excitar--to excite

exclamar--to exclaim

excluir--to exclude

excursão (f.)--excursion

excursionista (mf.)--excursion-
ist

executar--to execute

exemplar (m.)--copy
(a.)--exemplary

exemplaridade (f.)--exemplari-
ness

exemplificar--to exemplify;
illustrate

exemplo (m.)--example

exercício (m.)--exercise; fiscal year

exército (m.)--army

exibicionismo (m.)--exhibition-
ism

exibidor (m.)--exhibitor

exibir--to exhibit

exigência (f.)--exigency, re-
quirement; need

exigir--to demand, require;
need

exílio (m.)--exile

existência (f.)--existence

existir--to exist

êxito (m.)--success

expansivo--expansive; outgoing

expectativa (f.)--anticipation;
expectation; hope

expedição (f.)--expedition

expediente (m.)--business
hours, office hours
(a.)--efficient

experiência (f.)--experience

explanação (f.)--explanation

explicação (f.)--explanation

explicar--to explain

explique--pres. subj. of explicar

expliquei--pret. of explicar

explodir--to explode

explorador (m.)--explorer; exploiter

explosão (f.)--explosion

expor--to expose; display, exhibit; expound, explain

exposição (f.)--exposition; explanation

expressão (f.)--expression

expressar-se--to express oneself

exprimir--to express

expunha--imperf. of expor

expusera--simple pluperf. of expor

êxtase (m.)--ecstacy, rapture; trance

extensão (f.)--extension, range, extent; length

exterior (m.)--outside; abroad, foreign lands collectively
(a.)--exterior, outside, foreign

exterminar--to exterminate

extrair--to extract, pull out; draw

extraordinário--extraordinary

extremo--extreme

ex-voto (m.)-- votive offering

F

fã (m.)--(sports) fan

fabricar--to manufacture

fabuloso--fabulous

faça, façam--pres. subj. of fazer

face (f.)--face, cheek
em face de--in view of; by virtue of

facho (m.)--torch, beam

fácil--easy

facilidade (f.)--facility, ease

facílimo--superl. of fácil

facilitar--to facilitate; expose oneself to danger, take risks

faço--pres. indic. of fazer

fado (m.)--fate, predestination

fala (f.)--speech, talk, tone

falar--to speak, talk, say

falecer--to die, pass away

falecido (m.)--deceased

falena (f.)--night moth

falhar--to fail; fall short; miscarry

falsificar--to falsify

falso--false

falta (f.)--need; lack, absence
por falta de--for lack of
falta de respeito--a disrespectful remark

faltar--to be lacking; to be left

fama (f.)--fame; reputation, renown

família (f.)--family

familiaridade (f.)--familiarity

faminto--hungry; starving

famoso--famous

fanatismo (m.)--fanaticism

fardar--to dress in uniform

farei--fut. of fazer

faria, fariam--cond. of fazer

farmácia (f.)--pharmacy

farol (m.)--lighthouse,beacon; light

farra (f.)--fun, frolic, spree, binge

fartar--to sate, be enough; fill up
fartar-se--to become tired, fed up

farto--full, ample, abundant

fascinação (f.)--fascination

fascinante--fascinating

fase (f.)--phase

fato (m.)--fact; event, occurrence; suit
de fato--in fact

favor (m.)--favor
por favor--please

fazenda (f.)--farm; plantation, estate

fazendeiro (m.)--planter; plantation owner; owner of a fazenda

fazer--to make; do
fazer calor--to be hot
faz muito tempo--long ago
faz um ano (que)--a year ago; it has been a year (that)

fé (f.)--faith

fechar--to close, shut

fecundar--to fecundate; fertilize; foment

feérico--marvelous; magical; fairy-like

feição (f.)--feature; aspect; figure

feijão (m.)--bean, cooked beans

feijoada (f.)--Brazilian dish made of black beans, sausages, bacon, dried meat, etc.

feio--ugly; disagreeable

  ficar feio--to look bad, not look right

feira (f.)--fair; open-air market

feito (m.)--deed

  pp. of fazer

  feito (criança)--like a (child)

felicidade (f.)--happiness; success

felicitação (f.)--congratulation

feliz--happy; fortunate

fêltro (m.)--felt

feminino--feminine

fenômeno (m.)--phenomenum

féria (f.)--weekday, workday; daily or weekly wage (fpl.)--vacation

feriado (m.)--holiday

ferida (f.)--wound

ferir--to wound; hurt, bruise; pierce

  ferir os ouvidos--to grate on one's ears

feroz--fierce, wild, ferocious

festa (f.)--party, feast, festival, celebration

festejar--to celebrate; applaud, praise

fevereiro--February

fêz--pret. of fazer

fiar--to trust; to spin; to draw out

fibra (f.)--fiber; thread

ficar--to remain, stay; be, become; promise; keep in mind

  ficar abaixo--to lose, be defeated

  ficar bem--to fit, be suitable; look right

  ficar com--to keep

ficção (f.)--fiction

ficha (f.)--file card, index card

fiel--faithful

figura (f.)--figure; appearance

figurão (m.)--big shot, bigwig; individual

fila (f.)--line, row

filho (m.), filha (f.)--son, daughter, child

filme (m.)--film, movie

filosofia (f.)--philosophy

filósofo (m.)--philosopher

fim (m.)--end

  a fim de--in order to

  por fim--finally

fim-de-semana (m.)--weekend (pl.) fins de semana

final--final

  no final de contas--in the long run

financeiro--financial

fique--pres. subj. of ficar

fiquei--pret. of ficar

firma (f.)--firm, business

firme--firm, solid

fiscalizar--to examine, inspect; control

fisco (m.)--treasury; revenue office

físico--physical

fisionomia (f.)--physiognomy; look

fita (f.)--band, tape; motion picture film

fitar--to stare (at)

fixar--to fix, determine; set

fixo--fixed, set

fiz--pret. of fazer

fizeram--pret. of fazer

fizesse--imperf. subj. of fazer

fizeste--pret. of fazer

flor (f.)--flower

florescimento (m.)--florescence, blossoming

florido--in flower; flowery

florilégio (m.)--anthology

fluminense--of or pertaining to the state of Rio de Janeiro

focalizar--to focus (on)

foco (m.)--focus, focal point, center

fogão (m.)--stove; hearth

foge--pres. indic. of fugir

fogo (m.)--fire; heat; hearth

  pedir fogo--to ask for a light

  pegar fogo--to catch fire

  pegar fogo em--to set fire to (in colloq. use this construction can also mean "to catch fire": Pegou fogo em nossa casa--Our house caught fire).

foguete (m.)--rocket, missile

foi--pret. of ir and ser

folclórico--folkloric

folga (f.)--rest; vacation
  dia de folga--day off

fôlha (f.)--leaf; folio; sheet
  (of paper); newspaper

fome (f.)--hunger
  passar fome--to go hungry
  ter fome, sentir fome--to be
    hungry

fomos--pret. of ir and ser

fonte (f.)--fountain; source

footing (m.)--English word used
  to mean "stroll" or "promenade"

fôr--fut. subj. of ir and ser

fora--out, on the outside; ex-
  cept(ing); away
  dar o fora--to run off
  de fora--from somewhere else,
    from outside this city
  fora de propósito--irrelevant;
    ill-timed
  lá fora--out there
  por aí fora--around, everywhere

fôra--simple pluperfect of ir
  and ser

foram--pret. of ir and ser

forasteiro (m.)--foreigner; stranger

fôrça (f.)--force
  por fôrça de--because of

fôrça-maior (f.)--force majeure,
  irresistible or superior force

forçar--to force, obligate

forçoso--forceful; necessary;
  inevitable

forjar--to fabricate; make; invent

forma (f.)--form
  de tal forma--in such a way

formalidade (f.)--formality

formar--to form

formoso--beautiful

fornecer--to provide, furnish

forno (m.)--oven

fortaleza (f.)--fortress; castle

forte--strong; robust, husky

fortuna (f.)--fortune

fósforo (m.)--match

fôsse--imperf. subj. of ir and

ser

fôssemos--imperf. subj. of ir
  and ser

fotógrafo (m.)--photographer

França (f.)--France

francês--French

franquear--to free; frank, exempt from duties

franqueza (f.)--frankness;
  openness

franzir--to ruffle; gather;
  wrinkle

frase (f.)--phrase, expression
  frase feita--idiom; cliché

fraternidade (f.)--fraternity,
  brotherhood

fraudar--to defraud; cheat

frear--to brake; control

freguês (m.)--customer, client;
  customary dealer or supplier

freguesia (f.)--parish

frenético--frenetic, frenzied

frente (f.)--front
  na nossa frente--in our face,
    in front of us

freqüência (f.)--frequency

freqüente--frequent

freqüentar--to frequent; visit;
  attend (class or lecture)

fresco--cool; fresh

frio--cold

friorento--sensitive to cold

fritar--to fry

frívolo--frivolous

fronteira (f.)--border; fron-
  tier

frota (f.)--fleet

fruta (f.)--fruit

fruto (m.)--fruit; product;
  result

fuga (f.)--flight

fugir--to flee; escape; run
  away

fui--pret. of ir and ser

fulgurante--glowing; sparkling,
  flashing

fumaça (f.)--smoke; cloud of
  smoke; puff (of a cigarette,
  pipe, etc.)

fumante (mf.)--smoker

fumar--to smoke

fumegante--smoky; smoking;

steaming
função (f.)--function
funcionar--to function
funcionário (m.)--functionary;
  government employee
fundamentar(-se)--to base
fundo (m.)--bottom; depth; end;
  back
  nos fundos--in the back part
    (of a house)
  (a.)--deep, profound
furar--to perforate, puncture,
  pierce, put a hole in; break
  open
furioso--furious
furor (m.)--furor, frenzy
futebol (m.)--soccer
futilidade (f.)--futility
futuro (m.)--future
fuzileiro naval (m.)--marine

G

gaiola (f.)--cage
gaita (f.)--harmonica
galã (m.)--romantic lead; gallant;
  lover
galão (m.)--(mil.) stripe, braid
galhardo--gallant, chivalrous;
  graceful
galho (m.)--problem; obstacle
galinha (f.)--hen, chicken
galo (m.)--rooster, cock
galões--pl. of galão
galpão (m.)--storage shed
ganhar--to earn; win; gain; get
  ganhar a vida--to earn a living
ganho (pp. of ganhar)--gained;
  won; profited
garagista (m.)--garage man
garantir--to guarantee
garção (also garçom) (m.)--
  waiter
  (pls. garçoões, garçons)
garganta (f.)--throat
garotada (f.)--group of garotos
garôto (m.)--kid, youngster, boy,
  lad
garrafa (f.)--bottle
gastar--to spend, waste
gasto (pp. of gastar)--spent;
  worn-out

gastrite (f.)--gastritis
gatinha (f.)--kitten
  andar de gatinhas--to crawl,
    go on all fours
gato (m.)--cat
gaúcho--native of Rio Grande do
  Sul, the southernmost state of
  Brazil (capital Pôrto Alegre)
gaveta (f.)--drawer
gazeta (f.)--newspaper, gazette
gazetilha (f.)--news section of
  a paper
geladeira (f.)--refrigerator,
  icebox
gemer--to moan, wail; lament,
  mourn
generalizar--to generalize
gênero (m.)--genre; kind, class
generoso--generous
genial--of or pertaining to
  genius, ingenious
gênio (m.)--genius
genro (m.)--son-in-law
gente (f.)--people
  a gente--I, you, we, they,
  one ("a gente" can refer to
  any person, especially to the
  speaker)
gentil--polite, genteel, charming;
  kind; gentle
gentileza (f.)--kindness; courtesy, politeness
genuíno--genuine
geografia (f.)--geography
geração (f.)--generation
gerador (m.)--generator
geral--general
gerânio (m.)--geranium
gerar--to generate
gerência (f.)--management
gerente (m.)--manager
gesto (m.)--gesture; deed, act
gigante (m.)--giant
ginásio (m.)--gymnasium; high
  school
ginástica (f.)--gymnastics, exercise
girar--to gyrate; turn; circulate
gíria (f.)--slang, jargon
glória (f.)--glory
glossário (m.)--glossary
goiabada (f.)--guava paste

Goiânia--capital of the state
of Goiás
Goiás--state in central Brazil;
contains the Distrito Federal
and Brasília, the capital of
Brazil
gol (m.)--(sports) goal
goleiro (m.)--goalkeeper
golpe (m.)--blow, hit
gordo--fat; stout; big, huge
gorjear--to warble
gorjeta (f.)--tip, gratuity
gostar--to taste; try
gostar de--to like, be fond of,
care for
gôsto (m.)--taste, flavor; relish; pleasure, liking
de mau gôsto--in bad taste
(dim.) gostinho
gostoso--delicious; pleasant,
agreeable
no gostoso--in the enjoyment
goteira (f.)--leak (in the roof)
governamental--governmental
governar--to govern
govêrno (m.)--government
graça (f.)--grace, charm; wit;
first name
de graça--free of charge
graças a--thanks to
ter graça--to be funny
graduado--graduated; graded, ranked
grã-fino--fashionable, elegant,
swanky; snobbish
gramática (f.)--grammar
grandão--aug. of grande, very
big
grande--large, great
grato--grateful
grau (m.)--degree; grade; step;
award
gravata (f.)--necktie
grave--grave, serious, earnest
gravidade (f.)--gravity,
seriousness
greve (f.)--strike
gritar--to shout, cry out
grito (m.)--cry, yell, shout
aos gritos--shouting, yelling,
screaming
grosseiro--rude, crude, coarse,
gross

grosso--big, thick, bulky
grotesco--grotesque
grupo (m.)--group
guaraná (m.)--a popular Brazilian
soft drink with a pleasant
flavor resembling cream soda or
vanilla
guarda (m.)--guard, policeman
guarda-chuva (m.)--umbrella
guarda-roupa (m.)--clothes clo-
set
guardar--to guard; keep, retain;
maintain
guerra (f.)--war
guia (f.)--passbook, guidebook,
handbook
(m.)--guide
guiar--to guide; drive
guichê (m.)--window (in a ticket
office, bank, etc.)
guisa (f.)--guise, pretense
à guisa de--like; by way of
gurizada (f.)--bunch of children

H

há--pres. indic. of haver; there
is, there are
há dois dias--two days ago
há dois dias followed by
verb--for two days
hábil--able; capable
habitante (mf.)--inhabitant
hábito (m.)--habit
halteres (m.)--dumbell
harmonia (f.)--harmony
harmonização (f.)--harmonization
haver--to be, exist
haver de plus infinitive--
expresses intention or obli-
gation
havia--imperf. of haver
hei--pres. indic. of haver
hein--what? huh? eh?
herdeiro (m.)--heir; sucessor
heresia (f.)--heresy
herói (m.)--hero
heróico--heroic
heroísmo (m.)--heroism
hesitação (f.)--hesitation
hesitar--to hesitate
hidrópico (m.)--person having dropsy

hino (m.)--hymn
hipoteca (f.)--mortgage; pledge
história (f.)--history; story
historiador (m.)--historian
historiar--to narrate; relate
histórico--historic, historical
historiografia (f.)--historiogra-
  phy
hoje--today
homem (m.) (pl. homens)-- man
homônimo--homonymous, having
  the same name
honestidade (f.)--honesty
honesto--honest
honra (f.)--honor
honrado--honorable, honest
honorário--honorary
honrar--to honor
honraria (f.)--honor, distinction
hora (f.)--hour; time
  estar na hora--to be time
  na hora--at the time; just
horário (m.)--schedule
horizonte (m.)--horizon
horóscopo (m.)--horoscope
horrendo--horrendous
horrível--horrible
horror (m.)--horror; fright
horroroso--horrible; dreadful
hôrto (m.)--vegetable garden;
  Hôrto (das Oliveiras)--Garden
  (of Olives)
hóspede (mf.)--guest
hóstia (f.)--Host, consecrated
  wafer
houve--pret. of haver
  não sei o que houve--I don't
    know what has happened
houver--fut. subj. of haver
houvera--simple pluperf. of
  haver
houvesse--imperf. subj. of haver
humanidade (f.)--humanity;
  human beings
humano--human
humildade (f.)--humility
humilde--humble; meek
humílimo--superl. of humilde
humor (m.)--humor; disposition;
  mood
humorismo (m.)--humor; joke

I

ia--imperf. of ir
idade (f.)--age
idéia (f.)--idea
idêntico--identical
identidade (f.)--identity
identificar--to identify
idioma (m.)--language
idolatria (f.)--idolatry
ignaro--ignorant; stupid
ignorado--unknown
ignorância (f.)--ignorance
ignorante--ignorant
ignorar--to not know; be unaware of, be ignorant of
igreja (f.)--church
igual--equal, alike, the same
igualdade (f.)--equality
ih (interj.)--oh! ah!
ilegal--illegal
ilha (f.)--island
ilhar--to isolate
ilícito--illicit
iluminar--to illuminate; light
ilustre--illustrious; distinguished
imagem (f.)--image
imaginação (f.)--imagination
imaginar--to imagine
imediato--immediate
imenso--immense
imigrante (mf.)--immigrant
imitar--to imitate
imobilizar--to immobilize
imoral--immoral
impaciência (f.)--impatience
impaciente--impatient
impacientar--to become impatient
impasse (m.)--impasse; dilemma,
  difficulty
impávido--intrepid
impedimento (m.)--obstacle;
  offside (in soccer)
impedir--to stop, impede
imperativo--imperative
imperfeito--imperfect
império (m.)--empire
impertinência (f.)--imperti-
  nence
impiedade (f.)--impiety, ir-
  reverence

implicar--to involve; implicate;
  imply
implícito--implicit
imponente--grand; imposing
impor--to impose; inflict; determine
importância (f.)--importance
importante--important
importar--to matter; be of importance
  importar-se--to take notice
    of; care about
importuno--importunate; annoying
impossibilitar--to incapacitate,
  make unable
impossível--impossible
impôsto (m.)--tax
  impôsto de renda--income tax
imprensa (f.)--press
imprescindível--necessary, essential
impressão (f.)--impression
impressionante--impressive
impressionar--to impress
impresso (m.)--printed leaflet,
  pamphlet
  (a.)--printed
imprevisível--unpredictable
imprevisto--unforeseen, unexpected
impulso (m.)--impulse
inacabado--unfinished; incomplete
inadequado--inadequate, unsuited,
  unfit
inadiável--urgent, not postponable
inajeitável--impossible; without
  solution
inarticulado--inarticulate
incessante--incessant
incidente (m. and a.)--incident
incitar--to incite; impel; encourage
inclinar--to incline
incluir--to include
inclusive--including
incoercível--irrepressible, un-
  controllable
incomodar--to bother, annoy; disturb
incômodo (m.)--inconvenience;
  nuisance
  (a.)--inconvenient, incommodious
incompatível--incompatible

incompreensão (f.)--lack of
  understanding or comprehen-
  sion
incompreensível--incomprehensible
inconclusivo--inconclusive
inconfundível--unmistakable
inconsciência (f.)--unconscious-
  ness; unawareness
inconsciente--unconscious
inconsolável--unconsolable
inconveniente (m.)--drawback;
  disadvantage
incréu (m.)--unbeliever
incrível--incredible
incursão (f.)--incursion; in-
  vasion
'inda--poetic for ainda (sem
  qu'inda--sem que ainda)
indagar--to investigage; ask,
  inquire
indecência (f.)--indecency; indecent remark
indecisão (f.)--indecision, hes-
  itation
indeciso--undecided; indecisive
indefinido--indefinite
indefinível--undefinable
indenização (f.)--indemnifica-
  tion; recompense
independência (f.)--independence
independente--independent
indescritível--indescribably;
  beyond description
indicação (f.)--indication
indicar--to indicate
indígena--indigenous, native
indignação (f.)--indignation
indignado--indignant
indigno--unworthy; shameful
índio (m.)--Indian
  (dim.) Indiozinho
indireto--indirect
indiscreto--indiscreet
indiscutível--unquestionable,
  certain
indispensável--indispensable
individualizar--to individualize
indivíduo (m.)--individual
indiviso--undivided; joint
indolente--indolent; lazy
indumentária (f.)--clothing,
  apparel

induzir--to induce
inelutável--ineluctable; irresis-
    tible, inevitable
inencontrável--not to be found
inequívoco--unequivocal, clear
inerente--inherent
inesperado--unexpected
inestabilidade (f.)--instability
inevitável--inevitable
in extremis--at the point of
    death
infalível--infallible; certain
infância (f.)--infancy
infantil (pl. infantis)--infan-
    tile; childish
infeliz--unhappy; unfortunate
inferir--to infer
infinidade (f.)--infinity
infinitivo (m.)--infinitive
infinito (m. and a.)--infinite;
    (gram.) infinitive
inflexível--inflexible
informação (f.)--information
informar--to inform
informativo--informative
infringir--to infringe (upon)
infrutífero--unfruitful; fruit-
    less
ingenuidade (f.)--naïveté; ingen-
    uousness
ingênuo--ingenuous, simple, in-
    nocent, naïve
Inglaterra (f.)--England
inglês--English
ingrediente (m.)--ingredient
inibitório--inhibitory; inhibi-
    tive
inicial--initial
iniciar--to begin, initiate
iniciativa (f.)--initiative
início (m.)--beginning
inimaginável--unimaginable
injusto--unjust, unfair
inocência (f.)--innocence
inofensivo--inoffensive
inoportuno--inopportune; in-
    convenient
inquérito (m.)--inquiry
inquietação (f.)--disquiet,
    restlessness
inquieto--restless; unquiet;
    uneasy

inquilino (m.)--tenant
inquirir--to inquire, question
insaciável--insatiable
insinuação (f.)--insinuation
insinuar--to insinuate
insistir--to insist
insolente--insolent
insônia (f.)--insomnia
inspiração (f.)--inspiration
instalação (f.)--installation
instalar--to install; settle,
    lodge
instante (m.)--instant, moment
    a cada instante--every minute,
        all the time
instintivo--instinctive, natural,
    spontaneous
instinto (m.)--instinct
instituição (f.)--institution
instituto (m.)--institute, in-
    stitution; employees' union
instrumento (m.)--instrument;
    tool
instrutivo--instructive
insultar--to insult
insulto (m.)--insult
insurrecional--insurrectional
intacto--intact; untouched
integração (f.)--integration
integral--complete; total; in-
    tegral
integrante (mf.)--member of a
    group
    (a.)--integral, constituent
integrar--to integrate
integridade (f.)--integrity
inteiro--entire; whole
intelectual--intellectual
inteligência (f.)--intelligence
intenção (f.)--intention
intenso--intense
intercalar--to intercalate;
    interpolate; interpose
intercessão (f.)--intercession
interditar--to interdict; pro-
    hibit
interdito--prohibited
interessante--interesting
interessar--to be interested;
    to interest
interêsse (m.)--interest
interior--interior; inward

interlocutor (m.)--interlocutor
intermediário (m.)--intermediary
interminável--interminable
internacional--international
internar--to intern; place (in
 a school, convent)
interpelar--to question; demand
interpretar--to interpret
interrogação (f.)--interroga-
 tion, questioning
interrogar--to ask, question;
 interrogate
interrogativo--interrogative;
 questioning
interromper--to interrupt
intervalo (m.)--interval; gap,
 space
intervenção (f.)--intervention
intervir--intervene
íntimo--intimate
intitular--to title; name, call
intraduzibilidade (f.)--untrans-
 latability
intrépido--intrepid, fearless
intrigar--to intrigue; plot
introdução (f.)--introduction
intruso (m.)--intruder; meddler
inúmero--innumerable, countless
inundar--to flood, inundate;
 overflow
inútil--useless
invadir--to invade
invariável--invariable
inveja (f.)--envy; jealousy
invenção (f.)--invention
inventar--to invent
 inventar-se--to be invented
inverno (m.)--winter
inverossímil--unlikely; improb-
 able
investida (f.)--charge, attack
investigar--to investigate
involuntário--involuntary
ir--to go
 ir-se--to go away
irmão (m.), irmã (f.)--brother,
 sister
 (dim.) irmãozinho, irmãzinha
ironia (f.)--irony
irônico--ironic
irradiar--to broadcast, radiate
irremediável--irremediable

irrepreensível--irreproachable
irresponsável--irresponsible
irritação (f.)--irritation
irritar--to irritate
isca (f.)--fishing bait
isso--that
 por isso--therefore; because
 of that
 por isso mesmo--for that
 very reason
isto--this
 isto é--that is
italiano--Italian

J

já--now; already
 já não--no longer
 já que--since, in view of
 the fact that
jacto (also spelled jato) (m.)
 --jet
jamais--never
janeiro--January
janela (f.)--window
jangada (f.)--raft (see note
 in crônica "Política Internacional")
jantar-- (m.) dinner
 (v.)--to dine (on)
japonês--Japanese
jardim (m.)--garden
jargão (m.)--jargon
jeito (m.)--manner, way; ability, skill, trick
 dar um jeito, jeitinho--to
 find a solution, take a
 shortcut; maneuver
 de um jeito--in such a way
 estar do mesmo jeito--to be
 the same as ever
jejum (m.)--fast
 em jejum--on an empty stom-
 ach, observing a fast
jocoso--jocose, joking
joelho (m.)--knee
 de joelhos--on one's knees
jogador (m.)--player
jogar--to play; gamble, bet;
 throw, fling
jôgo (m.)--game
 jôgo de bicho--popular though

illegal lottery or numbers game in which the betting is done on various kinds of animals

jóia (f.)--jewel, gem

jornal (m.) (pl. jornais)--newspaper
   jornal cinematográfico--newsreel

jornalada (f.)--pile of (lots of) newspapers

jornaleiro (m.)--newsboy; day laborer

jornalista (mf.)--journalist, reporter

jornalístico--journalistic

jovem (mf. and a.)--young; young person

Juàzeiro (do Norte)--city in the interior of the state of Ceará

jugo (m.)--yoke

juiz (m.)--judge; referee

juízo (m.)--judgment; good sense; understanding

julgar--to consider, judge, think

julguei--pret. of julgar

junho--June

júnior--junior, younger

juntar--to join (together), collect

junto--next to; together

juramento (m.)--oath, vow

jurar--to swear; vow

juro (m.)--interest (on savings)

justiça (f.)--justice
   fazer justiça--to do justice; to be just about it

justificar--to justify; uphold; defend

justo--exactly, exact; sound; fair, just; right

juventude (f.)--youth

L

lá--there
   lá fora--out there
   lá por--around
   lá de dentro--from inside

lã (f.)--wool

lábio (m.)--lip

laço (m.)--bow, tie

ladear--to go alongside of, to flank

lado (m.)--side, edge; direction
   do lado de lá--over there
   por todos os lados--everywhere

ladrão (m.)--thief; crook

lágrima (f.)--tear

laje (f.)--flagstone, slab

lambe-lambe (m.)--(colloq.) street photographer

lamentar--to lament; regret

lâmpada (f.)--lamp, light bulb

lampião (m.)--large lamp, street lamp

lançar--to throw, hurl, toss

lancha (f.)--motor boat; launch; fishing boat

lanche (m.)--snack, light meal

lar (m.)--house, home; hearth

largar--to let go, abandon, quit

largo--wide, broad

largura (f.)--width, breadth

lastimar--to lament, regret

lata (f.)--tin can, pail; tin plate

latir--to bark; yelp

lauda (f.)--page (of a book), one side of a sheet of paper

lavar--to wash, bathe, cleanse; launder; wash off

lavrar--to plow; cultivate, till

leal--loyal, faithful; honest, fair

legalizar--to legalize

legenda (f.)--sign; legend; subtitle

legítimo--legitimate

lei (f.)--law
   ser de lei--to be required by law

leia--pres. subj. of ler

leite (m.)--milk

leitor (m.)--reader

leitura (f.)--reading; reading matter

lembrança (f.)--remembrance; souvenir, memento

lembrar-se (de)--to remember, recall; think

lenço (m.)--handkerchief

lenda (f.)--legend

lento--slow

lépido--cheerful, jaunty; lively, nimble

ler--to read

letra (f.)--letter
de poucas letras--with little education

letrado--lettered, literate, learned

letreiro (m.)--sign

levantar--to get up; raise, lift

levar--to carry; bring; take away; spend (time); get
levar a mal--to take offense, to take amiss

leve--light; superficial

leveza (f.)--lightness, levity

leviano--frivolous, inconsequent

lhe--to him, to her, to it, to you

libação (f.)--libation

liberdade (f.)--liberty, freedom

libertação (f.)--liberation

lição (f.)--lesson

licença (f.)--license, permit; authorization, consent
com licença--excuse me

lidar--to fight; cope, deal with

líder (m.)--leader, chief

ligação (f.)--connection

ligar--to connect, fasten, link, bind, unite; pay attention
ligar importância a--to pay attention to

ligeiro--light; slender, slight

limitar--to limit; restrain, confine

limite (m.)--limit, boundary

limpeza (f.)--cleanliness, neatness

límpido--limpid, clear

limpo--clean

linchar--to lynch

lindo--beautiful, lovely, attractive

língua (f.)--tongue; language

linguagem (f.)--language

linguiça (f.)--sausage

linguístico--linguistic

linha (f.)--line, thread

liquidar--to liquidate; settle

lírico--lyric

lista (f.)--list, roll

literal--literal

literário--literary

literatura (f.)--literature

livre--free, clear, at liberty

livro (m.)--book

lixo (m.)--garbage

lobishomem (m.)--werewolf

local (m.)--place, site
(a.)--local

localizar--to locate; situate, localize

locomotiva (f.)--engine, locomotive

locutor (m.)--broadcaster, radio announcer

lógico--logical

logo--later; therefore, then; immediately
até logo--goodbye, so long
logo à tarde--later in the afternoon
logo que--as soon as

loja (f.)--store, shop

longe--far, distant; away
de longe--from a distance

longínquo--distant

longo--long, lengthy; drawn out
ao longo de--by, along
longamente--at length

lotação (m.)--small bus

louça (f.)--china

loução (m.), louça (f.)--blooming, fresh

louco--mad, insane, crazy

loucura (f.)--madness

louro--blond

louvar--to laud, praise

lucubrar--to lucubrate, work hard at

lugar (m.)--place, spot

lúgubre--lugubrious, dismal

luminoso--luminous, clear, bright, brilliant

luso--Lusitanian, Portuguese (the old Roman province of

Lusitania included much of
modern Portugal)
luso-brasileiro--Luso-Brazilian
(i.e., Portuguese and Brazilian)
lustroso--lustrous, glossy; mag-
nificent
luta (f.)--flight, struggle
lutador (m.)--fighter
lutar--to fight, struggle
luto (m.)--mourning
luxo (m.)--luxury
de luxo--deluxe
luz (f.)--light
dar à luz--to give birth to

M

má--fem. of mau
maçã (f.)--apple
macaca (f.)--monkey
macaco (m.)--monkey
dim. macaquinho
maço (m.)--bundle; stack
madame (f.)--madame, lady
madeira (f.)--wood
madrinha (f.)--godmother
madrugada (f.)--dawn, daybreak;
early morning
pela madrugada--in the early
morning
maduro--mature; ripe
mãe (f.)--mother
mágico--magic
mágoa (f.)--sorrow, grief, sad-
ness; hurt, bruise, sore
magro--thin, lean
maio--May
maior--larger, largest, greater,
greatest, bigger, biggest
um maiorzinho--an older kid
mais--more, any more
a mais--in excess, too much,
too many
mais de--more than
mais um--one more
o mais--the most
por mais que--no matter how
much
mais-que-perfeito (m.)--pluperfect
maiúsculo--capital (letter)
majoração (f.)--increase

mal (m.)--bad; evil, wrong;
grief
(adv.)--bad, badly; scarcely
fazer mal a--to harm, wrong
malandro (m.)--idler, bum,
loafer, good-for-nothing
malícia (f.)--malice; slyness,
cunning; sly or suggestive
remark
malicioso--malicioso
maloca (f.)--communal Indian
hut
malôgro (m.)--failure; collapse
maltratar--to mistreat
mamãe (f.)--mother, mom
mamar--to suckle, nurse
mandar--to order, command,
direct; to have done; send
mandioca (f.)--manioc, manihot,
cassava (a plant with an ed-
ible root which furnishes a
starchy food; "farinha de
mandioca"--manioc meal--is
an important food staple in
Brazil.)
mandiocal (m.)--manioc field,
manioc patch
maneira (f.)--manner, way;
habit
de qualquer maneira--in any
case
manejar--to handle, manage
manga (f.)--sleeve
manhã (f.)--morning
mania (f.)--mania; idiosyn-
crasy, eccentricity
manifestar--to manifest, display; declare
manso--gentle, docile, tame
mantenha--pres.subj. of manter
manter--to maintain; keep
mantinha--imperf. of manter
manual (m.)--manual, handbook
manusear--to handle; finger,
thumb (through)
mão (f.)--hand
(dim.) mãozinha
de mãos dadas--holding hands
mão-de-obra (f.)--manual labor
máquina (f.)--machine; press
maquinar--to machinate; scheme,
contrive, plot

maquinista (mf.)--machinist
mar (m.)--sea
Maranhão (m.)--state in northern
  Brazil (capital São Luís)
maravilha (f.)--marvel, wonder
maravilhoso--marvelous
marca (f.)--mark, sign; scar
marcante--marking; remarkable,
  outstanding
marcar--to mark; fix; score;
  watch, keep an eye on
  marcar um encontro--to make
    a date; agree to meet
marcha (f.)--march, progress
marchar--to march, move, go
março--March
maré (f.)--tide
margem (f.)--margin; edge; bank
marido (m.)--husband
mariscar--to peck for food
marquês (m.)--marquis
martelação (f.)--hammering
mas--but
  mas qual--but, really!
mascarar--to mask, disguise
masculino--masculine
massa (f.)--mass; dough; pulp,
  paste; putty
matar--to kill
matéria (f.)--material
materialista (mf.)--materialist
matinal--morning; early-rising
matinê (f.)--matinée
mato (m.)--woods, forest, brush,
  thicket; country
matutino (m.)--morning newspaper
  (a.)--morning
mau (m.), má (f.)--bad; wicked
máximo--maximum, largest, greatest
Meca--Mecca
medalha (f.)--medallion
média (f.)--average
mediador (m.)--mediator; go-be-
  tween
mediante--by means of, through,
  by
medicina (f.)--medicine
médico (m.)--doctor
  (a.)--medical
medida (f.)--measure; degree,
  extent
  à medida que--as, while

médio--medium; middle; mean
medir--to measure; appraise
meditação (f.)--meditation
mêdo (m.)--fear
  ter mêdo--to be afraid
medonho--frightful, dreadful,
  horrible
megalomaníaco--megalomaniac
meio (m.)--middle; midst; environment; device
  (a.)--half, middle, mean;
  (adv.)--quite, rather
  a meio de--in the midst of
  por meio de--by means of,
    through
meio-dia (m.)--noon, midday
meio-fio (m.)--curb (of sidewalk)
melancolia (f.)--melancholy
melancólico--melancholy, melan-
  cholic
melhor--better, best
  tanto melhor--so much the
    better
  (dim.)--melhorzinho ("o ho-
    tel melhorzinho" implies
    that the best hotel was
    none too good)
melhorar--to improve
membro (m.)--member
memória (f.)--memory
  (pl.)--memoirs
mencionar--to mention
mendigo (m.)--beggar
meninada (f.)--children (collectively), young kids
menino (m.)--child; young boy
  (f.) menina--young girl
menor--minor; smaller, smallest,
  lesser, least
  o menor--the least; the
    slightest
menoridade (f.)--minority
menos--less; except
  a menos que--unless
  pelo menos--at least
  por menos que--no matter
    how little
mensagem (f.)--message
mentir--to lie
mentira (f.)--lie, falsehood
mentiroso--lying; deceptive;

false
mercadoria (f.)--merchandise
mercê (f.)--favor; grace; mer-
  cy
  mercê de--thanks to
merecer--to deserve
merecedor--deserving
merecido--deserved, deserving
mergulhar--to plunge; sub-
  merge; immerse
mergulho (m.)--dive, plunge;
  dip
mérito (m.)--merit
mês (m.) (pl. meses)--month
mesa (f.)--table
mesmo (a.)--same
  (adv.)--exactly; even
  comigo mesmo--with my own
    self
  mesmo assim--even so
  si mesmo--itself
mesquinho--meager, poor, wretched
mestre (m.)--teacher, professor;
  master
metade (f.)--half
metamorfosear--to transform,
  metamorphose
meter--to put, place
  meter-se a entendido--to
    pretend to know it all
meticuloso--meticulous
métier (Fr.)--vocation
metragem (f.)--yardage in me-
  ters
  filme de longa metragem--
    full-length film
metro (m.)--meter; movie house
metropolitano--metropolitan
meu (m.), minha (f.)--my
miar--to meow, mew
mil--one thousand
milagre (m.)--miracle; motive;
  offering
milhão (m.)--million
milhar (m.)--thousand
militar (m. and a.)--soldier,
  military (man)
mil-réis--Brazilian monetary
  unit, replaced in 1942 by
  the cruzeiro
mim--me; to me
mina (f.)--mine, mining

Minas Gerais--state in central
  Brazil (capital Belo Horizonte)
Mineirão--nickname of the huge
  football stadium in Belo Horizonte
mineiro--miner, mining; nickname of the inhabitants of
  the state of Minas Gerais
míngua (f.)--want; lack
  à míngua de--lacking
minha--fem. of meu
miniatura (f.)--miniature
mínimo (m.)--minimum
  no mínimo--at least
ministério (m.)--ministry; department or branch of government
ministrar--to minister; administer
ministro (m.)--minister
  Ministro das Relações Ex-
    teriores--Minister of
    Foreign Affairs
minuano--cold and dry south-
  western wind
minorar--to lessen, reduce,
  diminish
minoria (f.)--minority
minúcia (f.)--minute detail
minúsculo--lower case (letter)
minuto (m.)--minute
miraculoso--miraculous
miserável (m. and a.)--miser-
  able, mean, destitute;
  wretch, scoundrel
miséria (f.)--misery
missa (f.)--Mass
mister (m.)--occupation; trade
mistério (m.)--mystery
místico--mystic, mystical
misto (m.)--mixture, blend
misturar--to mix, be mixed;
  mingle; join
miúdo--little, small, tiny;
  precise; minute
  pelo miúdo--precisely, in de-
    tail
mobília (f.)--furniture
môça (f.)--girl, young lady
mocidade (f.)--youth
môço (m.)--boy, youth, young
  man

(a.)--young
moda (f.)--mode, manner, way
modêlo (m.)--model, pattern
moderado--moderate
moderno--modern
modéstia (f.)--modesty
modesto--modest; unassuming;
  simple
modificar--to modify, change
modismo (m.)--idiom; idiomatic
  expression
modo (m.)--way, method; style
  a modo de--like
  de modo algum--not at all, in
    no way
  de modo geral--by and large,
    in general
  de modo que--so that, so as
    to, in order to
  de mesmo modo--in the same
    way
moeda (f.)--coin
mofino--miserable, wretched;
  unfortunate
mole--soft; slow, sluggish
moleque (m.)--street urchin;
  scamp; ragamuffin; small Negro boy; youngster
momento (m.)--moment, minute
  a todo momento--constantly,
    at every moment
  no momento--at present, at
    this moment, at that moment
monólogo (m.)--monologue
monótono--monotonous
monsenhor (m.)--monsignor
montepio (m.)--life insurance;
  pension fund
mor--chief, principal
morada (f.)--residence, home,
  dwelling(-place)
  última morada--grave
morador (m.)--dweller, resident,
  inhabitant
moralizante--moralizing
morar--to reside, dwell, live
morder--to bite
morgado (m.)--first-born or el-
  dest son
moribundo (m. and a.)--dying
  person; dying, moribund, on
  the verge of extinction

moringa (f.)--clay jug
mormaço (m.)--mugginess; muggy
  weather
mormente--principally, chiefly,
  mainly
morrer--to die
morro (m.)--hill; mound, knoll
morte (f.)--death
  ser de morte--(slang) to be
  unbearable, the limit
morto (m.) (pp. of morrer)--
  dead body; the deceased
  (a.)--dead
mostrar--to show, display;
  prove; indicate; signify
  mostrar-se--to show off; be
    on display
motivo (m.)--motive; reason,
  cause
motorista (mf.)--driver, mo-
  torist
mouro (m.)--Moor
móvel (m.)--piece of furniture
mover-se--to move
movimentado--lively, active;
  busy
movimentar--to move; set in
  motion
movimento (m.)--movement;
  animation; traffic; lively
  business or trade
mudar(-se)--to move; change,
  transform
  mudar de assunto--to change
    the subject
  mudar de idéia--to change
    one's mind
mudo--mute, silent
muito--very; much, a lot
  não é muito que--it's not
    surprising if, it's no won-
    der if
mulher (f.)--woman; wife
multidão (f.)--multitude
multiplicar--to multiply
mundo (m.)--world
  todo (o) mundo--everyone
muralha (f.)--rampart; wall
murmurar--to murmur
músculo (m.)--muscle
museu (m.)--museum
música (f.)--music

mutilar--to mutilate
mútuo--mutual

N

na--contraction of em plus a
nação (f.)--nation
  Nações Unidas--United Nations
nacional--national
nacionalidade (f.)--nationality
nada--nothing
namorada (f.)--sweetheart, girl
  friend
namorado (m.)--sweetheart, boy
  friend
namorar--to court, woo, make
  love, flirt
namôro (m.)--courting; love affair
não--no, not
  a não ser--unless, except
naquela(s)--contr. of em plus
  aquela(s)
naquele(s)--contr. of em plus
  aquêle(s)
narração (f.)--narration
narrar--to narrate
nas--contr. of em plus as
nascer--to be born
nascimento (m.)--birth
natal--natal; native
natividade (f.)--nativity
natural--natural; native
naturalidade (f.)--naturalness;
  ease, poise
naturalização (f.)--naturaliza-
  tion
natureza (f.)--nature
  de natureza--by nature
naufrágio (m.)--shipwreck
naval--naval, nautical
navegação (f.)--navigation; ship-
  ping
navegante (m.)--navigator
navio (m.)--ship, boat, vessel
  de navio--by ship
necessário--necessary
necessidade (f.)--necessity, need
necessitar--to need; make necessary
necrológio (m.)--necrology, obit-
  uary

necrópole (f.)--necropolis,
  cemetery
negar--to deny; refuse
negativo--negative
negociação (f.)--negotiation
negócio (m.)--business; deal;
  matter, thing; concern
negro (m. and a.)--black; Negro
nela(s)--contr. of em plus
  ela(s)
nêle(s)--contr. of em plus
  êle(s)
nem--neither; not even
  nem..., nem--neither...nor
  nem por isso--notwithstanding
  que nem--like
nenhum (m.), nenhuma (f.)--no,
  none, not any
nervosismo (m.)--nervousness
nervoso--nervous
nessa(s)--contr. of em plus
  essa(s)
nesse(s)--contr. of em plus
  êsse(s)
nesta(s)--contr. of em plus
  esta(s)
neste(s)--contr. of em plus
  êste(s)
neto (m.)--grandson; grandchild
ninguém--nobody, no one
nisso--contraction of em plus
  isso
Niterói--capital of the state
  of Rio de Janeiro
nível (m.)--level
no--contr. of em plus o (na, nos,
  nas)
nó (m.)--knot, entanglement;
  complication
nobre--noble
nobreza (f.)--nobility
noção (f.)--notion, idea, con-
  cept
noite (f.)--night, evening
  (dim.) noitinha--dusk, twi-
    light, nightfall
  noite fechada--dark night
noiva (f.)--bride
noivado (m.)--engagement
noivo (m.)--fiancé; groom
nome (m.)--name
nordeste (m.)--northeast

norma (f.)--norm, rule; pattern
nora (f.)--daughter-in-law
norte--north
norte-americano--North American
nosso--our
  o nosso--ours
nostálgico--nostalgic
nota (f.)--note; report; notice;
  bill
  nota ao pé da página--footnote
notabilizar-se--to become notable
  or famous
notabilíssimo--absolute superl.
  of notável
notar--to note; notice
notável--notable, remarkable;
  amazing
notícia (f.)--news
noticiar--to report, announce;
  notify
noturno--nocturnal, night; night-
  ly
nove--nine
novembro--November
novidade (f.)--novelty
nôvo, nova (a.)--new
  (adv.) novamente--newly, again
  de nôvo--again
  que há de nôvo?--(colloq.)
    what's new?
nu, nua--naked, nude; bare
num--contraction of em plus um
  (numa, nuns, numas)
número (m.)--number
numeroso--numerous
nunca--never

O

o--the; him, it, you; the one,
  that
ó--(interj.) Oh! Hey! Say!
oasis (m.)--oasis
obediente--obedient
objeto (m.)--object
obra (f.)--work, working, deed;
  handicraft
  estar em obras--to be under
    construction or repair
obra-mestra (f.)--masterpiece
obra-prima (f.)--masterpiece
obrar--to work; make; effect

obrigação (f.)--obligation,
  duty
obrigado (a.)--obliged, obligated
  (interj.)--thank you!
obrigar--to oblige; force
obrigatório--obligatory, man-
  datory
obscuro--dark; obscure
obsequiar--to accommodate,
  oblige; display courtesy
  toward, charm
obséquio (m.)--favor, kindness
observação (f.)--observation
observar--to observe
obstáculo (m.)--obstacle
obstar--to impede, thwart
obstinado--obstinate
obter--to obtain
ocasião (f.)--occasion
ocasional--occasional
ocasionar--to occasion, bring
  about
ocidental--occidental, western
ocioso--idle, lazy
ocorrer--to occur, befall,
  happen
óculos (mpl.)--eyeglasses
ocultar--to hide
ocupação (f.)--occupation
ocupado--occupied; busy
ocupar--to occupy
ódio (m.)--hate; rancor
ofender--to offend
oferecer--to offer, present
oferecimento (m.)--offer,
  offering
oficial (m.)--officer. official
oficiante (m.)--officiant
oficina (f.)--workshop; press-
  room
offcio (m.)--employment, pro-
  fession; official letter
oitenta--eighty
oito--eight
oitocentos--eight hundred
ojeriza (f.)--ill will, aver-
  sion
olhada (f.)--look, glance;
  sight
olhar--to look
  olhar para--to look at

(m.)--look, glance

olho (m.)--eye

ombro (m.)--shoulder

onça (f.)--wildcat, cougar, ja-
guar

onda (f.)--wave

onde--where, in which

ônibus (m. sing. and pl.)--bus

ontem--yesterday

onze--eleven

operação (f.)--operation

operar--to operate; perform

opinião (f.)--opinion

oposição (f.)--opposition

oposto--opposed; opposite,
contrary

opressão (f.)--oppression

ora (adv.)--now, presently
(conj.)--but, however
(interj.)--Well! Well now!
Come now!

oratória (f.)--oratory

ordem (f.)--order; nature
de ordem prática--of a practi-
cal nature

ordenado (m.)--salary

ordenar--to order; ordain

ordinário--ordinary

orelha (f.)--ear

orfanato (m.)--orphanage

órfão (m.), órfã (f.)--orphan

orgânico--organic

organismo (m.)--organism; body

orgulho (m.)--pride, vanity;
haughtiness

orgulhoso--proud

oriental--oriental, eastern

origem (f.)--origin, derivation

orquestra (f.)--orchestra

ortodoxia (f.)--orthodoxy

ortografia (f.)--orthography,
spelling

otimismo (m.)--optimism

otimista (mf.)--optimist

ótimo--superl. of bom; excellent,
marvelous, great

ou--or

ouça--pres. subj. of ouvir

ouço--pres. indic. of ouvir

ouro (m.)--gold

ousar--to dare; venture; presume

outrem--somebody else; other
people, another person

outro--other, another
outro dia--the other day;
another day
outros tantos--as many more
um ao outro--each other, one
another

outubro--October

ouvido (m.)--ear
de ouvido--by ear

ouvir--to hear, listen

ovelha (f.)--sheep

P

pacato--peaceful, peaceable,
quiet, tranquil

paciência (f.)--patience

paciente--patient

pacífico--peaceful, pacific

pacote (m.)--package, parcel

padecer--to suffer

padeiro (m.)--bread man; baker

padim--corrupted dim. of padre

padre (m.)--priest; father

padrinho (m.)--godfather; (fig.)
protector, patron

pagadoria (f.)--disbursement
office, paymaster's office

pagamento (m.)--payment

pagão (m.)--pagan

pagar--to pay

página (f.)--page

pago--pp. of pagar

paguei--pret. of pagar

pai (m.)--father, (pl.) pais--
parents

país (m.)--country, (pl. países)

paisagem (f.)--landscape; scenery

paisano (m.)--civilian

paixão (f.)--passion (as of
ardor, wrath, love, etc.)

palacete (m.)--mansion

palácio (m.)--palace

palavra (f.)--word
tomar a palavra--to take the
floor

palestra (f.)--chat, conversation,
talk

paletó (m.)--coat, jacket

palha (f.)--straw
por dá cá aquela palha--for no
reason at all

palito (m.)--matchstick; tooth-pick

palma (f.)--palm
(pl.) applause
palmada (f.)--slap, spank, swat
palmeira (f.)--palm tree
palmo (m.)--span (of the hand)
palpite (m.)--palpitation; guess;
hint, suggestion; unsolicited
opinion
pancada (f.)--blow, hit
panela (f.)--pan, pot
panificação (f.)--bakery
pão (m.) (pl.) pães--bread, loaf
of bread
o pão de cada dia--daily bread
pão dormido--stale bread
papai (m.)--dad, daddy, papa
papel (m.)--paper; part, role
papelão (m.)--cardboard
papo (m.)--craw
(colloq.)--talker
bater o papo--(colloq.) to
chat
par (m.)--pair, peer
(a.)--equal, like, even (numbers)
a par de--up-to-date, informed
(of)
para--for, in order to, to, toward
parabéns (m.pl.)--congratulations
paradoxal--paradoxical
paraense--native of the state
of Pará, in northern Brazil
(capital Belém)
paraibano--native of the state
of Paraíba, in northeastern
Brazil (capital João Pessoa)
paranóico--paranoiac
parar--to stop, come to a stand-
still, pause
parceria (f.)--partnership,
association
de parceria com--in cahoots
with
parecer--to seem; appear, look
parecer-se (com)--to resemble,
look like
parecido--similar, like
parede (f.)--wall
parente (mf.)--relative
parêntese (m.)--parenthesis
paroara (m.)--recruiter of rubber

workers in the Amazon area
parte (f.)--part; place
à parte--apart, aside
dar parte--to denounce, accuse
de parte a parte--on both
sides, mutually
por parte de--on the part of
particípio (m.)--participle
partícula (f.)--particle
particular--particular; pri-
vate
partida (f.)--departure
partir--to divide, break; de-
part, leave
a partir de--from; since
parto (m.)--childbirth, de-
livery
parturiente (f.)--woman in labor
pasmar--to astound, amaze, be-
wilder
passada (f.)--pace, stroll;
pass
passado--past
passageiro (m.)--passenger
(a.)--passing, transitory;
light
passagem (f.)--passage; fare;
ticket
passaporte (m.)--passport
passar--to pass; get along; go,
go on; proceed to; convey;
spend time
passar-se--to elapse, transform
passar os olhos--to glance,
look over
passar um telegrama--to send
a telegram
pássaro (m.)--bird
passear--to take a walk, promenade
passeio (m.)--stroll, promenade; drive
passivo--passive
passo (m.)--step, pace
ao passo que--whereas, while
pasta (f.)--briefcase, folder
pastel (m.)--turnover, pastry;
pie
pata (f.)--paw, foot (animal),

leg
patético--pathetic, moving,
  stirring
patola (f.)--claw
patológico--pathological
patrão (m.)--boss, employer, patron; owner
pátria (f.)--native land, country, fatherland
patrimônio (m.)--patrimony, in-
  heritance, heritage
patriota (mf.)--patriot
patroa (f. of patrão)--mistress,
  landlady; (colloq.)--wife,
  missus
pau (m.)--wood; stick
  pau-de-arara--(colloq.) migra-
    tory worker from Northern
    Brazil
paupérrimo--superl. of pobre
pausa (f.)--pause
pavimento (m.)--pavement
pavor (m.)--fear, horror
paz (f.)--peace
  fazer as pazes--to make up,
    bury the hatchet
pé (m.)--foot
peça (f.)--piece, part; room
peça, peçam--pres. subj. of
  pedir
pecado (m.)--sin
pecar--to sin, commit a sin
peço--pres. indic. of pedir
pedaço (m.)--piece, portion;
  scrap
pedido (m.)--request; order
pedir--to ask for, request
pedra (f.)--stone
pedregulho (m.)--large stone,
  boulder; gravel; rubble
pedreiro (m.)--bricklayer, mason
pegar--to catch, seize, grab,
  take; attach; cling; come upon
  surprise
peito (m.)--chest; breast
pela(s)--contr. of por plus
  a(s); pelas cinco--about five
pele (f.)--fur; skin
pelo(s)--contr. of por plus o(s)
peludo--hairy, furry, shaggy
pena (f.)--penalty, pity, com-
  passion

penal (m.)--penalty
pender--to hang
pendor (m.)--leaning, inclination; propensity
pendura (f.)--act of hanging
  something
  estar na pendura--(colloq.)
    to be flat broke
penetrante--penetrating
penetrar--to penetrate
peninsular--peninsularr
penitência (f.)--penitence, repentance; penance
pensamento (m.)--thought,
  thoughts
pensão (f.)--pension
pensar--to think, consider
  pensar em--to think of, think
    about
pensativo--pensive, thoughtful
pequena (f.)--(colloq.) girl-
  friend, sweetheart
pequeno--small
  (dim.)--pequenino
pêra (f.)--pear
perante--before, in front of
perca--pres. subj. of perder
perceber--to perceive, see;
  understand; sense
perco--pres. indic. of perder
percorrer--to go through, traverse, cross; peruse, search,
  examine
perda (f.)--loss; waste
perdão (m.)--pardon
perder--to lose, miss, waste
perdoar--to pardon
peregrino (m.)--pilgrim, trav-
  eler, wanderer
peremptório--peremptory; final;
  decisive
perfeito--perfect
perfilar--to outline; straighten
  up
  perfilar-se--to stand up
    straight, stand at attention
pérgula (f.)--pergola, trellis
pergunta (f.)--question
perguntador (m.)--questioner
perguntar--to ask a question
periódico (m.)--periodical
periodismo (m.)--journalism

período (m.)--period; sentence
permanente--permanent
permissão (f.)--permission
permitir--to permit, allow
permuta (f.)--barter, exchange
permutar--to permute, exchange
perna (f.)--leg
pernambucano--native of the state
  of Pernambuco
Pernambuco (m.)--a state in northeastern Brazil (capital Recife)
pérola (f.)--pearl
perpetrar--to perpetrate
perpétuo--perpetual
perplexidade (f.)--perplexity,
  bewilderment
perscrutar--to scrutinize, probe
persistir--to persist
personagem (mf.)--personage,
  character (in a novel, play,
  etc.)
personalidade (f.)--personality
pertence (m.) (usually plural)--
  belongings; accessories
pertencer--to belong
perto--near; beside, next
perturbação (f.)--perturbation,
  disturbance, turmoil, uneasi-
  ness
perturbador--disturbing, per-
  turbing
perturbar--to disturb, trouble
pesadelo (m.)--nightmare
pesado--heavy; clumsy; stuffy
pêsames (mpl.)--condolences,
  sympathy
pesar (m.)--sorrow, grief
  (v.)--to weigh
pesca (f.)--fishing
pescar--to fish
pescaria (f.)--fishing; fishery
pêso (m.)--weight
pesquisador (m.)--researcher;
  investigator
pesquisar--to research; investigate
pêssego (m.)--peach
péssimo--superl. of mau; extremely
  bad
pessoa (f.)--person, individual
  (pl.)--people
pessoal (m.)--personnel; (colloq.)

folks, people
  (a.)--personal
peste (f.)--plague, pestilence;
  nuisance, pest
pia (f.)--sink, washbasin
piada (f.)--joke
pianista (mf.)--pianist
picada (f.)--puncture; peak,
  summit; trail
  o fim da picada--(slang) the
    limit, "tops"
piedoso--pious
pijama (mf.)--pajamas
pilhéria (f.)--joke
pilhérico--facetious, playful,
  mocking
pinga (f.)--drop (of liquid);
  (colloq.) rum, booze
pingar--to drip, drop, dribble
pingüim (m.)--penguin
pintor (m.)--painter
pintura (f.)--painting
pipoca (f.)--popcorn
piscar--to wink, blink
pitoresco--picturesque, colorful
plácido--placid
planear (also planejar)--to
  plan; design, devise
plantar--to plant, implant;
  set up, establish
plástico--plastic
platéia (f.)--orchestra seats;
  audience
pleno--full, entire; high
pó (m.)--powder; dust
pobre--poor
  pobre de mim--poor me
pôde--pret. of poder
poder (m.)--power
  a poder de--with the help of,
    by means of, by dint of
  (v.)--to be able, can, may
poema (m.)--poem
poesia (f.)--poetry; song
poeta (m.)--poet
pois--so, then; for, well
  pois não--why not, of course,
    surely
polícia (f.)--police force;
  police
  (m.)--policeman

policial (m.)--officer; con-
stable
policiamento (m.)--policing,
patrolling
política (f.)--politics; policy
político (a.)--political
pomposo--pompous
ponderado--judicious; cool, se-
date
ponho--pres. indic. of pôr
ponta (f.)--point, tip; bit
pontapé (m.)--kick
ponte (f.)--bridge
pontificar--to pontificate
ponto (m.)--point; moment; period,
stop (in telegram); taxi stand,
bus (train, streetcar) stop;
time book
em ponto--on the dot, sharp
entregar os pontos--to give
up, throw in the sponge,
quit
ponto de partida--point of departure
ponto de vista--point of view
pontual--punctual
população (f.)--population
por--for, over, by; for the sake
of; because of, through
por que--why
pôr--to put, place
pôr fora--to throw away
porão (m.)--basement, cellar
porção (f.)--portion, share;
large quantity
uma porção de--a large number
of
porco (m.)--pig; pork
porém--but, however; nevertheless
porque--because; since, as
porta (f.)--door
portador (m.)--bearer; porter
portanto--therefore; and so; in-
sofar as
portão (m.)--gate, gateway; en-
trance
portar--to carry
portar-se--to behave
portaria (f.)--hallway, vesti-
bule; reception desk
porteiro (m.)--doorkeeper; porter

Pôrto Alegre--capital of the
state of Rio Grande do Sul,
the southernmost in Brazil
português--Portuguese
à portuguêsa--in the Portuguese manner
porvir (m.)--future
pôs--pret. of pôr
posição (f.)--position
positivista (mf.)--positivist
(See note in crônica "Pai,
Filho, Neto")
possa--pres. subj. of poder
possibilidade (f.)--possibility
possível--possible
posso--pres. indic. of poder
possuir--to possess
posterior--after, back, pos-
terior
posteriormente--afterwards,
later
posto--pp. of pôr
pôsto (m.)--post
postular--to postulate, solicit
póstumo--posthumous
potência (f.)--potency, power,
might
pouco (a.)--little, few;
small
(adv.)--slightly; not much;
in a small degree
ainda há pouco--just a little while ago
aos pouquinhos--little by
little
em pouco--in a little while
pouco a pouco--little by
little
poupar--to save, economize
povo (m.)--people; population
pra--(colloq.) contr. of para
praça (f.)--plaza, public
square
(colloq.)--nice guy
(dim.)--pracinha
prado (m.)--meadow, field;
race track
praga (f.)--curse; plague,
misfortune; vermin; weeds
praguejar--to curse, damn;
swear

praia (f.)--beach

pranto (m.)--weeping, mourning; tears

prateleira (f.)--shelf, rack

prática (f.)--practice

praticar--to practice

prático--practical

prato (m.)--plate, dish

prazer (m.)--pleasure

prazo (m.)--term; span, given period of time

precário--precarious, uncertain; meager, scanty

precaução (f.)--precaution

precavido--wary, cautious

preceder--to precede, go before

preciosidade (f.)--preciousness, richness

precioso--precious, excellent; affected

precipitar-se--to precipitate; throw headlong; hasten, rush

precisar (de)--to need

preciso--precise; necessary ser preciso--to be necessary

preço (m.)--price

preconceito (m.)--prejudice; bias

predicado (m.)--quality; predicate

prédio (m.)--building

preencher--to fill in or up

prefeito (m.)--mayor, prefect

prefeitura (f.)--city hall

preferir--to prefer

preferível--preferible

prefiro--pres. indic. of preferir

pregar--to nail, fasten, stick; preach

preguiça (f.)--laziness

preguiçoso--lazy

prejudicar--to damage, harm; prejudice

prejuízo (m.)--damage, harm; loss

preliminar--preliminary

prêmio (m.)--prize; reward

prender--to fasten; tie, bind; arrest prender o cabelo--to set one's hair

preocupação (f.)--preoccupation, worry

preocupar-se--to worry, be preoccupied

preparação (f.)--preparation

preparar--to prepare

pré-recenseado--pre-recorded (in a census)

presença (f.)--presence

presente (m.)--present, gift

presidente (m.)--president

prêso (m.)--prisoner (a.)--imprisoned, arrested, jailed

pressa (f.)--haste, hurry às pressas--in a hurry, hastily estar com pressa--to be in a hurry

pressentir--to have a presentiment of, foresee

pressinto--pres. indic. of pressentir

prestar--to lend, render, give não prestar--to be no good prestar atenção--to pay attention

prestígio (m.)--prestige

presumir--to presume, suppose

pretender--to wish to, aspire to; intend to

pretérito--preterit

pretexto (m.)--pretext

prêto--black

prevenir--to prevent; forewarn; advise

prever--to foresee

previsto--foreseen, anticipated

prezado--dear; esteemed

primeiro--first

primitivo--primitive, original

primo (m.)--cousin

primogenitura (f.)--primogeniture

primor (m.)--perfection; beauty

principal--principal, main

príncipe (m.)--prince

princípio (m.)--principle; beginning a princípio--at the beginning

prisão (f.)--prison

prisioneiro (m.)--prisoner

privilégio (m.)--privilege

problema (m.)--problem

processo (m.)--process, proce-
dure

procissão (f.)--procession
(especially a religious pro-
cession)

proclamação (f.)--proclamation

procrastinação (f.)--procrasti-
nation

procrastinador (m.)--procrasti-
nator

procura (f.)--search
a procura de--in search of,
looking for

procurar--to look for, search;
try

prodígio (m.)--prodigy, marvel,
wonder

produção (f.)--production

produzir--to produce

proeza (f.)--prowess; feat

proferir--to pronounce; call out;
deliver

professor (m.), professôra (f.)--
teacher, professor

profeta (m.)--prophet

profissão (f.)--profession

profundeza (f.)--depth; profun-
dity; keenness

profundo--profound, deep

programa (m.)--program

programar--to program, schedule

progresso (m.)--progress

proibir--to prohibit, forbid

projeto (m.)--project

promessa (f.)--promise

prometer--to promise

promissória (f.)--promissory
note

promover--to promote; advance

pronome (m.)--pronoun

prontidão (f.)--promptness;
readiness

prontificar--to offer, volunteer

pronto--prompt; ready
de pronto--immediately

pronúncia (f.)--pronunciation

pronunciar--to pronounce

propalar--to divulge; disclose

propor--to propose; pose

propósito (m.)--purpose; aim,
goal

a propósito--by the way
de propósito--on purpose
fora de propósito--ill-timed

proposta (f.)--proposition

proposto--pp. of propor

propriedade (f.)--property

proprietário (m.)--owner; pro--
prietor

próprio--proper; own, particular; very, selfsame; appro-
priate
próprio de--characteristic of

prosa (f.)--prose

prosseguir--to continue

proteger--to protect

protetor (m.)--protector

protestar--to protest

protesto (m.)--protest

protocolo (m.)--protocol; register; docket

prova (f.)--proof; test

provar--to prove; show, demonstrate; test, sample

provável--probable

proveito (m.)--profit; benefit

providência (f.)--providence;
provision
tomar providências--to make
arrangements

província (f.)--province

provisão (f.)--provision

provocar--to provoke, cause;
stimulate

provocativo--provocative

próximo--next, nearby
(m.)--neighbor; fellow man

prudente--prudent

psicologia (f.)--psychology

psicológico--psychological

publicação (f.)--publication

publicar--to publish

público (m.)--public, audience

publiquem--pres. subj. of
publicar

puçá (m.)--a hand net (for
catching shrimp, crabs, etc.)

pude--pret. of poder

pudera--simple pluperf. of poder
(interj.)--no wonder! of
course!

pudesse--imperf. subj. of poder

pugna (f.)--fight, combat, struggle

pulmão (m.)--lung

pulso (m.)--wrist

punhal (m.)--dagger

punham--imperf. of pôr

punir--to punish

pupilo (m.)--pupil

puro--pure

puser--fut. subj. of pôr

puséssemos--imperf. subj. of pôr

puxar--to pull, draw; drag

Q

quadra (f.)--street block

quadrado (m.)--square

quadrante (m.)--quadrant; dial

quadro (m.)--picture, chart; square; team

qual--which; what; whom
  (interj.)--nonsense! ridiculous!
  cada qual--each one
  mas, qual--but, really!

qualidade (f.)--quality

qualquer (pl. quaisquer)--any; some; whatever

quando--when

quantia (f.)--amount, quantity, sum

quanto--how much, how many; all that
  quanto a--as for, with respect to
  quanto mais--above all, especially
  tanto...quanto--as much...as

quão--how, as

quarta-feira--Wednesday

quarenta--forty

quarteirão (m.)--city block

quartel (m.)--barracks; military quarters

quartel-general (m.)--general headquarters

quarto (m.)--fourth; quarter; room
  quarto de banho--bathroom

quase--almost

quatro--four

quatrocentos--four hundred

que (adj. pron.)--that, which, who, whom
  (interrog.)--what? which?
  (exclam.)--what!
  (conj.)--that, than; as, for
  (prep.)--but, except
  o que--he who, the one who, which, what, that which

quebra (f.)--break, breaking-off; loss

quebrado--broken; fatigued; decrepit

quebrar--to break

queda (f.)--fall, ruin

queimar--to burn

queira--pres. subj. of querer

queixar-se (de)--to complain

quem--who, whom, anybody who, the one who

quente--hot
  (dim.) quentinho--nice and hot, quite hot

quepe (m.)--kepi; military cap

querer--to want, wish

querido--dear, beloved

questão (f.)--question; matter, subject; problem
  fazer questão--to insist

questionário (m.)--questionnaire

quieto--quiet, calm

quinhentos--five hundred

quinta (f.)--garden; park

quinta-feira--Thursday

quinto (m.)--fifth

quinze--fifteen

quiosque (m.)--kiosk, street stand

quis--pret. of querer

quiser--fut. subj. of querer

quisera--simple pluperf. of querer

quiséssemos--imperf. subj. of querer

quitute (m.)--delicacy, treat, tidbit

R

rabisco (m.)--scribble, scrawl

rabo (m.)--tail

raça (f.)--race

racial--racial

raconto (m.)--narration, tale, story

rádio (m.)--radio

radiofônico--broadcast; for radio broadcasting

raiz (f.)--root

ranger--to gnash

rapadura (f.)--lump of hard brown sugar eaten as food or candy

rapaz (m.)--boy, young man, young fellow

rápido--rapid

raro--rare, unusual
raros--few persons

rasgar--to tear, rip

rastro (m.)--footprint; trace

rato (m.)--mouse, rat

razão (f.)--reason, rationality; right, justice
ter razão--to be right

razoável--reasonable

reação (f.)--reaction

reagir--to react

real--royal; real

realidade (f.)--reality

realista--realist, realistic

realização (f.)--realization, achievement; effect

realizar--to realize, achieve, accomplish; take place

reatar--to retie

rebanho (m.)--flock

rebelde--rebellious; defiant; obstinate

rebeldia (f.)--rebellion, rebelliousness, defiance

recado (m.)--message; errand, commission
dar conta do recado--to handle the job, "bring home the bacon"

recalcar--to press down; repress, restrain

recebedoria (f.)--cashier's window, tax collector's office

receber--to receive; accept; greet; entertain
receber um cheque--to cash a check

receio (m.)--uncertainty; fear

receitar--to prescribe; advise

recém--recently, lately, just

recenseado (m.)--person who has been recorded in a census

recenseador (m.)--census-taker

recenseamento (m.)--census

recensear--to take a census; register in a census

recente--recent

recepção (f.)--reception

Recife (m.)--capital of the state of Pernambuco

recinto (m.)--premises, enclosure

recíproco--reciprocal

recitar--to recite

reclamar--to complain; protest

recolher--to gather, collect; receive; lodge
recolher-se--to retire, withdraw to a secluded place

recolocar--to replace, reposition

recomeçar--to begin again

recomendar--to recommend

recomendável--recommendable; advisable

recompensar--to compensate, reward, recompense

reconhecer--to recognize

reconstituir--to reconstitute, reconstruct

reconstrução (f.)--reconstruction

recordação (f.)--remembrance, recollection

recordar--to remember, recall; be similar to

recorde (m.)--record in sports
bater o recorde--to break the record

recorrer--to retrace, go over again
recorrer a--to resort to, appeal to; make use of

recortar--to cut (out)

recuperar--to recuperate, recover

recurso (m.)--recourse; resource; resort
(pl.)--means, funds

recusar--to refuse

redação (f.)--composition; editorial room; editorial staff

rêde (f.)--net; hammock

redigir--to redact, write, compose

redor (m.)--circuit, contour
  em redor--around, about

reduzir--to reduce, diminish

reentrância (f.)--groove

refeição (f.)--meal

referido--aforesaid, above-mentioned

referir--to refer

refiro--pres. indic. of referir

refletir--to reflect; ponder; portray

reflexão (f.)--reflection

reflexo (m.)--reflex

reforma (f.)--reform; (commercial) renewal of a contract, loan, mortgage, etc.

refrão (m.)--refrain; chorus

refrescar--to refresh

refrêsco (m.)--soft drink

refutação (f.)--refutation

regar--to water (plants, etc.); to wash down food with drink

regime (m.)--regime, government

régio--regal, royal, kingly

registrar--to register

registro (m.)--registration; record

regra (f.)--rule
  em regra geral--generally, ordinarily

regular--to regulate, control, guide
  regular-se--to regulate or guide oneself
  não regular bem--(colloq.) to be nuts or crazy

rei (m.)--king

reinado (m.)--reign; kingdom

reinar--to reign, prevail

reino (m.)--kingdom, realm

réis (mpl.) (pl. of real)--former Brazilian money (see mil-réis

rejeitar--to reject

relação (f.)--relation; relationship

relacionar--to relate, associate, enumerate

relâmpago (m.)--lightning

relatar--to relate, tell

relato (m.)--account, report

religioso--religious

relógio (m.)--watch, clock
  relógio de pulso--wristwatch

rematar--to finish

remate (m.)--finish, finishing touch; climax

remediar--to remedy, aid, correct

remédio (m.)--remedy; help

remendar--to mend, patch, repair

remendo (m.)--patch, repair

remexer--to stir, shake up, rummage, ransack

reminiscência (f.)--reminiscence

renda (f.)--income; profit; rent; lace

render--to produce, yield
  render-se--to surrender, give up

rendimento (m.)--income, profit

renegar--to recant; deny; disclaim

reparar--to observe, notice

repartir--to partition, divide; share; distribute

repasto (m.)--repast, feast, banquet

repente (m.)--burst; suddenness
  de repente--suddenly, all of a sudden

repetir--to repeat

repleto--full, replete

replicar--to reply, answer

repliquei--pret. of replicar

reportagem (f.)--report; reporting

repórter (m.)--reporter

repositório (m.)--repository

repreender--to reprehend, reprimand, rebuke

repreensivo--reprehensive, rebuking, reproving

representar--to represent
reprodução (f.)--reproduction
reproduzir--to reproduce
reprovação (f.)--failure; dis-
  approval
república (f.)--republic
republicano--republican
repugnar--to be repugnant; oppose
reserva (f.)--reserve; reser-
  vation
reservar--to reserve
residência (f.)--residence
residente (f.)--resident
residir--to reside
resignação (f.)--resignation
resistente--resistant; sturdy
resistir--to resist; endure,
  last
resmungar--to mumble; growl
resolver--to resolve, settle,
  decide; solve
respectivo--respective
respeitar--to respect
respeitável--respectable
respeito (m.)--respect
  com respeito a--with respect
  to, concerning
respeitoso--respectful
responder--to respond
responsabilidade (f.)--responsi-
  bility
responsabilizar--to entrust;
  charge
  responsabilizar-se-por--to
    answer for
responsável--responsible
resposta (f.)--reply, answer
ressabiado--resentful
ressaca (f.)--undertow;
  (colloq.)--hangover
ressentido--resentful; aggrieved
ressentimento (m.)--resentment;
  grievance
ressoar--to resound, reverberate,
  echo
ressuscitar--to resuscitate, re-
  vive
restabelecer--to re-establish
restar--to remain
restaurante (m.)--restaurant
restaurar--to restore

resto (m.)--remainder, rest
  (pl.)--remains
  de resto--besides; actually
restrito--restricted
resultado (m.)--result, score
resumo (m.)--summary, brief,
  résumé, summing up
  em resumo--in brief, in short
retirar--to retire, withdraw,
  leave; remove
retornar--to return
retorquir--to reply, answer
retrato (m.)--portrait
retrucar--to retort, answer
  back
reumatismo (m.)--rheumatism
reunião (f.)--reunion; meeting,
  rendezvous
reunir--to reunite; gather,
  assemble
  reunir-se--to meet, convene,
    congregate
revelar--to reveal
rever--to see again, examine;
  review
reverso--reverse, opposite
revezamento (m.)--rotation;
  alternation
revisão (f.)--revision
revista (f.)--magazine, review
revirar--to turn upside down;
  rummage
revolta (f.)--revolt, rebellion;
  disgust
revoltar--to revolt, make in-
  dignant; outrage
revolução (f.)--revolution
revolucionário (m.)--revolu-
  tionary
revolutear--to revolve; flut-
  ter, flit about
rezar--to pray
ribeirão (m.)--stream
rico--rich, wealthy
ridículo (m.)--ridicule
rigoroso--rigorous; strict
ringue (m.)--ring (boxing)
riqueza (f.)--wealth, riches
riquíssimo--superl. of rico
Rio de Janeiro (m.)--capital
  of the state of Guanabara;
  also the name of a neigh-

boring state whose capital is
Niterói. The name of both
the city and the state is
popularly shortened to "o Rio"
rir--to laugh
riscar--to strike
risco (m.)--risk, hazard
riso (m.)--laughter, laugh
ríspido--severe, harsh; gruff
riste (m.)--lance rest
  em riste--ready for action
rito (m.)--rite
ritual (m.)--ritual
roça (f.)--country, rural re-
  gions; cleared land; small
  garden
roçado (m.)--cleared land; manioc
  field
rodada (f.)--round of drinks;
  turn
rodar--to spin, rotate, turn
  around; ride, cruise (in an
  automobile); roll; roll off
  the press
rodear--to surround, encircle;
  go around
roer--to bite, chew
rogar--to pray; beg
roído--chewed, eaten away, cor-
  roded
romance (m.)--romance, novel
romano--Roman
romântico--romantic
romantismo (m.)--romanticism
romão--Roman, Romanesque
romeiro (m.)--pilgrim
romper--to tear; split; break
rondar--to patrol, go the rounds;
  watch; prowl (around)
rosto (m.)--face
rotina (f.)--routine
roubar--to rob, steal, take away
  by force; despoil, rape
roubo (m.)--robbery
roupa (f.)--clothing
rua (f.)--street
rugir--to roar, bellow
ruído (m.)--noise
ruidoso--noisy
ruim--bad, wicked, evil; inferior
ruína (f.)--ruin
rumo (m.)--direction; course

rumo a--toward, in the direction of, headed for
rústico--rustic

S

sábado--Saturday
saber--to know, learn, find
  out about, hear about; to be
  able to, know how to
  Sei lá!--I haven't the slight-
    est idea!
sabiá (m.)--thrush
sábio--wise
sacerdote (m.)--priest
sacode--pres. indic. of sacudir
sacramento (m.)--sacrament
sacrificar--to sacrifice
sacrossanto--sacrosanct
sacudir--to shake; toss
sagüí (m.)--marmoset, small
  South American monkey
saibam--pres. subj. of saber
saída (f.)--exit; outlet
sair--to go out, to come out
sal (m.)--salt
sala (f.)--room; parlor; hall
salão (m.)--salon; hall; large
  room
saldar--to settle; pay up
salesiano (m.)--member of the
  Salesian order
saleta (f.)--small hall, small
  parlor or drawing room
saliente--prominent, outstanding;
  impudent, bold
saltar--to jump, skip, leap;
  omit; alight, get off
salvar--to save, rescue
samba (m.)--samba
sanduíche (mf.)--sandwich
sangrento--bloody, bleeding
sangue (m.)--blood
santeiro (m.)--person who makes
  or sells images of saints
santo (m.)--saint
  (a.)--holy
são--pres. indic. of ser
São Paulo (m.)--the largest
  city in Brazil, capital of
  the state of the same name.
sapateiro (m.)--shoemaker,

shoe-seller
sapato (m.)--shoe
sarar--to cure; heal
satisfação (f.)--satisfaction
satisfazer--to satisfy
satisfeito--satisfied; happy
saudade (f.)--longing, homesick-
　ness, nostalgia
saudar--to salute, greet; acclaim
saúde (f.)--health
se--(conj.) if, whether
　(reflex. pro.) himself, her-
　self, itself, yourself, them-
　selves, yourselves, each other,
　one another
　(impersonal) one, they, you,
　　people
sêca (f.)--drought
seção (f.)--section, division
sêco--dry
secretaria (f.)--secretariat;
　government department
secretária (f.)--secretary, desk
secretário (m.)--secretary
secreto--secret
século (m.)--century
sede (f.)--seat; headquarters
sêde (f.)--thirst
　ter sêde--to be thirsty
sedução (f.)--seduction, entice-
　ment
segrêdo (m.)--secret
seguinte--following
seguir--to follow, succeed
　seguir caminho--to set out,
　　be on one's way
　seguir viagem--to continue on
　　one's way
segunda-feira--Monday
segundo (m.)--second
　(a.)--second, secondary
　(prep.)--according to
segurança (f.)--security
segurar--to secure, make fast;
　make sure of; grasp, hold
seguro (m.)--insurance
　seguro de vida--life insurance
　(a.)--safe, sure
sei--pres. indic. of saber
seio (m.)--breast, bosom; heart,
　core
seis--six

seja--pres. subj. of ser
seleção (f.)--selection
sêlo (m.)--stamp
selva (f.)--rain forest, jungle
sem--without
semana (f.)--week
　a semana passada--last week
　a semana que vem--next week
semelhança (f.)--similarity,
　resemblance
semelhante--like, similar,
　such a
semigênio (m.)--semi-genius
seminário (m.)--seminary
sem-número (m.)--countless
　number
sempre--always
senão--but, or else, if not;
　except, save
senhor (m.)--sir, mister,
　gentleman, lord, owner
　o senhor--used as a form of
　　address: you
　Nosso Senhor--Our Lord
senhora (f.)--lady, Miss., Mrs.
　(dim.)--senhorita--Miss,
　　mademoiselle
sensação (f.)--sensation
sensacional--sensational
sensível--sensitive
senso (m.)--sense
sentar--to be seated
　sentar-se--to sit down
sentido (m.)--sense, meaning
sentimental--sentimental, ten-
　der, emotional
sentimento (m.)--sentiment,
　feeling
sentir--to feel; sense, per-
　ceive, smell
separar--to separate
sepultura (f.)--grave, sepul-
　cher
sequer--even; as much
　não...sequer--not even
ser (v.)--to be
　ser (m.)--being, creature
sereno--serene
seriedade (f.)--seriousness,
　gravity
sério--serious
sertanejo (m.)--inhabitant of

the "sertão," backlands of
Brazil
(a.)--of or pertaining to
sertanejos
sertão (m.)--hinterland, backlands, wilderness
serviço (m.)--service
servir--to serve; satisfy; to
be useful, be used
servir de--to serve as
servo (m.)--servant
sessão (f.)--session; sitting
sessenta--sixty
sete--seven
setembro--September
sétimo--seventh
seu--his, hers, its, your, their
seu--shortened form of "senhor"--
used familiarly with either
the first or last name
sexo (m.)--sex
sexta-feira--Friday
si--himself, herself, itself,
oneself, yourself, yourselves,
themselves
si mesmo--itself, himself,
herself, oneself
siga--pres. subj. of seguir
sigilo (m.)--secrecy
significado (m.)--significance,
meaning
significar--to signify, mean
sigo--pres. indic. of seguir
silêncio (m.)--silence
silencioso--silent
silvícola (m.)--inhabitant of
the selva or forest; savage,
aborigine
simbolizar--to symbolize
simpaticíssimo--superl. of sim-
pático
simpático--agreeable, sympathe-
tic, nice
simples--simple, sincere
simplesmente--simply, merely
simplicidade (f.)--simplicity
sina (f.)--banner, (colloq.)
fate, doom, curse, "jinx"
sinal (m.)--sign, signal, mark
sinal-da-cruz (m.)--sign of the
cross
sincero--sincere

singelo--single; simple
sinhô (m.)--corrupted form of
senhor
sinistro--sinister
sintaxe (f.)--syntax
sinto--pres. indic. of sentir
sintomático--symptomatic
siri (m.)--crab
sirve--pres. indic. of servir
sistema (m.)--system
sítio (m.)--site, location;
farm, ranch, estate
situação (f.)--situation
situar--to situate
só--only, alone; single
soalho (m.)--wooden floor
soar--to sound, blow (instru-
ment), ring
sob--below, under; subject to
sobe--pres. indic. of subir
soberbo--superb; proud, arro-
gant
sobraçar--to carry (something)
in or under one's arms
sobrar--to remain, be left
over, to be excessive
sôbre--on, upon, above, on
top of, about
sobremesa (f.)--dessert
sobretudo--especially, above
all
sobrinho (m.)--nephew
sóbrio--sober; austere
sociedade (f.)--society
sócio (m.)--member, associate
sociologia (f.)--sociology
sociológico--sociological
sociólogo (m.)--sociologist
socorrer--to help, aid, succor
socorro (m.)--succor, aid,
help
sofá (m.)--sofa, couch
sofrer--to suffer
sogra (f.)--mother-in-law
sol (m.)--sun
soldado (m.)--soldier
solene--solemn
solicitar--to solicit, peti-
tion, seek
solícito--solicitous, con-
cerned
sólido--solid

soltar--to release, set free
solteirão (m.)--confirmed bache-
or
solteiro (m.)--bachelor
  (a.)--single
sôlto--loose, free, unattached
solução (f.)--solution
solucionar--to solve
soluço (m.)--sob, cry
som (m.)--sound
soma (f.)--sum, amount
sombra (f.)--shadow, shade
sòmente--only
sonegar--to conceal, suppress,
  withhold
soneguei--pret. of sonegar
sonhar--to dream
sonho (m.)--dream
sonolento--sleepy, somnolent
sorrir--to smile
sorriso (m.)--smile
sorte (f.)--luck, fortune
sorvete (m.)--ice cream
sossegado--calm, quiet, tranquil,
  peaceful
sotaque (m.)--accent
sou--pres. indic. of ser
soube--pret. of saber
soubesse--imperf. subj. of
  saber
sòzinho--dim. of só; all alone
sua--fem. of seu
suado--sweaty
suar--to sweat
subentendido (m.)--implication
sub-espécie (f.)--sub-species
subida (f.)--ascent, climb
súbito--sudden; unexpected
  de súbito--suddenly
subjuntivo--subjunctive
sublinhar--to underline
submeter--to submit
subornar--to bribe
subôrno (m.)--bribe, bribery
substantivo (m.)--noun
substituição (f.)--substitution
substituir--to substitute; replace
  substituir por--to replace by
subúrbio (m.)--suburb
suceder--to happen, occur; follow
sucesso (m.)--success; issue,

outcome
suco (m.)--juice; (slang)
  "the greatest"
sucupira (f.)--tree with very
  hard wood used for fine
  furniture
suficiente--sufficent, enough
sugerir (sugiro)--to suggest
sugestão (f.)--suggestion
sujar--to soil, get dirty
sujeitar-se--to subject oneself to
sujeito (m.)--subject; guy,
  fellow
sujo (m.)--dirt, soil, second
  growth on cleared land
  (a.)--dirty, soiled, untidy
sul--south
sumir-se--to vanish, disappear
sungar--to hitch up (trousers,
  skirt); to raise, pull up
superfície (f.)--surface, area
superior--superior, higher,
  upper
superlativo (m.)--superlative
suponho--pres. indic. of supor
supor--to suppose, imagine,
  assume
suportar--to support; stand,
  tolerate; suffer
suposto (pp. of supor)--sup-
  posed
supra mencionado--above-men-
  tioned
supus--pret. of supor
surdo--deaf
surgir--to emerge, appear
surpreendente--surprising
surprêsa (f.)--surprise
surrado--worn, threadbare,
  seedy
surto (m.)--outbreak, erup-
  tion
suscetibilidade (f.)--suscep-
  tibility
suspeita (f.)--suspicion
suspeitar--to suspect
suspender--to stop, suspend,
suspirar--to sigh
suspiro (m.)--sign
sustentar--to sustain, support;
  affirm, maintain

susto (m.)--fright, fear

T

taba (f.)--Indian settlement
tabela (f.)--table; list; price
  control list
taça (f.)--goblet, wineglass
tácito--tacit
taipa (f.)--mud wall
  casa de taipa--mud hut
tal--such (a)
talão (m.)--heel; stub, ticket
  talão de cheques--checkbook
talento (m.)--talent
talvez--perhaps
tamanho (m.)--size
  (a.)--such (a), so big (a)
também--also, too
  eu também não--neither do (have)
    I
  também não--not either, neither
tampouco--neither
tangerina (f.)--tangerine
tanto--so much, so many
  às tantas--suddenly
  tanto...como--both, as much
    ...as
  tanto faz--it makes no dif-
    ference
  tanto...quanto--as much...as;
    both...and
tão--so, such
tão-sòmente--only, just
tapête (m.)--carpet, rug
tarde (f.)--afternoon
  (adv.)--late
tarefa (f.)--chore, task, job
  assignment
tato (m.)--sense of touch, feeling; tact
tautologia (f.)--tautology,
  needless repetition
taxa (f.)--tax; rate
táxi (m.)--taxi
técnico (m.)--technician, coach
  (a.)--technical
tecnológico--technological
te--you, to you (familiar)
tédio (m.)--tedium
teimar (em)--to be stubborn,
  be obstinate, persist

teimosia (f.)--stubbornness,
  obstinacy, persistence
tela (f.)--cloth; screen
telefonada (f.)--telephone call
telefonar--to call on the telephone
telefone (m.)--telephone
telefonema (m.)--telephone call
telefônico--telephone, telephon-
  ic
telégrafo (m.)--telegraph
telegrama (m.)--telegram
telha (f.)--roofing tile
telha-vã (f.)--roof with no
  ceiling
tema (m.)--theme
temente--fearing
  temente a Deus--God-fearing
temer--to fear, be afraid of
temperatura (f.)--temperature
tempo (m.)--time, (gram.) tense;
  weather
  a tempo--on time; in time
  em tempo--by the way
temporal (m.)--storm, tempest
tenaz (f.)--tongs, pincers
tendência (f.)--tendency, inclination
tender--to tend, lean
tendo--gerund of ter
tenente (m.)--lieutenant
tenho--pres. indic. of ter
tênis (m.)--tennis
tenro--tender, young
tensão (f.)--tension
tentação (f.)--temptation
tentar--to try, attempt
teólogo (m.)--theologian
teoria (f.)--theory
ter--to have; possess, hold;
  get; be (impersonal use: tem
    --there is, there are)
  ter de, ter que plus infini-
    tive--to have to, must
  que é que tem?--so what?
têrça-feira--Tuesday
terceiro--third
têrço (m.)--third
terminante--terminating, conclusive, categorical
terminar--to terminate, end
têrmo (m.)--term, expression

terno (m.)--suit
terra (f.)--land, country; earth
terraço (m.)--terrace, veranda
terremoto (m.)--earthquake
terreno (m.)--ground, land, field
terrestre--terrestrial, earthly
terrível--terrible
tesouro (m.)--treasure, treasury
testa (f.)--forehead
testamento (m.)--testament, will
testemunha (f.)--witness
teto (m.)--ceiling, roof
teu(s)--your (familiar)
teve--pret. of ter
texto (m.)--text
tia (f.)--aunt
  tia-avó (f.)--great aunt
tigela (f.)--bowl, dish
tijolo (m.)--brick
tímido--timid
  (adv.)--tìmidamente
tinha--imperf. of ter
tinta (f.)--ink; tint, tinge
tinturaria (f.)--dry cleaner
tio (m.)--uncle
típico--typical
tipo (m.)--type; (colloq.) fellow
tiquinho (m.)--dim. of tico, bit
  (colloq.) tiny person, squirt
tirar--to take (out, off, away),
  remove; draw, pull; win; receive
tiro (m.)--shot
  tiros secos (apparently a
  variant of "tiros cegos")--ran-
  dom shots
tiroteio (m.)--gunfire, firing;
  volley
tísico--consumptive
título (m.)--title
tive--pret. of ter
tivera--simple pluperf. of ter
tivesse--imperf. subj. of ter
toa (f.)--tow
    à toa--aimless(ly), (at) ran-
  dom, without direction or
  purpose, carelessly, for no
  special reason
    (the adjectival form is à-toa)
toalha (f.)--tablecloth; towel;
  cloth
tocar--to touch; meet; come in
  contact; move; play (music);

ring (bell), blow (trumpet,
whistle)
  tocar a--to fall to one's
  lot
  me tocou um outro volante
  português--I happened to
  get another Portuguese driver
  toca a--it's time to
todo (m.)--tôda (f.)--all,
  whole, entire
  (pl.)--everyone
  todos os domingos--every Sunday
tolice (f.)--foolishness, non-
  sense
tom (m.)--tone
tomar--to take; drink; eat; get
  tomara (interj.)--I hope so!
  tomara (que)--I hope (that);
  would that; if only
tomo (m.)--tome, book, volume
tópico (m.)--topic
toque (m.)--touch, contact
Tóquio--Tokyo
tórax (m.)--thorax
tormento (m.)--torment, torture,
  agony
tornar--to return; answer, retort; render, make, cause to
  be
  tornar-se--to become, turn
  into
torneira (f.)--faucet
tôrno (m.)--turn, round; lathe
  em tôrno (de)--around
torto--crooked, lopsided; wrong;
  one-eyed, squint-eyed
tortura (f.)--torture, agony
tossir--to cough
tostão (m.)--former small nickel
  coin of Brazil
  nem um tostão--not even a
  nickel
totalidade (f.)--totality, all
  na totalidade--in all
trabalhar--to work
trabalho (m.)--work, labor
traçar--to trace, outline,
  sketch, delineate
traça (f.)--silverfish, book-
  worm, clothes moth, (fig.)

anything that gradually con-
sumes
traço (m.)--trace, line
tradição (f.)--tradition
traduzir--to translate
tráfego (m.)--traffic
tragédia (f.)--tragedy
trágico--tragic
traição (f.)--treachery, disloyal-
ty
trair--to betray, be unfaithful
to
trancar--to lock (up), bolt
trançar--to braid; walk about,
crisscross
tranqüilidade (f.)--tranquility
tranqüilizador--tranquilizing,
soothing
transcendente--transcendent,
transcendental
transcorrer--to elapse; pass
(time)
transcrever--to transcribe
transcrito--pp. of transcrever
transeunte (mf.)--pedestrian,
passer-by
transferir--to transfer
transformar--to transform, change
transição (f.)--transition
trânsito (m.)--transit; traffic
transitoriedade (f.)--transience,
quality of that which is transitory, fleeting
transmitir--to transmit
transplantar--to transplant
transpor--to transpose; shift;
cross over
transportar--to transport, carry
transporte (m.)--transport, transportation, haulage
transviar-se--to go astray, stray,
err
trará--fut. of trazer
trás--behind, after, back
de trás--from behind, back
tratado (m.)--treaty; treatise
tratamento (m.)--treatment
tratar (de)--to treat; handle,
manage, take care of, deal
with
tratar-se de--to be a matter
of, be a question of, con-

cern, be about
trato (m.)--treatment
(pl.)--torment, torture, mis-
treatment
trave (f.)--goalpost, crossbar
trazer--to bring, carry
trecho (m.)--space; fragment,
excerpt, passage
treinamento (m.)--training,
drilling, exercise
trem (m.)--train
trêmulo--tremulous, trembling,
shaky
três--three
treze--thirteen
trezentos--three hundred
tribo (f.)--tribe
tricô (m.)--knitting
trilhão (m.)--trillion
trimestral--quarterly
trinta--thirty
tripa (f.)--gut, entrails,
tripe
tripulação (f.)--crew
triste--sad, unhappy, gloomy,
bleak
tristeza (f.)--sadness
trivial--trivial
troca (f.)--exchange
trocado (m.)--small changes)
trocar--to exchange, substitute, change
trôco (m.)--change (money)
a trôco de--for, in exchange
for
tromba (f.)--trunk, snout
troque--pres. subj. of trocar
trouxe--pret. of trazer
tu--you (familiar)
tua(s)-- your (familiar)
tudo--everything
túnel (m.)--tunnel
turba (f.)--mob, rabble
turista (mf.)--tourist
turvar--to muddy; dim. make
turbid
tusso--pres. indic. of tossir

U

ui--ow! ouch!
uísque (m.)--whiskey

uivar--to howl
uivo (m.)--howl
ultimato (m.)--ultimatum
último--last, ultimate; the
  latter
ultramarino--overseas, ultramarine
um, uma, (uns, umas)--a, one,
  (some)
  um para outro--to each other
úmido--humid, damp, wet
união (f.)--union
único--only, unique
unir--to unite
uníssono--unisonous, in unison
universo (m.)--universe
urbanidade (f.)--urbanity; politeness
urbano--urban
urgência (f.)--urgency, haste
urro (m.)--roar, howl, yell
  aos urros--yelling
urso (m.)--bear
usar--to use; wear; be in the
  habit of
uso (m.)--use, usage; custom
útil (pl. úteis)--useful
utilidade (f.)--utility, useful-
  ness
utilizar--to use, utilize
uxoricídio (m.)--uxoricide,
  wife killing

V

vá--pres. subj. of ir
  (interj.)--O.K., all right,
  so be it
vã--fem. of vão
vacilar--to vacillate
vacina (f.)--vaccination
vácuo (m.)--vacuum, void, empti-
  ness
vadio--idle, lazy
vaga (f.)--vacancy
vagabundo (m.)--vagabond, bum
vago--vague; empty
vai--pres. indic. of ir
vaivém (m.)--coming and going
valente--brave, valiant
valer--to be worth; to help; to
  be of use
  não valer de nada--to not do

any good
valer-se de--to avail oneself,
  to make use of, have re-
  course to, take advantage of
valha--pres. subj. of valer
valor (m.)--value, worth
valoroso--valorous, brave
vamos--pres. indic. of ir
vantagem (f.)--advantage
vão, vã--vain; useless, trivial
vão--pres. indic. of ir
varanda (f.)--veranda, porch,
  balcony
variação (f.)--variation
variante (f.)--variant, version
variar--to vary
vários--several, various
varrer--to sweep; clean
  doido varrido--crazy, raving
  mad
várzea (f.)--meadow
vascaíno--refers to Vasco da
  Gama Futebol Clube
vasculhar--to sweep, search,
  rummage
vaso (m.)--vase
vazio--empty
veículo (m.)--vehicle
veio--pret. of vir
vejo--pres. indic. of ver
velhice (f.)--old age
velhinha (f.)--little old
  lady
velho--old
velocidade (f.)--velocity
veludoso--velvety, velvet
vem, vêm--pres. indic. of vir
vencedor (m.)--victor, winner
  (a.)--winning, victorious
vencer--to conquer, win, beat,
  overcome
vencido (m.)--loser
vendedor (m.)--vendor
vender--to sell, vend
venerar--to venerate
venha--pres. subj. of vir
vento (m.)--wind
ventre (m.)--belly, abdomen
venturoso--happy, fortunate
ver--to see
  a meu ver--in my opinion, as
  I see it

Veracolate--name of a medicine
verão (m.)--summer
verbo (m.)--verb, word
verdade (f.)--truth
  de verdade--real, true
  É verdade--It's true
verdadeiro--true
verde--green
vergonha (f.)--shame, disgrace, embarrassment
verificar--to verify
vermelho--red
vero--true
versar--to examine, investigate, practise, exercise
verso (m.)--verse; reverse, back
verter--to pour out, gush, spread; shed; translate
vesícula (f.)--vesicle, bladder
  vesícula biliar--gall bladder
véspera (f.)--evening; eve, day before
vespertino (m.)--evening newspaper
vestiário (m.)--cloakroom, dressing room
vestido (m.)--dress
vestir--to dress, wear, be dressed in
vexame (m.)--vexation, chagrin, mortification
vez, vêzes (f.)--time, occasion; turn
  as mais das vêzes--most of the time
  às vêzes--occasionally, sometimes
  chegou a minha vez--it's my turn
  da segunda vez--the second time
  de uma vez--once and for all
  de vez--once and for all
  de vez em quando--from time to time
  em vez de--instead of
  mais uma vez--once more
  muitas vêzes--many times, often
  outra vez--again
  uma vez ou outra--once in a while
vi--pret. of ver
viagem (f.)--journey, trip, voyage, travel
  companheiro de viagem--traveling companion
viajante (mf.)--traveler
viajar--to travel
vibrar--to vibrate, ring
vida (f.)--life
vidraça (f.)--windowpane
vidro (m.)--glass, pane
vigiar--to watch
vigília (f.)--vigil; wakefulness
vim--pret. of vir
vimos--pret. of ver
vindo--gerund and pp. of vir
vingar(-se)--to avenge (oneself); get revenge
vinha--imperf. of vir
vinho (m.)--wine
vinte--twenty
vintém (m.)--old minor Portuguese and Brazilian coin
  não ter vintém--to be penniless
violência (f.)--violence
vir--to come
  vir a--to arrive at, come to
  vir abaixo--to fall down
viram--simple pluperf. and pret. of ver
virar--to turn, reverse, turn over
  virar pelo avêsso--to turn inside out (or upside down)
virgindade (f.)--virginity
virtude (f.)--virtue
  em virtude de--due to, by virtue of, because of
visita (f.)--visit, call; visitor
visitante (mf.)--visitor
visitar--to visit
visível--visible, conspicuous
visse--imperf. subj. of ver
vista (f.)--view, sight
  pagar à vista--to pay cash
visto--pp. of ver, seen, considered
  (m.)--visa
  visto que--since, inasmuch as
vistoso--showy, flashy, handsome

vítima (f.)--victim

vitória (f.)--victory

vitorioso--victorious, winning

vitrina (f.)--window (of a store)

vitrola (f.)--victrola, phono-
  graph

viu--pret. of ver

viúvo (m.)--widower
  viuva (f.)--widow

vivência (f.)--existence; experience of life; grasp of the
  life experience

vivente (mf.)--mortal, living
  creature

viver--to live, exist

vivo--alive

vizinhança (f.)--vicinity,
  neighborhood; neighbors
  política de boa vizinhança--
    good-neighbor policy

vizinho (m.)--neighbor

voar--to fly

vocabulário (m.)--vocabulary

você--you

volante (m.)--steering wheel;
  driver

volta (f.)--return, turn, revolution
  à volta de (em volta de)--
    around
  dar uma volta--to go for a
    stroll
  dar volta a--to tour, fly
    around
  de volta--back, returned
  por volta de--approximately

voltar--to return, turn
  voltar-se--to turn, turn around;
    veer; persuade
  voltar plus a plus infinitive--
    repetition of an action

voluntário (m.)--volunteer

volúpia (f.)--voluptuousness,
  pleasure

vontade (f.)--will, wish, desire;
  whim, caprice
  à vontade--at ease, at home

vosso--your

vou--pres. indic. of ir

vovô--dim. of avô; "granddad"

voz (f.)--voice
  em voz alta--out loud

vulto (m.)--figure, form, shape

X

xícara (f.)--cup

Z

zagueiro (m.)--fullback (in
  soccer)

zangado--angry

zangar-se--to get angry

Zé--nickname for "José"

zelador (m.)--janitor; superin-
  tendent of a building

zona (f.)--zone, district, region